Dr. med. Mirriam Prieß

Die Kraft des Dialogs

Dr. med. Mirriam Prieß

Die Kraft des Dialogs

Gelingende Beziehungen mit dem Dialogprinzip – privat, beruflich, zu mir selbst

südwest

Inhalt

Bitte nehmen Sie ein Blatt Papier und machen Sie eine Bestandsaufnahme Ihrer Beziehungen. Erstellen Sie eine Liste der Menschen, mit denen Sie in einer für Sie wichtigen Beziehung stehen, geschäftlich oder privat. Wenn Sie damit fertig sind, legen Sie das Blatt zur Seite und beginnen mit diesem Buch.

Vorwort

Haben Sie sich schon einmal gefragt, warum einige Menschen scheinbar mühelos glücklich sind und andere Menschen trotz großer Anstrengung in ihrem Leben nicht weiterkommen? Warum überwinden manche die tiefste Krise und gehen aus ihr gestärkt hervor, während andere über ihren Verletzungen resignieren, an ihren Kränkungen verbittern oder nach einem Burnout nicht in das Leben zurückfinden? Was macht psychische Widerstandskraft aus – und ist es möglich, diese auch noch im Erwachsenenalter zu entwickeln?

Als ich damals meine Arbeit mit Burnout-Betroffenen begonnen habe, wusste ich nicht, wohin mich das führen würde. Ich wusste nicht, dass sie der erste Schritt für eine eigene Therapierichtung sein würde, und ich ahnte damals noch nicht, welche Antworten sich im Laufe der Zeit daraus ergeben würden. Das einzige, was mir damals, als ich noch in einer Klinik arbeitete, deutlich wurde, war, dass mehr hinter der Erkrankung *Burnout* stecken muss als die reine Überlastung durch Stress. Es musste mehr dahinter stecken, dass sich eine immer größere Zahl von Menschen erschöpften und die psychosomatischen Symptome und Erkrankungen rapide anstiegen. Die Behandlungsmöglichkeiten, die ich damals lernte, erlebte ich als einen guten Ansatz, aber alles bewegte sich immer in einem in sich geschlossenen System von Störung. Ich lernte, Krankheiten zu erkennen und Menschen mithilfe verschiedener Diagnosen einzuteilen, die sich nach Krankheitssymptomen gliederten – aber ich lernte nicht, was Gesundheit eigentlich ausmacht. Ich lernte, welche unterschiedlichen psychischen und psychosomatischen Störungen es gibt und welche Therapiemöglichkeiten dafür angewandt wurden – aber ich bewegte mich die ganze Zeit im System der Störung. Irgendwann fragte ich mich, ob es überhaupt möglich ist zu heilen, wenn man innerhalb des Systems der Störung bleibt. Ist Heilung möglich, solange ich in Störungsbildern und Krankheitsdiagnosen denke?

Wie kann ich Menschen helfen, gesund zu werden, wenn ich nur in Krankheit unterrichtet werde? Wenn ich Krankheit verstehe, aber kein Bild von dem vermittelt bekomme, was Gesundheit ausmacht?

Die Therapieergebnisse waren mäßig – sicherlich wurden bei den meisten Patienten die Symptome weniger, aber hatte das mit Heilung zu tun? Ich hatte das Gefühl, dass die Oberfläche zwar beruhigt und die Symptome gemildert waren, nicht aber wirklich an der Ursache gearbeitet wurde.

Doch was war die Ursache?

Was steckte dahinter, dass immer mehr Menschen sich erschöpften, die psychosomatischen Erkrankungen zunahmen und auch immer mehr junge Leute betroffen wurden. Gab es eine Wurzel zu all dem? Einen Kern, auf den die unterschiedlichen Ausprägungen zurückzuführen wären?

Die Arbeit mit Burnout-Betroffenen führte mich zu diesem Ansatz. Als ich entdeckte, was tatsächlich hinter der Erschöpfung stand, begann meine Reise, die am Ende mit einem eigenen Therapiekonzept enden sollte. Ein Konzept, das nicht die Krankheit als Grundlage nimmt, sondern das, was gesundes Leben ausmacht. Ein Konzept, das in jeder Krankheit oder Störung einen an sich gesunden Ausdruck eines Menschen (oder eines Systems oder einer Situation) versteht, der aus dem wesentlichen Gleichgewicht geraten ist.

Ob Sie in einer privaten oder beruflichen Konfliktsituation sind, unter unterschiedlichen psychosomatischen Erschöpfungssymptomen leiden oder feststellen, dass Sie die Beziehung zu sich selbst oder den Bezug zu Ihrem Leben verloren haben – in diesem Buch geht es darum, zurück zu dem zu finden, was gesundes und erfolgreiches Leben ausmacht: Zur gelingenden und erfüllten Beziehung.

Jeder von uns kann diese erreichen, wenn er einige entscheidende Punkte beachtet, denn wir selbst haben es in der Hand, ob unsere Beziehungen gelingen.

1. Kapitel

Leben ist gelingende Beziehung!

Gelingt Beziehung, gelingt Leben!

Wenn Sie einmal innehalten und sich fragen, wann Sie in Ihrem Leben am glücklichsten waren, wann Sie das Gefühl hatten, »richtig gelebt« zu haben – was würden Sie antworten? Befragt man Menschen, was die größte Zufriedenheit verursacht, so ist die Antwort: »Wenn ich mich nicht verstellen muss und das leben kann, was mir entspricht.« – »Wenn ich so sein kann, wie ich bin, mein Umfeld mich annimmt, liebt und bestärkt.« – »Ich bin dann am glücklichsten, wenn meine Beziehungen erfüllt und glücklich sind.«

> *Beziehung ist ein aktiver Gestaltungsprozess von allen Beteiligten in jedem Moment.*

Eine Harvard-Studie befragte Menschen, die am Ende ihres Lebens standen, was ihnen im Leben rückblickend am wichtigsten erschien. Die Antwort war: glückliche Beziehungen.

Leben ist Beziehung. Wir stehen ständig in Beziehung, beruflich wie privat, wir stehen in Beziehung zu unserer Umwelt, zu dem System, in dem wir uns befinden, und wir stehen in Beziehung zu dem Leben an sich, zu dem Leben, das wir führen. Wir stehen in Beziehung zu dem, was wir tun, und wir stehen in Beziehung zu uns selbst.

Gelingen unsere Beziehungen, gelingt unser Leben.

Wie wichtig gelingende Beziehung für unsere Gesundheit ist, erkannte ich während meiner klinischen Arbeit das erste Mal in aller Eindrücklichkeit. In der Schwerpunktarbeit mit Burnout-Patienten wurde mir relativ schnell deutlich, dass die damals noch allgemein verbreitete These »Burnout kommt durch zu viel Arbeit« nicht richtig war, sondern dass die tatsächliche Ursache der Erschöpfung anderswo lag. Jeder der Betroffenen berichtete davon, dass er sich entweder in konfliktreichen Beziehungen befand, keine sozialen Kontakte mehr besaß – und jeder hatte die Beziehung zu sich selbst verloren.

So berichtete eine Frau von einem jahrelangen Konflikt an ihrem Arbeitsplatz, wo sie vergeblich um Respekt und Anerkennung kämpfte. Ein Mann erschöpfte sich an einem nicht enden wollenden Kampf mit seiner Partnerin. Und eine junge Studentin verlor ihr inneres Gleichgewicht durch eine Mobbingsituation an der Uni. Alle beschrieben zusätzlich, dass sie kein Gefühl mehr für sich selbst besaßen, sich selbst entweder in aussichtslosen Kämpfen verloren oder aber nie wirklich eine Beziehung zu sich selbst gehabt hatten. »Ich habe nie viel von mir gehalten«, »Ich habe immer eine Rolle gespielt« oder »Ich war es nie wirklich wert, ich selbst zu sein« waren häufige Aussagen.

Wie wir in Beziehung stehen

Es gibt wohl niemanden, der, vielleicht nach einem kurzen Innehalten, verneinen würde, dass eine gelingende Beziehung zentral für unser Leben und unsere Gesundheit ist – genauso wie es wohl niemanden gibt, der sich dies nicht für sich selbst wünscht. Wir wollen glücklich sein, wir wollen erfüllte Beziehung und wir wollen auch erfolgreich sein in dem, was wir tun.

Doch so selbstverständlich es auf der einen Seite von jedem gewünscht wird, so schwierig scheint es zu sein, den Wunsch in die Realität umzusetzen. Mittlerweile wird mehr als jede zweite Ehe geschieden, der »Geschlechterkampf« bleibt virulent, die gesellschaftliche Spaltung wächst und die psychosomatischen Erkrankungen nehmen zu. Betroffen sind davon längst auch immer mehr junge Menschen. Kürzlich veröffentlichte die Deutsche Angestellten-Krankenkasse (DAK) einen Bericht, dass sich die Depressionsrate bei den 7- bis 17-Jährigen verdoppelt habe und die Krankheitsfolgekosten um ein Vielfaches gestiegen seien. Mobbingvorfälle in Schulen sind keine Seltenheit mehr, Diskriminierungen ein Alltagsphänomen. Immer mehr Menschen beklagen, in ihrem Leben nur noch zu funktionieren, anstatt zu leben. Die Entfremdung von sich selbst, verbunden mit der Jagd nach dem unerfüllbaren Superlativ, führt zur wachsenden Erschöpfung. Stationäre und ambulante Therapieplätze sind überfüllt und meist mit langen Wartelisten verbunden.

Waren vor 15 Jahren Coaches in Unternehmen noch relativ ungewöhnlich, so investieren die Unternehmen mittlerweile jedes Jahr wie selbstverständlich hohe Beträge für Stressmanagement, Konfliktmoderationen, Teambuilding und Coachingmaßnahmen. Auch gesellschaftspolitisch verhärten sich die Fronten: Anstatt nach einem fundierten Miteinander zu suchen, gerät das Gegeneinander in den Vordergrund. Die Suche nach Verbündeten ist ebenso groß wie die Suche nach Sündenböcken.

Dies spiegelt sich auch auf der digitalen Ebene wider. Auf der Suche nach einem Wir wird das eigene Ich unbemerkt und selbstverständlich zum Maßstab. Es gibt wohl kaum einen anderen Ort, an dem so ungehemmt wie gnadenlos vernichtet und sich gleichzeitig nach Anerkennung und Bestätigung gesehnt werden kann. Immer häufiger wird die Sorge über die »Verrohung der Sprache« geäußert, die Sorge, in der Verschiedenheit nicht mehr zur Gemeinsamkeit zu finden – und in der Gleichheit die Individualität zu verlieren. Noch nie schien es so schwer wie heute, in all den vorhandenen Möglichkeiten zu einem gesunden und erfüllten Miteinander zu finden.

Doch was braucht es für gelingende Beziehung? Wodurch entsteht echte Solidarität? Was setzt ein erfülltes Miteinander voraus, wie zeichnet es sich aus?

Vertrauen

Befragt man Menschen nach dem Merkmal gelingender Beziehung, so ist eine der häufigsten Antworten: »Vertrauen!«

»Für mich ist ein Zeichen, dass meine Beziehungen gelingen, wenn ich dem anderen vertrauen kann«, sagte eine Frau. »Wenn ich darauf vertrauen kann, dass ich nicht belogen oder betrogen werde.«

»Wenn ich weiß, dass ich auf den anderen zählen kann«, so ein Mann.

»Wenn der andere es gut mit mir meint«, sagte eine Frau.

Vertrauen ist *das* Fundament für eine gelingende Beziehung und ein Indikator dafür, wie gesund und stabil die Beziehung ist. Je tiefer ich vertraue, umso tiefer ist die Verbindung und umso wohler und geborgener kann ich mich bei dem anderen fühlen. Gleichzeitig ermöglicht das Vertrauen durch ein selbstverständliches Miteinander eine Ebene des gemeinsamen Schaffens und Gestaltens, es bereitet den Boden für Freiheit und Individualität.

So wie das Vertrauen zu einem anderen Menschen die Grundlage für die Beziehung bietet, gilt dies auch für die Beziehung zu mir selbst. Je mehr Selbstvertrauen ich habe, umso gelassener, offener und kreativer kann ich dem Leben und den Menschen begegnen. Das Vertrauen zu mir selbst ist mein innerer Ruhepol und ein entscheidender Teil, aus dem heraus ich mein Leben gestalte.

Je gestörter das Vertrauen, umso gestörter die Beziehung

Während der Grad des Vertrauens kennzeichnend für eine gute Beziehung ist, so ist der Grad des Misstrauens das Kennzeichen für eine gestörte Beziehung. Je größer das Misstrauen, umso gestörter ist das Miteinander – egal, ob es sich dabei um das Miteinander mit »mir selbst«, mit meinem/r Partner/in oder um das berufliche Miteinander handelt.

Wenn Einzelpersonen, Paare oder auch Teams in die Beratung kommen, dann ist bei jedem der Betroffenen das Vertrauen gestört und in vielen Fällen auch zerstört. Man hat das Vertrauen in sich selbst, in seine Fähigkeiten, ins Leben verloren. Man misstraut dem Partner oder dem Kollegen oder seinem Chef. Nicht das »Gute« und Konstruktive wird vermutet, sondern das Gegenteil. Dies geht manchmal so weit, dass die Betroffenen wie gelähmt sind in ihrem Miteinander oder es gar kein Miteinander mehr gibt. Entweder wird kalt geschwiegen oder um jede Kleinigkeit diskutiert und gestritten. Ein gemeinsames Voran gibt es nicht mehr.

Im Bereich der Politik kennen wir das »Misstrauensvotum« als klassisches Instrument in einer Krise, entweder um eine Koalition zu beenden oder aber um alle Beteiligten aufzufordern, die eigene Haltung für ein Wir zu überdenken.

Fehlt das Vertrauen, ist es gebrochen oder gar zerstört, gibt es keine Grundlage für ein Wir. Der Vertrauensverlust ist das Ende einer jeden gelingenden Beziehung und es erfordert viel Arbeit aller Beteiligten, es wiederherzustellen – oder überhaupt, und das ist nicht selten, Vertrauen erstmals zu entwickeln.

Sich beim anderen zu Hause fühlen

Ein weiteres zentrales Gefühl für gelingende Beziehung ist, sich »bei dem anderen zu Hause und beheimatet zu fühlen«.

Wenn Paare in die Beratung kommen, dann fehlt genau dieses Gefühl des Sich-zu-Hause-Fühlens, die Partnerschaft ist zu einem leeren und funktionalen Nebeneinanderher geworden oder aber beide beklagen eine wachsende Entfremdung. In Beratungen von Teams oder auch Einzelpersonen ist ebenfalls das Gefühl der Entfremdung, der Bezugslosigkeit oder des Widerstands gegenüber der Führungskraft oder auch dem System ein zentrales Symptom für die gestörte Beziehung.

Fühle ich mich also in einer Beziehung »fremd« und »leer«, »heimatlos« oder auch »rastlos« und habe das Gefühl des »Nicht Ankommens«, dann ist das ein Indiz dafür, dass die Beziehung, die ich führe, warum auch immer gestört ist. Die Störung kann hierbei sowohl in mir, in dem anderen oder in dem Wir begründet liegen.

Jede Beziehung, die wir führen, verlangt eine aktive Gestaltung und Zutun durch uns selbst. Vertrauen oder das Gefühl des Zuhauseseins – beides »fällt nicht von Himmel«. Damit beides entstehen und wachsen kann und unsere Beziehungen gelingen, brauchen wir den Dialog.

Für eine gelingende Beziehung – der Dialog

»Gelingende Beziehung entsteht durch Begegnung.
Begegnung entsteht durch Dialog.«

Wir leben in einer Zeit, in der der Begriff des Dialogs allseits bekannt ist. Fast alle Bereiche fordern zum Dialog auf: ob die Politik, die Religionen, ob im interkulturellen Bereich – ob in der Familie und Partnerschaft, ob im beruflichen Feld zwischen Kollegen, Vorgesetzten, Kunden – der Dialog ist in aller Munde.

Doch obwohl die Mehrheit den Willen dazu bekundet, kommen wir in vielen Bereichen nicht über die Ebene der Willensbekundung hinaus. Ein Dialog – gerade dort, wo die Verschiedenheit groß ist – erscheint immer unmöglicher.

> ***Wir brauchen mehr als nur die Forderung nach einem gelingenden Miteinander – wir brauchen das Wissen, was wir dafür benötigen.***

Was ist die Ursache dafür, dass oftmals trotz vieler Bemühungen der Dialog nicht gelingt? Woran scheitern unsere Beziehungen so häufig und durch alle Bildungsschichten hindurch? Welche grundsätzlichen Aspekte haben wir möglicherweise außer Acht gelassen, ohne die Beziehung aber gar nicht gelingen kann?

»Ob wir im Dialog sind?«, fragte ein Mann während einer Coachingstunde über die Situation zu seiner Frau. »Sie meinen, ob wir miteinander reden?«

»Ob wir eine Dialogkultur haben?«, fragte ein Personalvorstand. »Ja, jeder kann seine Meinung sagen.«

Wenn ich mich bei meinen Klienten – ob in meiner Praxis oder in Unternehmen vor Ort – danach erkundige, ob sie sich im Dialog befinden, dann verstehen 95 Prozent die Frage so, ob sie miteinander sprechen. Das miteinander Sprechen ist natürlich ein wichtiger und grundlegender Aspekt, doch das allein reicht nicht aus.

Der Dialog wird als eine rein verbale Kommunikationsform verstanden, die sich auf das zwischenmenschliche Miteinander beschränkt. Dabei umfasst der Dialog weitaus mehr. Er beschreibt eine innere und äußere Haltung sich selbst, dem Umfeld und dem Leben gegenüber. »Im Dialog zu sein«, heißt, überall dort, wo Beziehung stattfindet, eine wesentliche Form der Begegnung zu leben.

Dies betrifft jede unserer Beziehungen: zu uns selbst, unsere privaten und beruflichen Beziehungen, unsere Beziehung zu unseren Gedanken, unseren Gefühlen und zu unserem Körper, zu dem, was wir tun, zu dem System, in dem wir uns befinden, und natürlich unsere Beziehung zum Leben an sich.

Der Dialog sorgt für ein erfülltes Privat- und Berufsleben, für das innere Gleichgewicht und stärkt die psychische Widerstandskraft. Er ist Grundlage für die körperliche, emotionale und mentale Gesundheit und Voraussetzung für ein erfülltes und erfolgreiches Handeln. Der Dialog hilft uns, dem Leben zu begegnen und an ihm zu wachsen, anstatt an ihm zu scheitern oder sich in ihm zu verlieren.

Die meisten, ob beruflich oder privat, leben Beziehung »einfach mal drauflos« und halten erst inne, wenn »es irgendwie nicht funktioniert«.

Was Sie jeden Tag im Allgemeinen und im Speziellen tun können und sollten, damit Sie in guter Beziehung zu sich selbst und anderen stehen, was im Dialog zu sein konkret bedeutet und welche verschiedenen Aspekte dafür alleine und gemeinsam erfüllt werden müssen – dies finden Sie nun im Folgenden Schritt für Schritt aufbereitet.

SELBSTREFLEXION

Wie sich der Dialog anfühlt

Der Dialog ist keine rationale Begebenheit, sondern sowohl eine emotionale wie eine rationale Erfahrung. Getragen wird der Dialog durch das Gefühl, dass etwas »stattfindet«. Begegnung ist das Gefühl von Bewegung.

Das Dialogdreieck

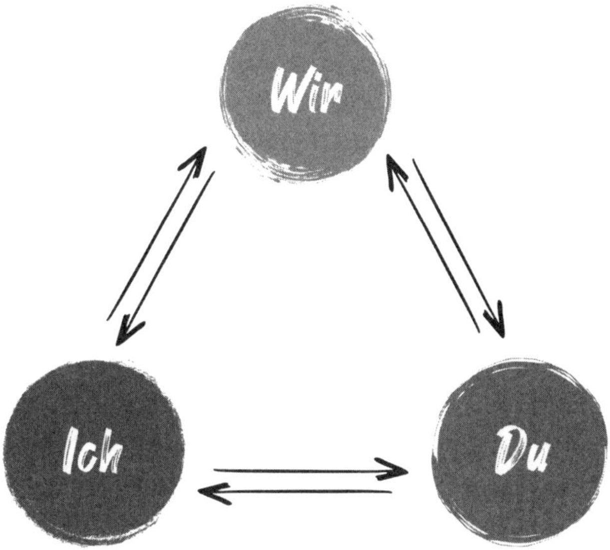

Abb. 1: Der Dialog ist der wesentliche und gleichmäßige Austausch zwischen Ich und Du und einem daraus entstehenden Wir.

1. Dialogaspekt – das Gleichgewicht zwischen Ich, Du und Wir

Der erste wesentliche Aspekt gelingender Beziehung ist, dass jeder, der sich in dieser Beziehung befindet, gleichermaßen vorkommt.

Jeder Dialog zeichnet sich durch ein Gleichgewicht zwischen Ich, Du und Wir aus. Unabhängig davon, auf welcher Ebene wir Beziehung führen - damit unsere Beziehungen gelingen, brauchen wir diesen Dreiklang.

Ich komme in der Beziehung genauso vor wie du, du kommst genauso darin vor wie ich und das Gleiche gilt für unser Wir.

Dieses *dialogische Gleichgewicht* gilt für private wie für berufliche Beziehungen, für das eigene Handeln, für die Beziehung zu dem System, in dem wir leben oder arbeiten, wie für die Beziehung zu dem Leben an sich. Es ist entscheidend für das innere Gleichgewicht und eine starke Beziehung zu sich selbst (siehe das Kapitel »Der innere Dialog«).

Jede berufliche Beziehung kann langfristig nur gelingen, wenn Vorgesetzte, Mitarbeiter, Kollegen gleichermaßen in ihrer gemeinsamen Beziehung stattfinden – auch wenn sich Inhalte, Rolle und Position unterscheiden.

> *Der erste wesentliche Aspekt des Dialogs ist, dass jede gelingende Beziehung aus Ich, Du und Wir besteht – und zwar zu gleichen Anteilen.*

Die Beziehung als solche fällt genauso ins Gewicht und bekommt dieselbe Aufmerksamkeit wie der individuelle Aspekt. So wird nicht nur die Frage danach gestellt, wer Ich oder Du in der Beziehung ist, was meine oder deine Bedürfnisse sind – sondern immer auch, was unser Wir braucht und welche Konsequenzen das individuelle Handeln für dieses hat.

Die Bedürfnisse richten sich nicht nur nach persönlichen Wünschen, sondern immer nach der Rolle und Aufgabe, die in dieser Beziehung zu erfüllen sind. Dafür muss die Aufgabe des Wir genauso definiert werden wie die Aufgabe der Einzelnen. Was brauche ich, um meiner Rolle (wie mir selbst) gerecht zu werden? Was brauchst du dafür? Was braucht unser Wir? Diese Aspekte in ein Gleichgewicht zu bringen, macht gelingende und erfüllte Beziehung im beruflichen Bereich aus. Werden sie von Beginn des Miteinanders an rechtzeitig besprochen und beachtet, gelingt diese wichtige Balance und der Weg für eine gelingende Beziehung ist geebnet.

Wenn ich erschöpfte Teams berate oder für eine Konfliktmoderation angefragt werde, dann fehlt das dialogische Gleichgewicht durchweg. In vielen Fällen war es nie vorhanden, es wurde vergessen, von Beginn an gemeinsam ein Miteinander zu definieren, und die Betroffenen haben sich vor diesem Hintergrund aneinander oder miteinander erschöpft.

Das dialogische Gleichgewicht gilt ebenfalls für unsere privaten Beziehungen, unsere Familie, Partnerschaft und Freundschaften. Auch hier kommen das Ich, das Du und das Wir zu gleichen Anteilen vor. Wer bin ich in unserer Beziehung? Was sind meine Bedürfnisse, Wünsche, Grenzen, Verantwortungen; was ist meine mögliche Rolle und Aufgabe für unsere Beziehung? Wer bist du in unserer Beziehung? Was sind deine Wünsche, deine Bedürfnisse, deine Grenzen; was ist deine mögliche Rolle und Verantwortung? Worin besteht unser Wir? Welche Pflege, welche Aufmerksamkeit, wie viel Raum braucht es, damit es bestehen bleibt und wächst?

Gerade in Partnerschaften, wo es um Familienplanung und -gründung geht, sind solche Fragen von Beginn an klar zu beantworten. Hier gibt es zum Beispiel drei unterschiedliche »Wir« – das partnerschaftliche Wir, das elterliche Wir und das familiäre Wir. Was braucht unsere Partnerschaft? Was braucht unsere Elternschaft? Was braucht unser familiäres Wir? Die Suche nach Antworten ist immer verbunden mit der Frage, was ich und du in diesen drei Bereichen brauchen, damit das Wir erhalten bleibt und wachsen kann. Erschöpfung und Scheitern finden vor allem deswegen statt, weil diese Fragen nicht gestellt werden und die Betroffenen immer mehr zu Einzelkämpfern werden, die am Ende genauso vergeblich um ein Wir ringen wie um das eigene Ich.

Gleiches gilt für unser Handeln. Wir können langfristig nur dann erfolgreich sein und gesund bleiben, wenn wir auch hier für das dialogische Gleichgewicht sorgen. Dieses besteht zwischen mir, dem Handelnden, der Sache, die ich tue, und dem sich daraus ergebenden Wir. Das heißt, ich selbst komme genauso in meinem Handeln vor wie die Sache, die ich tue, und das Wir, das sich daraus ergibt. Dass sich so viele Menschen in ihrem Leben erschöpfen oder scheitern, liegt unter anderem daran, dass ihnen diese Fähigkeit des dialogischen Handelns fehlt. So besteht die Gefahr, dass sie sich in der Sache verlieren, in ihr aufgehen und »alles geben« – um sich dann nach diesem fulminanten Start in einer inneren Leere und

Erschöpfung wiederzufinden. Und es gilt auch das Gegenteil: Fehlt die Sache in meinem Handeln und konzentriert sich mein Handeln auf mich, bleibt der Erfolg aus und mein Handeln verliert an Gesundheit.

Systeme, in denen wir leben – ob staatliche, private oder das berufliche System, zum Beispiel das Unternehmen, in dem wir arbeiten –, können genauso wie diejenigen, die sich in ihnen befinden, nur gesund bleiben, wenn auch hier das dialogische Gleichgewicht gegeben ist. Auch hier gilt die Frage: Wer bin ich und was sind meine wesentlichen Bedürfnisse, Grenzen, Aufgaben; was ist meine Rolle, meine Verantwortung? Welche Notwendigkeiten besitzt das System, was ist seine Verantwortung, Aufgabe, Grenze? Dieselben Fragen gelten für das Wir. Unternehmen, Gesundheitssysteme, Wirtschaftssysteme oder gesellschaftspolitische Systeme erschöpfen sich unter anderem deswegen, weil dieses Gleichgewicht fehlt.

Wir vergessen häufig, dass der Dialog natürlich auch für das gilt, was wir tun – ob in unserer Freizeit oder in unserem Beruf. Genauso wie es notwendig ist, mit dem Leben und den Lebenssituationen im Dialog zu bleiben.

Die Frage nach einem erfüllten Leben lässt sich nur im Dialog beantworten. Wenn ich bereit bin, dem Leben und meinem Leben zu begegnen und darin mir selbst. Wer bin ich in meinem Leben und wer bin ich im grundsätzlichen Leben? Was sind meine Bedürfnisse? Meine Rolle und Verantwortung, Grenzen und Aufgaben? Welche Anforderungen stellt das Leben an mich persönlich und grundsätzlich, was sind seine Grenzen, seine wesentlichen und notwendigen Aspekte – grundsätzlich und im Speziellen für mich persönlich? Was braucht es für ein Wir – zwischen mir und dem Leben?

Beziehung findet nicht im Kopf statt, sondern ist ein intuitiver Prozess.

Für ein dialogisches Gleichgewicht mit dem Leben zu sorgen, ist Grundlage für Resilienz; nur so gelingt es uns, mit dem Leben zu gehen, an ihm und mit ihm zu wachsen, anstatt zu kämpfen, stehen zu bleiben und uns zu erschöpfen. Im Kapitel »Im Dialog mit dem Leben« wird weiter darauf eingegangen, was dies im Einzelnen bedeutet.

Wir

Viele Beziehungen scheitern bereits an dem Spannungsfeld zwischen Ich, Du und Wir und der Unmöglichkeit, hier das dialogische Gleichgewicht herzustellen.

So wird in der Beratung von Paaren oder von beruflichen Beziehungen deutlich, dass die Beziehung häufig an dem fehlenden Blick für das Wir scheitert. Die Betroffenen wollen zwar die Gemeinschaft, bleiben aber auf der Ebene des Ich und Du und fordern auf dieser Grundlage vergeblich das Miteinander. In häufig endlosen Diskussionen, emotionalen Kämpfen, vielen Bemühungen wird um das Wir gerungen – entweder wird gegenseitig verlangt, dass der andere sich doch zu bewegen hätte, während man selbst auf der Position des Ichs verharrt, oder der eine investiert in die Beziehung, während der andere wartet.

»Der Neue muss erst mal in Vorleistung gehen«, »Wenn mein Mann mich endlich sehen würde, dann wäre ich auch bereit, etwas zu tun«, »Wenn meine Kollegin sich nicht bewegt, warum sollte ich es dann tun?« sind verschiedene Aussagen, in denen der andere vergeblich zum Wir aufgefordert wird – ohne zu erkennen, dass dieses nie durch einen allein entsteht.

Sich das Wir immer wieder als eigenen Aspekt zu verdeutlichen, ist oft ein entscheidender erster Schritt in Richtung einer gelingenden Beziehung. Dafür muss jedoch jeder Einzelne seinen Blick erweitern und seine individuelle Ebene verlassen.

Die Bereitschaft, dies zu tun, entsteht erst in dem Moment, in dem ich erkenne, dass das dialogische Wir immer mehr ist als nur das Ich.

Weder ich alleine noch du für dich können das erreichen, was gemeinsam zu bewirken möglich ist. So bleiben die Beziehungen, in denen die Beziehungspartner im Ich und Du verharren, am Ende leblos, leer und stehen still.

Jede Beziehung kann erst dann zum Leben erweckt werden, ihre größte Kraft und Kreativität entfalten, wenn sich die Beziehungspartner auf der Ebene des Wir wiederfinden. Wachstum und Leben entstehen durch Begegnung.

Das Wir beschreibt die Beziehung an sich. Es beinhaltet die jeweiligen Beziehungspartner zu gleichen Anteilen, das sich daraus ergebende Miteinander und ist ein eigenständiger Aspekt, der genauso anzuerkennen und zu pflegen ist wie der Aspekt der Individualität. So wie ich mir Zeit für mich selbst nehme und mich selbst im Blick habe, so gilt es, sich Zeit für das Wir zu nehmen.

Damit dies gelingt, muss die Beziehung genauso gepflegt werden wie der Aspekt der Individualität. So wie ich mir Zeit für mich selbst nehme und mich selbst im Blick habe, gilt es, sich auch die Zeit für die Beziehung zu nehmen und aktiv die Frage zu stellen, was unsere Beziehung braucht. Das tue ich für mich allein und gemeinsam mit meinem Partner/meinen Partnern.

In vielen Beziehungen bleibt es beim sporadischen Wir. Ob in Teambuilding-Maßnahmen, in denen das Wir einmal im Jahr gefördert wird, oder in Partnerschaften, in denen versucht wird, dies durch Urlaube zu retten oder am Leben zu erhalten. Das Wir bleibt ein Event und der Alltag beim Ich und bzw. oder Du.

Erst wenn wir im täglichen Miteinander – ob in der Familie, unserer Partnerschaft, Freundschaft oder in unserem Beruf – bewusst unser Miteinander pflegen, finden wir auch zu einem wirklichen Miteinander.

ÜBUNG
Eine Beziehungsbestandsaufnahme
Reflektieren Sie Ihre Beziehungen unter dem Aspekt des dialogischen Gleichgewichts. Haben Sie das Wir als einen eigenständigen Aspekt im Blick?
Stellen Sie sich regelmäßig die Frage nach Ihrem Miteinander. Wie steht es darum? Was braucht Ihre jeweilige – private und berufliche – gemeinsame Beziehung, damit sie weiter trägt, erfüllt und erfolgreich ist?
Kümmern Sie sich aktiv um das Wir.
Sie werden erkennen, dass nicht immer das, was für ein Wir gut wäre, auch für den Einzelnen gut ist. Genauso wie es nicht immer für das Wir zuträglich ist, was der Einzelne benötigt. Diesen drei Aspekten zu begegnen und darin ein Gleichgewicht herzustellen, das erfordert und beschreibt den Dialog. Denken Sie daran: Das dialogische Gleichgewicht ist kein starres Phänomen, sondern ein aktiver Prozess, der jeden Tag stattfindet, indem er aktiv von allen Beteiligten gelebt wird.

ÜBUNG
Wir-Liste
Erstellen Sie eine Liste mit Ihrem Partner oder Ihrem Team – beantworten Sie gemeinsam, was Sie brauchen, um das Wir zu pflegen: Was benötigt Ihr gemeinsames Wir?

Ich, Ich und noch mal Ich!

»Ich kann nicht verstehen, warum meine Mitarbeiter diese negative Bewertung abgegeben haben«, sagte ein frustrierter Vorstand, nachdem er die Ergebnisse eines 360-Grad-Feedbacks erhalten hatte. »Mir vorzuwerfen, dass ich meine Leute nicht im Blick hätte. Ich habe immer Wert darauf gelegt, dass wir ein starkes Team sind, das Wir stand für mich an erster Stelle. Dass ich weiß, was für das Wir richtig ist, ist mein Job, genauso wie die Leute dorthin zu führen.«

»Meinem Vater war die Familie immer wichtig«, erzählte eine Frau. »Wenn er nach Hause kam, dann war es die Aufgabe von meiner Mutter und uns Kindern herauszufinden, was er wollte. Er hatte klare Vorstellungen vom Miteinander – allerdings kam kein anderer in seiner Vorstellung vor als er selbst.«

Ob beruflich oder privat, ob im Verhältnis zu dem System, in dem wir uns befinden, aber auch im Verhältnis zu dem, was wir tun – wenn Beziehungen scheitern, dann scheitern sie meist am Ich. »Mein Mann sieht mich nicht in meinen Bedürfnissen«, »Mein Chef sieht nur seine Ziele«, »Meine Kollegin macht, was sie will«, »In diesem System/Unternehmen ist es nicht möglich, gesund zu bleiben, hier existieren nur Zahlen – keine Menschen«, das sind einige Aussagen in Beziehungen, in denen das Ich dominiert und das Du und das Wir fehlen. Es spielt keine Rolle, wer der andere ist, ebenso wenig wie das Miteinander von Bedeutung ist. Alles wird allein unter folgendem Gesichtspunkt betrachtet: Was kannst du für *mich* tun? Wie kann *ich* von dem Wir profitieren?

In diesen Beziehungen wird das Ich zum Zentrum der Beziehung und das Du und Wir werden zu seiner Funktion. Das Ich setzt sich hier zum Maßstab und wird zum Synonym für das Miteinander wie für den Beziehungspartner. Das äußert sich unter anderem darin, dass die Betroffenen sich selbst meinen, wenn sie vom Du oder vom Wir sprechen. Die Ich-Dominanz – vor allem, wenn sie stark ausgeprägt ist – verunmöglicht jeden Dialog, lässt jede Beziehung ins Leere laufen und zumindest den anderen Beziehungspartner, nicht selten jedoch am Ende auch das eigene Ich sich selbst erschöpfen.

> *Die meisten Dialoge scheitern an dem fehlenden Du und Wir – oder umgekehrt an der Selbstzentriertheit des Ichs.*

Immer nur Du und Wir

Wenn in den Seminaren die Ich-Dominanz thematisiert wird, gibt es immer wieder die Reaktion von Teilnehmer/innen, die antworten: »Auf mich trifft das nicht zu. Ich gestalte meine Beziehungen genau gegenteilig.« Vielleicht gehören Sie auch zu denjenigen, die jetzt innehalten und mir antworten würden, dass Sie in Ihrer Beziehungsgestaltung »das Gegenteil« sind. Dass Sie, wie sehr viele meiner Klienten, die aufgrund eines Burnouts in die Praxis kommen, sich viel mehr Gedanken um den anderen machen würden.

»Ich selbst stehe ganz hinten in der Schlange des Lebens«, sagte eine Frau kürzlich während eines Seminars. »Ich kümmere mich ständig um meinen Mann und die Familie – deren Wohlergehen steht für mich an erster Stelle.«

»Die Arbeit hat oberste Priorität, erst wenn alles erledigt ist, bin ich dran«, so ein weiterer Klient.

»Ich komme an letzter Stelle, der andere ist wichtiger.« Das ist ein ganz häufiges Zitat von Burnout-Betroffenen, die sich in ihren Beziehungen erschöpft haben.

Fragt man die Betroffenen jedoch, was der Grund für das Zurückstellen der eigenen Person ist, kommen folgende Antworten: »Mir geht es erst gut, wenn es dem anderen gut geht.« Oder: »Ich kann erst zufrieden sein, wenn alle anderen zufrieden sind.«

Damit unsere Beziehungen gelingen und wir uns nicht verlieren, brauchen wir das Gleichgewicht zwischen Ich, Du und Wir. Dialog bedeutet, dass ich nur zu einem Drittel in der Beziehung stattfinde.

Das, was auf den ersten Blick nach Kümmern oder sozialer Ader aussieht, entpuppt sich auf den zweiten Blick als – meist unbewusster – Selbstzweck. Hier macht das Ich zwar den anderen und das Miteinander zum Zentrum, aber nur, weil das eigene Zentrum fehlt.

Die Betroffenen suchen ihren eigenen fehlenden Halt und Maßstab im anderen und im Miteinander und funktionalisieren so die Beziehung für das fehlende Ich.

Wie bei der Ich-Dominanz werden auch hier das Du und das Wir zum Synonym für das eigene Ich – nur spiegelverkehrt. Auch hier ist ein Dialog nicht möglich, die Beziehung bleibt im Ich respektive im Du blockiert.

ÜBUNG

Regelmäßiger Beziehungscheckup

Beziehung findet nicht rational, sondern intuitiv statt. Das Ziel ist, dass gelingende Beziehung für Sie zu einer selbstverständlichen Sprache wird, die Sie sprechen, ohne über die einzelnen Worte nachzudenken. Je früher wir eine Sprache lernen, umso selbstverständlicher ist sie für uns. Aber auch im fortgeschrittenen Alter können wir neue Sprachen lernen. Für beides gilt: Je häufiger wir sie sprechen, umso fließender werden wir sie beherrschen.

Beginnen Sie, den Dialog so häufig wie möglich zu »sprechen«. Machen Sie ein regelmäßiges »Check-up« Ihrer Beziehungen, indem Sie sich im Alltag immer wieder die ersten Fragen nach dem dialogischen Gleichgewicht stellen: Komme ich in unserer Beziehung genauso vor wie du? Kommst du genauso vor wie ich und gibt es ein Wir? Gibt es das Gleichgewicht in meinen Beziehungen, beruflich wie privat? Gibt es das Gleichgewicht in dem, was ich tue?

Wiederholen Sie diesen »Check-up« sowohl für Ihre beruflichen wie privaten Beziehungen – einschließlich bei dem, was Sie tun – so oft, bis Sie nicht mehr über die Antwort nachdenken müssen, sondern die Antwort *fühlen*. Sie fühlen, ob das dialogische Gleichgewicht gegeben ist. Das heißt: Sie fühlen sich selbst, die Position des Ichs, nehmen den anderen (Person/Sache) wahr, die Position des Du und fühlen auch das Wir.

2. Dialogaspekt – Funktionalität verhindert Begegnung

»Wenn ich es rückblickend betrachte«, sagte ein 35-jähriger Mann, »dann habe ich sowohl in meinen beruflichen Beziehungen wie in meiner Partnerschaft vor allem deswegen immer alles für die anderen getan, weil ich geliebt werden wollte. Beruflich habe ich mich immer vor meine beiden Partner gestellt und den Kopf für sie hingehalten – selbst dort, wo die beiden die Verantwortung hatten oder hätten übernehmen müssen. Das Gleiche habe ich für meine Freundin getan. Ich habe mich um sie gekümmert, immer wieder versucht, sie glücklich zu machen, damit wir glücklich werden – jahrelang habe ich ihre emotionale Kälte kompensiert. Und jetzt stehe ich hier – völlig ausgelaugt und erschöpft. Ich fühle mich wie ein alter Mann.«

Es ist immer die Frage, auf welcher Ebene wir Beziehung leben wollen. Wesentliche Erfüllung und Weiterentwicklung finden wir nur, wenn wir uns für eine wesentliche Begegnung entscheiden.

Je mehr die Person, die Beziehung oder die Sache zur Funktion für das eigene Ich werden, umso sicherer folgt die Erschöpfung – sowohl innerhalb der Beziehung als auch der Beziehung selbst. Gleichzeitig wächst die Abhängigkeit des eigenen Ichs. Wird das Du zu meiner Funktion, verliere ich meine Wirkkraft, sobald das Du fehlt.

»Ich habe zu nichts Lust«, berichtete eine Frau während einer Beratungsstunde. »Seitdem keine neue Beziehung, kein Mann in Sichtweite ist, habe ich auf jeder Ebene meinen Antrieb verloren.« Sie schwieg einen Moment und fügte dann hinzu: »Aber ich weiß ganz genau, sobald ein Mann auftaucht, ist alles wieder gut. Ich werde wieder Lust haben, mich gut anzuziehen, meine Stimmung wird sich heben und ich werde in meinem Job wieder kreativ sein.«

»Für mich war es selbstverständlich, mir eine Affäre zu suchen, nachdem meine Frau mit unserem Sohn so beschäftigt war und keine Lust mehr hatte«, berichtete ein Klient. »Ich brauchte Nähe, also holte ich mir Nähe. Dort, wo sie möglich war.«

»Was soll ich tun, wenn mein Mann jetzt einen Herzinfarkt bekommt – das Haus ist noch nicht abbezahlt und dann sitze ich allein da«, klagte eine Frau.

Freunde als Statusobjekte zu nutzen, aus dem Beziehungspartner Antrieb und Energie für das eigene Leben zu holen oder sich an ihm »aufzuladen«, wie es ein Mann beschrieb, der sich »das Verliebtsein gerne immer wieder aufs Neue gönnte«, ist häufiger und oftmals selbstverständlicher Beziehungsalltag. Nähe wird nicht mehr personal, sondern funktional gelebt. Hier bricht die Beziehung automatisch ein und verliert ihre Bedeutung, wenn die Beziehung und das Gegenüber nicht mehr ihre Funktionen erfüllen.

> ***Ob in beruflichen oder privaten Beziehungen – auf die innere, unbewusste Haltung »Was kannst Du für mich tun?« oder »Was bringt mir der andere?« sind eine Vielzahl von Beziehungen gegründet.***

»Als wir und unser Unternehmen in die Insolvenz gingen«, berichtete ein Mann, »halbierte sich schlagartig unser Freundeskreis. Die Menschen, die wir für unsere Freunde hielten, waren plötzlich nicht mehr für uns erreichbar.«

»*Seid uns nicht böse*, sagten unsere vermeintlichen Freunde, *aber ihr versteht sicherlich, dass es auch für uns Gerede mit sich bringt, wenn man uns mit euch sieht*«, berichtete der Mann. »Außerdem wohnt ihr nun an einem ganz anderen Ende der Stadt – da ist man auch nicht mehr so schnell wie früher, als ihr nur um die Ecke wart.«

»Das waren doch bloß Affären, da ging es nur um Sex; ich kannte die Frauen kaum, das hat doch keine Bedeutung für dich und für uns«, äußerte der Klient gegenüber seiner Frau während einer gemeinsamen Sitzung.

Erst im Nachhinein erkennen die Betroffenen – meist verbunden mit einer schmerzvollen eigenen und gemeinsamen Aufarbeitung –, was ihre funktionale Haltung für den anderen wie für die Beziehung an sich bedeutet. Damit verbunden ist dann meist auch die wachsende Einsicht, warum sie in ihren Beziehungen bisher nie »wirklich angekommen sind«.

Je näher uns die Person ist und je funktionaler wir die Nähe leben, umso mehr Verletzung entsteht.

Das, was echte Nähe ausmacht, »sich bei dem anderen zu Hause zu fühlen«, ist in einer funktionalen Beziehung nicht möglich. Innige Verbindung, gemeinsames Wachstum und Weiterentwicklung können nur auf der Basis von personaler Begegnung entstehen.

Als Objekt benutzt zu werden, ist eine der zentralen Ursachen für Verletzungen und Kränkungen im menschlichen Miteinander.

»Erst jetzt kann ich verstehen», sagte eine Frau, »warum ich mich in meinen Beziehungen im tiefsten Innern immer alleine fühlte. Ich lebte Beziehung, wie ich es von meinen Eltern gelernt hatte. Dort gab es keine wirkliche Begegnung. Ich war immer einsam in mir – dieses Gefühl setzte sich in meinen Beziehungen fort. Ich hatte irgendwie stets das Gefühl, dass etwas fehlte. Rückblickend kann ich sehen, dass das, was fehlte, echte Nähe war. Ich hatte keinen Blick für meinen Mann, wer er war, sondern nur dafür, was er für mich tun konnte. Wie er mir einen sicheren Lebensrahmen geben konnte. Aber eingelassen habe ich mich nicht auf ihn. Und er sich auch nicht auf mich. Obwohl wir 15 Jahre miteinander verheiratet waren, waren wir doch irgendwo wie zwei Fremde – jeder in seiner eigenen Welt.«

»Gesehen zu werden und als der erkannt zu werden, der ich bin« – ist ein von Beginn an existenzielles menschliches Grundbedürfnis. Wir sollten uns bewusst machen, dass die Verletzungen und die Nichterfüllung dieses Grundbedürfnisses sich in uns selbst wie auch in den Beziehungen vertiefen, und zwar je stärker, je mehr wir Beziehung auf der Funktionsebene leben.

Sich für den Dialog zu entscheiden bedeutet, sich von jeder Funktionalität zu verabschieden und auf jeden Missbrauch zu verzichten. Es bedeutet, weder mich missbrauchen zu lassen noch den anderen zu missbrauchen, sondern um der Sache oder Person willen zu handeln. Erst wenn wir dazu bereit sind, haben wir die echte Chance auf ein erfülltes Miteinander – privat wie beruflich. Dies gilt auch für die Beziehungen innerhalb von Systemen; erst wenn auch hier konsequent auf gegenseitigen Missbrauch verzichtet wird, kann sich die Kraft des jeweiligen Systems für ein starkes Wir entfalten und für Bedingungen sorgen, in denen gesundes Leben und Wachstum möglich sind.

SELBSTREFLEXION

»Nutze dich selbst, dann musst du weder dich benutzen lassen noch andere benutzen!«

Halten Sie inne und reflektieren Sie Ihre Beziehungen. Leben Sie Ihre Beziehungen um Person und Sache oder um der Funktion willen? Reflektieren Sie dies sowohl für Ihren Part wie auch für Ihr Gegenüber, mit dem Sie Beziehung leben.

3. Dialogaspekt – das Gleichgewicht zwischen Geben und Nehmen

Im Folgenden möchte ich auf einen weiteren Aspekt des Dialogs eingehen – den Aspekt des Nehmens und Gebens.

Der Dialog beschreibt nicht nur das Gleichgewicht zwischen Ich, Du und Wir, sondern darin auch das Gleichgewicht zwischen Nehmen und Geben. Dialog ist Austausch. Damit die Beziehung und die Beziehungspartner gesund bleiben, braucht es auch hier das Gleichgewicht: *Ich gebe so viel, wie ich nehme. Ich nehme so viel, wie ich gebe.* Dieser Austausch findet in alle Richtungen statt – dem Du wie dem Wir gegenüber.

Die Schwierigkeit zu nehmen

Halten Sie bitte einmal kurz inne und überlegen Sie, wie Sie Ihre Beziehungen leben – bekommen Sie so viel, wie Sie geben? Und geben Sie so viel, wie Sie bekommen?

Es ist gerade dieser Aspekt, der in Beziehungen häufig außer Acht gelassen wird und aufgrund dessen sich viele Klienten erschöpfen. Nicht über Nacht, sondern in einem langfristigen Zeitraum.

Vor einiger Zeit kam ein Mann wegen eines Burnouts in die Behandlung. Er gab an, sich in seiner Beziehung völlig verausgabt zu haben. »Ich weiß«, sagte er am Ende seiner Erzählung, »dass ich einfach zu viel gebe und darin keine Grenzen habe.«

Im Laufe der Sitzungen wurde ihm deutlich, dass der Ursprung seiner Erschöpfung und seiner gescheiterten Beziehung nicht allein das grenzenlose Geben war, sondern seine Unfähigkeit zu nehmen. »Das ist etwas, das ich gar nicht kann«, beschrieb er sich selbst. »Es beginnt schon damit, dass ich es nicht annehmen kann, wenn mich ein Freund zum Bahnhof fahren möchte, obwohl es für mich andersherum selbstverständlich ist.«

In der Analyse seiner Beziehungsgestaltung begann er immer mehr zu verstehen, dass er sich deswegen im Geben erschöpfte, weil er Angst hatte zu nehmen. Dies war verbunden mit unbewussten, in der Biografie begründeten Ängsten, die Kontrolle zu verlieren, vom Beziehungspartner abhängig und bestimmt zu werden.

Der Mann erkannte, dass er vor diesem Hintergrund seine Beziehungen so gestaltete, dass er sich jedes Nehmen verbot – und sich so unweigerlich in die Rolle desjenigen brachte, der sich in seinen Beziehungen ausnehmen ließ und selbst ausnahm.

Ähnlich erging es einer Frau in einem Unternehmen, die »die gute Seele des Teams« war. Auch sie erschöpfte sich in einem ständigen Geben. In ihrer Aufarbeitung wurde deutlich, dass sie es nicht kannte »zu bekommen« und so auch nie gelernt hatte zu nehmen.

Ihr fehlte schlichtweg das Gefühl für sich selbst und für das, was sie brauchte.

Nehmen und Geben sind elementare Fähigkeiten, die wir brauchen, um überhaupt in den Austausch zu treten. Ist die eine oder andere Seite blockiert, dann ist die Beziehung blockiert.

Zu nehmen und zu geben beschränkt sich jedoch nicht allein auf das, was wir aktiv tun, sondern beinhaltet auch Worte, Gedanken und Gefühle. Auf emotionaler Ebene gleichermaßen zu geben und zu nehmen, ist das Fundament für gelingende Beziehung und ein häufiges Leck in vielen Beziehungen.

So kam vor einiger Zeit ein Mann in die Beratung. Er beschrieb, sich in eine Frau verliebt zu haben. So überzeugt er auf der einen Seite sei, dass diese Frau die Richtige für ihn wäre, so könne er auf der anderen Seite die Nähe zu ihr nicht »aushalten«: »Ich schaffe es einfach nicht, die Liebe meiner Freundin anzunehmen. Obwohl ich nicht will, muss ich sie zurückstoßen«, sagte er.

»Es fällt mir einfach schwer, ein Kompliment anzunehmen«, »Ich kann einfach nicht zeigen, wenn mich etwas stört«, »Meine Gefühle behalte ich für mich« – das sind weitere beispielhafte Aussagen von Betroffenen, bei denen ein natürliches Verhältnis zum Nehmen und Geben fehlt – und die sich wunderten, warum ihre Beziehungen nicht gelangen.

Je blockierter die Ebenen des Nehmens und Gebens, umso blockierter ist auch die Beziehung.

»Bin ich dazu in der Lage zu nehmen und zu geben?« sind zwei zentrale Fragen, die jeder für seine eigene Beziehungsfähigkeit zu klären hat.

Doch nicht nur die Fähigkeit zum Austausch ist von Bedeutung, sondern auch das, *was ausgetauscht wird und auf welcher Ebene der Austausch stattfindet.*

Befindet sich der Austausch auf funktionaler Ebene, so bleibt die Beziehung eine Handelsbeziehung und ein bloßes Tauschgeschäft. Gebe ich, um zu nehmen? Je mehr dies stattfindet, umso unerfüllter bleiben wir in der eigenen Person und unsere Beziehung verharrt an der Oberfläche.

Die Qualität des Austauschs bestimmt die Qualität der Beziehung.

Ebenso kann zwar ein Gleichgewicht zwischen Nehmen und Geben stattfinden – wenn jedoch das Falsche gegeben und genommen wird, entsteht kein Wachstum, sondern Erschöpfung. So kam vor einiger Zeit eine Frau in die Beratung, die sich an zu viel Falschem in ihrer Partnerschaft erschöpfte. Das Gleiche galt für einen Mann, der zu lange in einer beruflichen Situation ausharrte. Beide befanden sich in Beziehungssituationen, in denen nicht nur der Respekt ihnen gegenüber fehlte und wesentliche Bedürfnisse nicht erfüllt wurden, sondern sie auch die jeweiligen Schwächen des Gegenübers zu kompensieren versuchten. Anstatt Respekt zu nehmen, nahmen sie die Schwäche des anderen auf. Anstatt ein notwendiges »Nein« zu geben und Grenzen zu ziehen, gaben sie immer wieder ein falsches »Ja«.

Das Gefühl für das Richtige, den richtigen Inhalt, das richtige Maß ist also ein entscheidender Aspekt für gelingende Beziehung.

So schließt sich an die Frage »Kann ich geben und kann ich nehmen?« immer auch die Frage an: »Kann ich das Richtige nehmen und geben?«, und: »Kannst du das Richtige (von mir nehmen) und mir das Richtige geben?«

Im Dialog zu sein, heißt, dass ich bei mir bleibe, auf dieser Grundlage das aufnehme, was mir der andere entgegenbringt, und im selben Maß wieder abgebe, wie es nicht meinem eigenen Wesen entspricht. Es bedeutet, über die Fähigkeit des Annehmens und Loslassens zu verfügen. Solange wir im dialogischen Gleichgewicht des Nehmens und Gebens bleiben, bleibt das innere Gleichgewicht erhalten.

Im dialogischen Gleichgewicht sind Geben und Nehmen nicht an Bedingungen geknüpft und beruhen auf freier Entscheidung. Beides ist ein wesentlicher Ausdruck der Handelnden. Nicht das Ego, sondern das eigene Wesen bestimmt das Tun.

Sie haben sicherlich selbst schon die Erfahrung gemacht, wie sich freies Geben und Nehmen auf Sie persönlich wie auch auf Ihre Beziehungen auswirkt. Je bedingungsloser die beiden Aspekte, umso wertvoller werden die Inhalte, umso personaler und freier die Beziehung und das jeweilige Handeln der Partner. Gleichzeitig wächst der eigene Wert und die innere Freiheit, denn die Qualität des Nehmens und

Gebens bestimmt nicht nur die Qualität der Beziehung, sondern auch den eigenen Selbstwert.

Das Leben in Extremen

Ein typisches Symptom von fehlender Begegnung ist der Wechsel zwischen Extremen, die sich gegenseitig bedingen. So ist es ein häufiges Symptom bei Burnout-Patienten, in ihren Beziehungen zunächst »alles gegeben zu haben«, um dann in die Haltung »Jetzt bin ich mal dran« zu wechseln. Dies wird dann mit dem vorangegangenen »Zuviel« begründet; doch dass das erneute Zuviel genauso wenig die Lösung ist, wird zunächst nicht erkannt.

Das dritte zentrale Merkmal des Dialogs beschreibt ein Gleichgewicht zwischen Nehmen und Geben: Ich gebe dir in dem Maß, wie ich von dir nehme – genauso verhalte ich mich dem Wir gegenüber. Diese Balance bewahrt das dialogische Gleichgewicht und schützt uns und unsere Beziehung vor Ausbeutung und Erschöpfung.

Überall dort, wo in Beziehung die Erfüllung durch wesentliche Begegnung fehlt – sei es in der Beziehung zu sich selbst, in der zwischenmenschlichen Beziehung oder in dem, was ich tue –, wird die Lösung häufig im Extrem gesucht. Das Echte, das in der Beziehung fehlt, wird auf der funktionalen Ebene durch ein Immer-Mehr zu kompensieren versucht. Quantität soll die fehlende Qualität ersetzen und die innere und äußere Leere füllen. Dies geht immer schief.

Das Gleichgewicht zwischen Nehmen und Geben und darin die Konzentration auf die wesentliche Ebene sind deswegen zwei maßgebliche Aspekte, die das dialogische Gleichgewicht sichern und die verhindern, dass sich die Beziehung oder die Beziehungspartner erschöpfen.

Der nächste Schritt zu einer gesunden Beziehung: *Gib so viel, wie du nimmst, nimm so viel, wie du gibst, und handle wesentlich.*

ÜBUNG

Einnahme/Ausgabe-Liste

Erstellen Sie eine Einnahme/Ausgabe-Liste für Ihre Beziehungen, um sich das Prinzip, das Sie von der betriebswirtschaftlichen Ebene kennen, auch hier zu verdeutlichen.

Werden Sie sich dabei nicht nur bewusst, wie viel Sie bekommen, sondern vor allem auch was.

Definieren Sie dafür zunächst für sich, was für Sie in Ihren Beziehungen wesentlich ist.

Was ist für mich wesentlich ...

... in meiner beruflichen Beziehung?

... in meinen Freundschaften?

... in meiner Partnerschaft?

Bitte erstellen Sie nun eine »Nehmen und geben«-Liste:

Was gebe ich in meiner Beziehung?

Was nehme ich in meiner Beziehung?

Besteht ein Gleichgewicht zwischen Nehmen und Geben?

Bewerten Sie nun, inwieweit Sie Ihre Beziehungen auf wesentlicher oder auf funktionaler Eben leben.

Fühlen Sie sich verpflichtet zu geben oder zu nehmen? Erwarten Sie eine bestimmte Reaktion von Ihrem Gegenüber, knüpfen Sie Ihr Geben oder Nehmen an Bedingungen? Haben Sie das Gefühl der Abhängigkeit und Unfreiheit? Dann befinden Sie sich auf der funktionalen Ebene.

Geht es für Sie um die andere Person oder die Sache, die Sie tun? Handeln Sie frei aus sich selbst heraus? Ohne Zwang und ohne Erwartung? Dann befinden Sie sich auf der wesentlichen Ebene.

SELBSTREFLEXION

Was heißt auf »wesentlicher Ebene« handeln?

Im Dialog zu sein, heißt dem, was wesentlich ist, zu begegnen. Mir selbst in meinem Wesen, dem Wesen meines Gegenübers, dem Wesen der Sache, dem Wesen des Lebens. Das Wesen beschreibt die jeweilige Essenz dessen, was ist. Wesentlich zu werden und wesentlich zu handeln, ist die Entscheidung für die Wahrhaftigkeit, die nicht mit unserem Willen bestimmbar, sondern in sich selbst angelegt ist.

Das Gleichgewicht in schlechten Zeiten

Ich erhalte immer wieder Emails von Betroffenen, die sich wegen eines Burnouts ihres Partners oder aufgrund von Krisenzeiten des Unternehmens oder der Überlastung von Kollegen selbst erschöpft haben und in eine Krise gerutscht sind.

Wesentliche Begegnung kann nur in Freiheit und Bedingungslosigkeit stattfinden.

Was bedeutet das dialogische Gleichgewicht in Krisenzeiten? In Zeiten, in denen beruflich besondere Anforderungen herrschen? Wenn es einem der Partner einmal schlecht geht, er nicht so viel geben kann und auf das Geben des anderen angewiesen ist? Was können wir tun, damit unsere Beziehungen nicht zerbrechen und wir uns nicht erschöpfen?

Erschöpfen sich Menschen an einem kranken Partner, dann wird bei näherem Hinschauen deutlich, dass sie nicht nur zu viel gegeben haben, sondern auch das Nehmen des erschöpften Partners nicht mehr auf wesentlicher Ebene stattfand. Die Betroffenen hatten begonnen, sich an ihrem Partner »festzusaugen« und nahmen die Position des hilflosen, ohnmächtigen Kindes ein, das vom Partner umsorgt werden musste. Wenn in Krisenzeiten beide – gesunder Mensch und erschöpfter Mensch – im Dialog bleiben, d. h. beide auf das Ich-Du-Wir-Gleichgewicht achten, kann ein Ungleichgewicht im

Nehmen und Geben aufgefangen werden. Der erschöpfte Partner kann vielleicht nicht viel geben, er kann aber das Du im Blick behalten und auf die eigene innere Einstellung achten. Dies gelingt dann, wenn ich die Verantwortung für meine Situation als erwachsener Mensch behalte – auch in einer Erkrankungs- oder Krisensituation. Erwarte ich allerdings, dass der andere mich trägt und gesund macht, gebe ich die Verantwortung ab und überfordere den anderen unweigerlich. Möchte ich jedoch, dass der andere mir zur Seite steht, während ich selbst dafür sorge, gesund zu werden, ist das dialogische Gleichgewicht zwischen Ich, Du und Wir gewahrt – auch wenn das Nehmen und Geben nicht im Gleichgewicht ist.

Für den Gesunden bedeutet dies Ähnliches. Solange er sich selbst und sein Geben im Blick behält – sich selbst nicht zum Retter aufschwingt –, wird er sich nicht im Du verlieren. Eine weitere gute Orientierung ist, darauf zu achten, dass das Geben auf wesentlicher Ebene bleibt – also freiwillig und ohne Bedingung. Sehr häufig geraten die Betroffenen aus Pflichtgefühl in einen automatischen Funktionsmodus, in dem sie sich selbst verlieren. Verhindert werden kann dies, indem sie sich regelmäßig die Frage nach »Freiwilligkeit« stellen – will ich das, was ich tue? – und in dem Moment, da sie beginnen, das zu verneinen, nach Alternativen suchen. Kann ich zurück zur Freiwilligkeit finden, indem ich mir die Situation und ihre Notwendigkeit bewusst mache, oder überwiegt meine Not und es ist Zeit, nach Alternativen zu suchen, die mich entlasten? Das kann bedeuten, die Arbeit auf mehrere Schultern zu verteilen oder dafür zu sorgen, auf anderen Ebenen, in anderen Beziehungen für zusätzliche wesentliche Begegnungen zu sorgen, die mich stärken.

Dies gilt genauso für berufliche Krisenzeiten: Mehr zu geben als zu bekommen, ist manchmal notwendig – doch auch hier muss die wesentliche Ebene gewahrt bleiben, damit ich mich nicht erschöpfe.

Zum Leben gehören Krisen – beruflich wie privat. Wenn wir dafür sorgen, dass wir das dialogische Gleichgewicht bewahren, können wir diese Krisen durchstehen und alleine wie gemeinsam daran wachsen, anstatt daran zu zerbrechen.

Das Gegenteil von Begegnung – Symbiose

»Es fällt mir schwer zu verstehen, was Begegnung eigentlich genau bedeutet«, leitete ein Mann eine Sitzung ein. »Ich habe mir seit unserer vergangenen Sitzung immer wieder Gedanken darüber gemacht; rational kann ich das verstehen – aber emotional bin ich irgendwie *lost.*«

»Was genau heißt: ein Gegenüber zu bieten?«, fragte eine Seminarteilnehmerin während eines Burnout-Seminars. »Ich bekomme das irgendwie nicht richtig gefasst.«

In meiner Arbeit begegnen mir immer wieder diese grundlegenden Fragen – und so sehr es den Betroffenen zunächst unangenehm ist, diese zu stellen, umso klärender ist dann die Antwort für die eigene Beziehungsgestaltung.

Im folgenden Abschnitt möchte ich deswegen die beiden grundlegenden Aspekte der Begegnung und des Gegenübers noch einmal besonders hervorheben. Viele Dialoge gelingen aus dem Grund nicht, weil die Fähigkeit zu beidem fehlt und stattdessen das Gegenteil gelebt wird: die Symbiose.

So berichtete ein Mann, der in der Öffentlichkeit steht, dass er nach seinen Auftritten immer wieder eine immense Erschöpfung spüre. »Nach den Auftritten«, so gab er an, »wenn alles vorbei und ich im Hotelzimmer war, überfiel mich eine tiefe innere Leere. Ich war ausgelaugt und wie ausgewrungen.« Im Laufe der Beratung stellte er fest, wie sehr er sein eigenes Ich im Publikum und in seinem Erfolg verloren und sich selbst darin aufgelöst hatte. »Meine gesamte Konzentration war auf meine Fans gerichtet«, beschrieb er das rückblickend. »Ich war mein Publikum, ich war die Kritiken, ich war mein Erfolg. Es war die wildeste Achterbahn, die man sich nur vorstellen kann. Das Gefühl für mich selbst hatte ich völlig verloren und ich raste in meinen Fans durch mein Leben – so lange, bis ich nicht mehr konnte. So lange, bis nichts mehr ging.«

»Ich verstehe erst jetzt«, sagte eine Frau, die nach einer gescheiterten Beziehung und mit einem Burnout in die Beratung kam, »warum ich mich schon damals, als ich meinen Freund kennengelernt hatte, gleich nach unserem ersten Treffen tagelang völlig ausgelaugt fühlte. Ich stand wie neben mir. Auch nach den darauffolgenden Treffen. Ich brauchte zum Teil mehrere Tage, bis ich mich erholt hatte und ich mich wieder wie ich selbst fühlte. Wir beide sind völlig miteinander verschmolzen. Es gab keine Grenze zwischen uns und so habe ich all den emotionalen und psychischen Morast, den er in sich trägt und von dem ich lange Zeit nichts wusste, automatisch in mir aufgenommen. Ich hätte es nie für möglich gehalten, dass man sich auch so erschöpfen kann, indem man einen anderen Menschen in sich aufnimmt und dann die ganze eigene Kraft verbraucht, um ihn wieder loszuwerden.«

Auch wenn wir nach wie vor in einer Gesellschaft leben, die auf vielen Ebenen die Erfüllung durch Verschmelzung verspricht – ob in Musikhits, Filmen, Leistungsansprüchen: Mit dem Gegenüber zu verschmelzen anstatt ihm zu begegnen, ist eine Einbahnstraße, führt niemals zur Erfüllung, sondern endet meist in Erschöpfung.

> ***Jeder Mensch kann nur so viel aufnehmen, wie er an innerem Raum zur Verfügung hat und gleichzeitig dazu in der Lage ist, das, was zu viel oder nicht dem eigenen Wesen entsprechend ist, wieder abzugeben.***

Sich im anderen zu verlieren, ob in der Beziehung, in dem Beziehungspartner oder in dem, was ich tue, ist eine zentrale Ursache für Burnout. Während Männer dazu neigen, sich in ihrem Tun zu verlieren, neigen Frauen dazu, sich im Beziehungspartner zu verlieren. Beidem liegt dieselbe Wurzel zugrunde. Beides findet meist wie automatisch statt. Das Ich löst sich im Du auf oder das Du verleibt sich das Ich ein.

Annehmen und wieder Loslassen sind die Voraussetzungen dafür, dass wir selbst und unsere Beziehung im Gleichgewicht bleiben. Viele verlieren dieses Gleichgewicht, weil sie in die Symbiose gehen und die Welt des anderen zusätzlich zu der eigenen aufnehmen.

4. Dialogaspekt – gelingende Beziehung beginnt mit der Beziehung zu mir selbst

Vor einigen Monaten war eine Frau bei mir in der Praxis, die sich in einer Partnerschaft über viele Jahre erschöpft hatte. Als sie das Dialogdreieck auf der Flipchart in meinem Zimmer sah, sagte sie ganz spontan: »Das da hat zwischen uns nicht stattgefunden. Und zwar überhaupt gar nichts davon. Es gab kein Gleichgewicht zwischen Nehmen und Geben. Es gab kein Wir. Mein Mann kam in unserer Beziehung vor – sonst niemand!«

Die Frau berichtete weinend, dass sie viele Jahre vergeblich in diese Beziehung investiert hatte, immer wieder hätte sie all das Positive, das sie in sich trage, ihrem Partner gegeben, um all das, was fehlte, auszugleichen. Sie sei unendlich verliebt in ihn gewesen; sie war der Meinung, sie seien seelenverwandt und er müsse nur endlich erkennen, dass doch alles gut sei. In vielen schmerzvollen Stunden wurde ihr deutlich, welcher narzisstischen Illusion sie erlegen war – und vor allem, wie sehr sie aufgrund ihres fehlenden eigenen Ichs das Bild der perfekten Partnerschaft und des idealen Partners in diesen Mann projiziert hatte.

Ob Mann oder Frau – in Beziehungen das eigene Ich aufzugeben, ist ein typisches Symptom, das viele meiner Klient/innen leidvoll beschreiben. Da dies meist schleichend und wie selbstverständlich stattfindet, wird es den meisten erst dann bewusst, wenn sie unter emotionalen, mentalen oder auch körperlichen Symptomen leiden. Erst in diesem Moment erkennen sie, wie sehr sie sich von sich selbst entfernt und ihr inneres Gleichgewicht verloren haben. Dies kann manchmal so weit gehen, dass chronische Erschöpfungszustände entstehen, dass medizinisch unerklärliche Schmerzen oder auch »unerklärliche depressive Verstimmungen« auftreten. Und so möchte ich an dieser Stelle einen weiteren Aspekt hervor-

Eine zentrale Voraussetzung für einen Dialog ist die Fähigkeit von allen Beteiligten, »für sich selbst stehen zu können«, das heißt, eine eigene Identität zu besitzen.

heben, der unabdingbare Voraussetzung für gesunde und erfüllte Beziehung und Grundlage für ein Gegenüber ist: eine eigenständige Identität.

Jede gelingende Beziehung beginnt mit der gelingenden Beziehung zu sich selbst. Ob privat oder beruflich: Beziehung wird erst dann tragfähig, wenn sie auf dem Boden des eigenen Ichs gelebt wird – nicht als Maßstab, sondern als ein wesentlicher Beziehungsbestandteil.

Fehlen wir in unserem Ich, dann gestalten wir Beziehung ohne Fundament. Das richtige Maß für Nehmen und Geben fehlt dann genauso wie das Gefühl für die richtige Nähe und Distanz. Ohne eigene Identität suche ich meine Identität im Du und unterliege gleichzeitig der Gefahr, mich über die andere Person zu definieren, mich in ihr zu verlieren oder sie mir einzuverleiben. Das kann sich in emotionalen Abhängigkeiten (die sich sowohl in Anklammerung als auch in Beziehungsvermeidung aus Angst vor Vereinnahmung zeigen können) oder tiefen Krisen bei Trennungen äußern.

Ein freies und eigenes Ich

Erst wenn »ich selbst da bin«, kann ich ein Gegenüber bieten und mit dem anderen in den Dialog treten. Erst dann kann Begegnung überhaupt stattfinden, erst dann ist ein gesundes und freies Wir überhaupt möglich.

> *Die eigene Identität ist Halt, Position und Orientierung zugleich.*

Dies gilt nicht nur für die zwischenmenschliche Beziehung, sondern auch für unser Handeln. Jedes Handeln kann langfristig nur dann erfolgreich sein, wenn ich mich weder in meinem Handeln noch in der Sache verliere, sondern in dem, was ich tue, genauso vorkomme wie die Sache an sich. Existiere ich unabhängig von der Sache, kann ich mich voll auf diese konzentrieren und mit ihr über mich selbst hinauswachsen, ohne den Boden zu verlieren.

Es ist ein weitverbreiteter Irrtum zu meinen, dann am erfolgreichsten zu sein, wenn man in der Sache aufgeht, die man tut. Sobald ich mich über mein Tun zu definieren beginne und mein Ich in das Du verlagere, verlasse ich das dialogische Gleichgewicht. Die Folge ist, dass ich keine Wahrnehmung mehr für mich selbst und meine Grenzen besitze, mich früher oder später erschöpfe oder – wenn die Sache scheitert – selbst gescheitert bin. Wir sehen dies häufig bei Menschen, die für ihren Job brennen und irgendwann völlig verbrannt sind.

»Ich habe mich völlig mit meinem Job identifiziert«, sagte ein Unternehmer. »Ich war die Firma – so lange, bis ich nicht mehr konnte. Jetzt sitze ich hier und weiß nicht, wer ich eigentlich bin. Ich fühle mich nicht.«

»Das Projekt musste geschafft werden – alles andere war unerheblich«, so ein Projektleiter, »und jetzt, wo das Projekt vorbei ist, fühle ich nichts als innere Leere.«

»Mein Job/mein Unternehmen hat mich aufgefressen!« ist eine häufige Aussage, die verdeutlicht, wie sehr die Betroffenen sich selbst verloren haben. Durch die Selbstaufgabe geht auch die Verantwortung verloren – und damit das Bewusstsein, Gestalter des eigenen Handelns zu sein. Dies geht manchmal so weit, dass die Betroffenen sich als »Gefangene« ihrer Arbeit, ihres Chefs oder ihrer Kunden fühlen. Das Ich, das sich im Du aufgelöst hat, wird in letzter Konsequenz zu dessen Opfer.

> *Jede Begegnung braucht den Boden des Ichs – das äußert sich unter anderem darin, dass ich mich in der Beziehung genauso fühle, wie ich den anderen fühle. Im Gegenüber zu sein bedeutet, in mir zu bleiben und den anderen außerhalb meiner selbst wahrzunehmen.*

Ähnliches geschieht, wenn wir uns mit dem identifizieren, was wir besitzen. Geht unser Besitz verloren, erscheinen wir selbst verloren. So geraten viele Menschen in tiefe Krisen, nachdem sie finanziell gescheitert sind. Hier wird mit der wirtschaftlichen Grundlage gleichzeitig die persönliche Identität genommen.

Das dialogische Gleichgewicht gilt auch für den Dialog mit dem Leben und mit dem System, in dem ich lebe; auch hier spielt die gelingende Beziehung zu mir selbst eine zentrale Rolle. Habe ich meine Identität in mir gefunden, bin ich weder dem Leben noch dem System hilflos ausgeliefert – im Gegenteil, ich begegne ihm aktiv und finde auf dieser Grundlage zu einem Wir. Stelle ich fest, dass ein Wir mit dem System nicht möglich ist, gibt mir die eigene Identität die Freiheit, das System zu verlassen.

Sich in etwas aufzulösen oder etwas in sich einzuverleiben – beides ist das Gegenteil von Begegnung.

Ob im zwischenmenschlichen Bereich, in Bezug auf mein Handeln oder in Bezug auf das Leben: Begegnung kann nur im Gegenüber stattfinden, dort, wo Grenzen existieren. Grenzen als Ausdruck meiner selbst, wer ich bin, und als Abgrenzung zu dem, der ich nicht bin. Das Phänomen der Symbiose, der Wunsch nach Verschmelzung, ist der Wunsch »sein Ich abzugeben« – ob an einen Menschen, eine Sache, ein System oder an ein Medium/Objekt. Es ist in letzter Konsequenz der unbewusste Wunsch, in die kindliche Versorgung zurückzukehren, der Wunsch, »dass jemand anders für mich Dinge macht und Probleme löst«. Die Symbiose mit den Bezugspersonen ist ein natürlicher Zustand des Kindes – sich daraus zu lösen, beschreibt die Ich-Werdung des Menschen. Werden im Erwachsenenalter Symbiosen gelebt, bedeutet das, dass bei vielen Betroffenen dieser Prozess nicht stattgefunden hat. Sie sind unbewusst in der Symbiose stecken geblieben und

Wir brauchen in den ersten Jahren unseres Lebens ausreichend Nähe, um unser eigenes Ich zu entwickeln. Zu Beginn sind wir in der Symbiose, in dem Du der Bezugsperson verschmolzen. Uns daraus zu lösen, beschreibt die Ich-Werdung eines jeden Menschen durch den Dialog mit den Eltern. Bei vielen hat dieser Prozess nicht stattgefunden, sondern die Betroffenen bleiben – unbewusst – in der Symbiose stecken und gestalten selbstverständlich auf dieser Grundlage ihre Beziehungen.

gestalten selbstverständlich auf dieser Grundlage ihre Beziehungen.

Der Dialog ist die Entscheidung zur eigenen Mündigkeit und die Bereitschaft zur Selbstverantwortung. Erst auf dieser Grundlage können Beziehungen, Menschen wie auch Systeme gesund bleiben.

Die Frage nach einem Gegenüber lässt sich also wie folgt beantworten:

Wenn ich meinen Wert nicht in meiner eigenen Identität finde und in einer Gesellschaft lebe, die dies ebenfalls nicht tut, dann ist die Grundlage für einen Dialog nicht gegeben.

Ein Gegenüber zu bilden, bedeutet, dass ich in mir selbst meine Verortung besitze und das Du – ob Person, Situation, Sache, System – aus mir heraus betrachte. Es besteht immer ein gewisser Abstand, der sich verringert, je persönlicher die Beziehung ist – die Grenze der Identität jedoch wird stets aufrechterhalten. So ist es mir möglich, mit Krisen konfrontiert zu werden – ohne daran Schaden zu nehmen. Bleibe ich bei mir selbst und im Gegenüber, werde ich nicht zu dem, was mich umgibt. Ich bin dazu in der Lage, mich selbst zu schützen und aus mir selbst heraus zu begegnen.

ÜBUNG

Gelingende Beziehung zu mir selbst?

Erste Bestandsaufnahme

An dieser Stelle geht es um eine erste Wahrnehmung sich selbst gegenüber. Fühlen Sie in sich hinein und erfühlen Sie sich selbst:

- Haben Sie eine Heimat in sich selbst?
- Haben Sie eine Verbindung zu sich?
- Fühlen Sie sich in sich zu Hause und geborgen?

Wenn Sie in Ihren Beziehungen zur Symbiose neigen, fragen Sie sich regelmäßig:

- Fühle ich mich (noch) selbst?

Definieren Sie den Unterschied zwischen Ihnen selbst und dem anderen. Sie können sich nur im Gegenüber verlieren, weil Ihnen das Gefühl für sich selbst, das Gefühl zu sich selbst fehlt. Machen Sie sich bewusst, dass Ihre Verortung in Ihnen liegt und nicht außerhalb von Ihnen.

- Sorgen Sie aktiv für ein eigenständiges Ich in Ihren Beziehungen.

ÜBUNG

Abschließende Dialogübung: Erste Bestandsaufnahe für gelingende Beziehung

- Besteht ein Ich und ein Du mit jeweils eigener Identität?
- Gibt es ein Gleichgewicht zwischen Ich und Du und Wir?
- Besteht ein Gleichgewicht zwischen Nehmen und Geben?
- Handle ich um der Person und um der Sache Willen?
- Ist mein Nehmen und Geben bedingungslos?

2. Kapitel

Der äußere Dialog – die fünf Voraussetzungen

Beziehung und verkörperte Atmosphäre

»Wir können nur für eine wesentliche Welt sorgen, wenn wir beginnen, konsequent dafür einzutreten.«

Wenn es um Gesundheit geht, ist damit auch immer gesundes Handeln verbunden. »Der Mensch ist, was er isst« – doch nicht nur die organische Nahrung entscheidet über unsere Gesundheit, sondern auch die atmosphärische. All das, was wir zu uns nehmen, wirkt sich auf uns aus. Während wir im Bereich der Umweltdebatte gerade um den CO_2-Wert streiten und alles für eine »gesunde« Luft tun, nehmen wir die Atmosphäre, die in unseren Beziehungen herrscht, viel zu häufig als gegeben hin.

Wie sehr »Atmosphäre« wirkt, diese Erfahrung hat schon jeder gemacht, etwa wenn er in einen Raum kam und das Gefühl hatte, dass »dicke Luft herrscht«, sich nach Besprechungen wie ausgelaugt oder sich während eines Kontakts mit bestimmten Menschen irgendwie unwohl fühlte, obwohl nach außen hin alles »freundlich« erschien.

Ob persönliche Erschöpfung, das Scheitern einer beruflichen oder privaten Beziehung – all das hat immer auch mit der Anhäufung von vergifteter Atmosphäre zu tun.

So wichtig das Gleichgewicht zwischen Ich, Du und Wir, die Balance zwischen Nehmen und Geben und eine wesentliche Beziehungsebene für den Dialog ist – so führen diese Aspekte noch nicht zur Begegnung.

Damit der Dialog gelingt, braucht es weitere Voraussetzungen.

Im folgenden Kapitel soll es nun um die fünf Dialogelemente gehen. Sie sind nicht nur Voraussetzung für den Dialog, sondern gleichzeitig auch die Antwort darauf, was eine wesentliche Beziehungsatmosphäre ausmacht und wie diese zu erreichen ist.

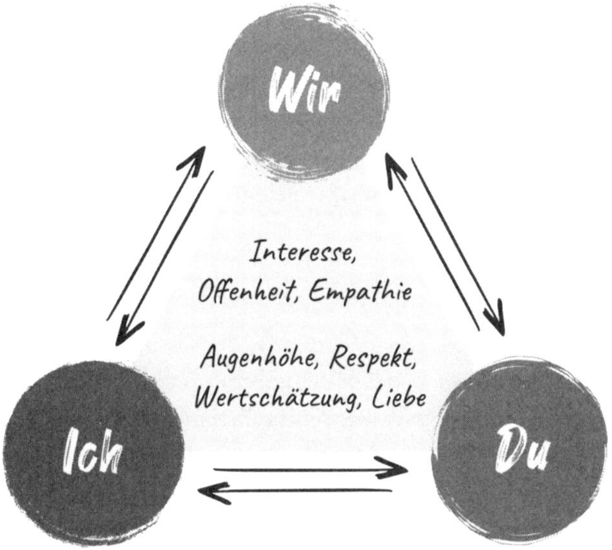

Abb. 2: Der Dialog basiert auf Interesse, Offenheit, Empathie, Augenhöhe und Respekt, Wertschätzung und Liebe.

Interesse, Offenheit, Empathie, Augenhöhe und Respekt sowie Wertschätzung und Liebe sind die fünf Dialogelemente, die für gelingende Beziehung und wesentliche Begegnung sorgen.

Im Folgenden werden Sie erfahren, wie diese Elemente Beziehung gelingen lassen und belastete Beziehungen heilen können, genauso wie ihr Fehlen Beziehungen blockieren und zerstören kann. In jedem dieser Elemente liegt eine tiefe Kraft, die Sie umso stärker spüren werden, je mehr Sie die einzelnen Elemente leben.

> *Der Dialog ist der Halt in mir selbst und meine Orientierung im Leben. Er gibt mir Struktur und die Kraft, mein Maß zu erkennen und das richtige Maß zu halten.*

Sie werden erkennen, dass das Leben nicht kompliziert ist, sondern dass das Komplizierte erst dann auftaucht, wenn wir den Dialog verlieren. Scheitern und Misserfolg treten immer dann auf, wenn Begegnung aufhört und die Dialogelemente missachtet worden sind. Den Dialog zu leben, heißt, die fünf Voraussetzungen zu einem Selbstverständnis werden zu lassen – unabhängig davon, was der andere tut. Der Dialog ist keine Reaktion auf jemanden oder etwas, sondern ein wesentlicher Ausdruck meiner selbst.

ÜBUNG

Bewusster werden und Beziehungsatmosphären erkennen

Machen Sie eine erste Bestandsaufnahme der Atmosphäre Ihrer Beziehungen anhand der fünf genannten Dialogelemente. Beantworten Sie intuitiv: Welche Atmosphäre herrscht in meiner Partnerschaft? Welche in meinen beruflichen Beziehungen?

Interesse (oder: Wenn das Einfache das Schwierigste ist)

Ob in Seminaren, Einzelsitzungen oder Vorträgen – wenn es um Interesse, Offenheit, Empathie, Augenhöhe und Respekt geht, dann findet das uneingeschränkte Zustimmung und ein »schnelles Abhaken«. Ja, klar finde ich das richtig – und weiter?

Erst bei der Frage, was jeder davon in seinen Beziehungen selbst lebt, findet plötzlich ein Innehalten statt. Das, was rational als selbstverständlich erscheint, ist emotional und in der Umsetzung häufig weit entfernt.

Meist beginnt die Schwierigkeit schon beim ersten Schritt. Bei dem, womit jede Begegnung beginnt: das Interesse.

Kürzlich erzählte mir ein Klient von seinem alten Chef. »Obwohl er schon seit Jahren nicht mehr bei uns ist, sprechen wir noch von ihm und bedauern sein Ausscheiden. Er war ein Mensch, der sich für uns interessierte. Unabhängig davon, wie viel er zu tun hatte, erkundigte er sich immer nach uns – nicht nur nach denen, die auf derselben Etage saßen wie er, sondern er fragte auch den Werkarbeiter, wie sein Urlaub war. Er kannte jeden Namen und erkundigte sich persönlich nach unserem Befinden – nicht als Farce, sondern aus ehrlichem Interesse. Er ist ein Mensch, an den man gerne zurückdenkt und den man vermisst.«

Mich für mein Gegenüber zu interessieren, dafür, wer er in seinem Wesen ist, ist die Grundlage jedes Dialogs. Jeder von uns kennt das positive Gefühl, wenn wir ehrliches Interesse an unserer Person erfahren. Wie geht es dir? – Nicht als Floskel, sondern als ehrliches Interesse am anderen. Was denkst du darüber? Wer bist du in deiner Meinung?

Interesse ist die Initialzündung für Begegnung – sie schafft die Verbindung zum Du, stärkt die Beziehung und macht sie lebendig.

Je nachdem, ob es sich um berufliche oder private, um die Beziehung zu dem System, in dem ich mich befinde, oder um die Beziehung zu dem, was ich tue, handelt – die Ebene und Tiefe des Interesses ist verschieden. Grundsätzlich jedoch gilt: Je tiefer unser Interesse, umso tiefer ist die Begegnung und die Verbindung, die dadurch entsteht.

Je mehr wir uns für unseren Partner oder Freund interessieren, umso näher werden wir ihm oder ihr sein können und umso tiefer und vielseitiger wird die Erfahrung mit ihm bzw. ihr – wenn das Interesse zur Öffnung führt und von gegenseitiger Offenheit begleitet wird.

Das Gleiche gilt für das, was wir tun. Je interessierter wir sind, umso tiefer können wir uns in die Materie einarbeiten und diese umso differenzierter erfahren.

Sind wir an dem System, in dem wir leben – ob unsere Familie, das Unternehmen, in dem wir arbeiten, oder die Gesellschaft –, interessiert, dann sind wir umso verbundener mit ihm und umso bereiter, aktiv an ihm mitzuwirken.

Nur echtes Interesse verbindet

Die meisten Dialoge enden, bevor sie begonnen haben, weil das Interesse für das Gegenüber fehlt. Das Interesse beschränkt sich in diesem Fall darauf, dem anderen von der eigenen Sicht auf die Dinge zu berichten, ihn von der eigenen Meinung zu überzeugen oder – im bereits angesprochenen Negativen – an der Funktion des anderen interessiert zu sein.

Jedes Dialogelement kann werteorientiert gelebt werden oder im Negativen benutzt werden – wir entscheiden, auf welcher Seite des Lebens wir bleiben. Vom anderen ehrlich gemeint zu werden, ist eine starke positive Kraft, die öffnet und verbindet. Genauso gilt das Gegenteil für fehlendes Interesse oder geheucheltes Interesse.

Leben wir ehrliches Interesse, werden wir die positive Kraft des Lebens spüren und unsere Beziehungen stärken – benutzen wir das Interesse im manipulativen Sinn, verlieren wir die heilende Kraft und werden mit Destruktivität konfrontiert.

So erzählte eine Frau, die in einem großen Konzern Führungskraft gewesen ist: »Zu Beginn dachte ich, ich bin hier im Schlaraffenland. Es gab zahlreiche Wohlfühlangebote von verschiedenen frischen Getränken über flexible Arbeitszeiten bis hin zu Entspannungsmassagen und Yoga-Angeboten. ›Jeder einzelne ist dem Unternehmen etwas wert, jeder soll sich wohlfühlen‹ war das allgemeine Motto. Irgendwann, als ich wieder am Wochenende im Büro saß und zum zigsten Mal eine Verabredung absagen musste, da wurde mir deutlich: Die meinen nicht mich, sondern sich und ihre Zahlen. Durch diese hübsche Verpackung haben sie natürlich eine hohe Identifikation von jedem von uns bekommen. Niemand musste mir sagen, dass ich Überstunden mache – ich tat es von selbst, denn die Firma war die Familie. Es brauchte lange, bis ich mich aus meiner Erschöpfung wieder herausgearbeitet hatte – bis heute bleibt ein schales Gefühl.«

Gewachsene Gleichgültigkeit und fehlendes Interesse ist auch ein Merkmal von Paaren, die am Ende ihrer Partnerschaft stehen. »Mein Mann hat lange aufgehört, sich für mich zu interessieren«, sagte eine Frau, »und wenn ich ehrlich bin, ich mich auch für ihn. Jeder von uns macht sein Ding.« Auch hier wird spürbar, dass vielmehr die Funktion der Partnerschaft oder des Partners als der Mensch an sich im Vordergrund steht.

»Ich wollte nicht alleine bleiben«, »Ich wollte unbedingt eine Familie« oder »Für mich ist die finanzielle Wichtigkeit an erster Stelle« sind einige Aussagen der Betroffenen, in denen deutlich wird, wie sehr das Interesse für die andere Person verloren gegangen ist oder nie wirklich vorhanden war.

Erst wenn die Bereitschaft da ist, die funktionale Ebene zu verlassen und sich für den anderen und für die Partnerschaft zu interessieren, besteht hier eine Chance auf gemeinsame Klärung.

Das Gleiche gilt für den beruflichen Alltag. Auch hier ermöglicht das Interesse, verhärtete Fronten zu lösen.

»In dem Moment, als ich begann, mich für die Situation meines Kollegen zu interessieren und zum Telefonhörer griff«, berichtete ein Bereichsleiter, »brach das Eis zwischen uns. Dies wirkte sich auch auf unsere jeweiligen Bereiche aus. Interesse ist eine gute Medizin gegen Silodenken!«

Auch im Bereich der Konfliktlösung ist das Interesse der erste Schritt zur Annäherung. »Erst als ich mich dafür interessierte, warum mein Freund so gehandelt hat«, sagte eine Frau, »konnte ich meine Anklageposition verlassen. Das wiederum führte dazu, dass er plötzlich zu erzählen begann – dort, wo er zuvor immer geschwiegen hatte.«

SELBSTREFLEXION

Werden Sie sich bewusst, wie Sie Ihre Gespräche beginnen und Ihre Beziehungen leben. Sind Sie an Ihrem Gegenüber interessiert? Üben Sie Interesse, indem Sie sich ihm aktiv zuwenden. Erkundigen Sie sich nach seinem Befinden, fragen Sie nach seiner Meinung. Achten Sie darauf, dass Sie authentisch bleiben.

Offenheit

»Am Ende machen wir sowieso das, was du am Anfang festgelegt hast«, sagte eine Klientin zu ihrem Partner in einer gemeinsamen Sitzung. »Bist du eigentlich offen dafür, wer ich bin? Siehst du mich eigentlich?«

»Was mich an unserem Miteinander nervt?«, sagte ein Mann während eines Konfliktmanagements. »Dass unser Chef uns in Besprechungen zum gemeinsamen Nachdenken auffordert, Wert auf gemeinsame Entscheidungen legt, und am Ende findet immer das statt, was er zu Beginn festgelegt hat.«

Kennen Sie das auch? Ein Gespräch steht bevor und Sie bereiten sich vor und legen fest, was das Ergebnis sein soll. Ganz selbstverständlich wissen Sie, was am Ende dabei rauskommen soll. Was daran falsch ist? Nichts. Es sei denn, Sie wollen den Dialog leben.

Im Dialog sein heißt nicht, gleicher Meinung zu sein, aber offen für die Meinung des anderen. Der Funke des Interesses kann nur dann überspringen, wenn Offenheit herrscht. Nur wenn ich bereit bin, mich dem anderen zu öffnen, werde ich ihm auch in seiner Tiefe begegnen können. Interesse ohne Offenheit lässt die Begegnung erlöschen, bevor sie richtig zustande gekommen ist. Je offener ich für die andere Person oder für das, was ich tue, bin, umso mehr kann ich ihn bzw. es erfahren. Offenheit bedeutet, bereit zu sein, die eigene Welt zu verlassen und mich auf den anderen einzulassen. Je verschlossener ich bin, umso weniger Leben kann ich aufnehmen, umso weniger Begegnung leben.

Sie können eine Position und Meinung haben und auch ein Ziel, aber wenn Sie dies als Ergebnis vorwegnehmen, planen Sie den Monolog. Entscheiden Sie vor jedem Gespräch: Wollen Sie den Dialog oder wollen Sie eine Mitteilung oder Feststellung formulieren?

Offenheit zeigt innere Stärke und Selbstbewusstsein

Je mehr ich über eine eigene Identität verfüge, umso offener kann ich mir andere Meinungen anhören und mich für neue Welten öffnen. Je mehr ich jedoch meine Identität auf meiner Meinung, meiner Position, meinen Status gründe, je mehr ich das bin, was ich vertrete, umso starrer bin ich in meinen Beziehungen und umso mehr muss ich mich anderen Meinungen gegenüber verschließen.

Dies kann manchmal so weit gehen, dass es noch nicht einmal möglich ist, Meinungen auszutauschen. Wir sehen dies häufig in öffentlichen Diskussionen. Da sitzen sich zwei verschlossene Menschen oder Parteien gegenüber, und anstatt sich interessiert auszutauschen, versuchen sie vergeblich, das Gegenüber von dem eigenen – vermeintlich – Richtigen zu überzeugen. Dies führt nicht nur zu keinem neuen Ergebnis, sondern zum Gegenteil. Am Ende steht entweder die nichtssagende Äußerung »Schön, dass wir darüber gesprochen haben« und alles bleibt beim Alten, oder aber die Verschlossenheit führt zu einer wachsenden Verhärtung und Spaltung.

Wie erkenne ich, dass das Gegenüber *nicht* offen ist?

»Seit einer Woche laufen unsere Meetings immer nach demselben Muster ab«, erzählte eine Frau. »Der Grad an Verschlossenheit ist daran zu erkennen, ab welchem Gesprächsmoment das Gegenüber unterbrochen wird. Jedes Unterbrechen ist das Ziehen einer Grenze. Je früher das Unterbrechen stattfindet, umso verschlossener ist der Betreffende.«

Ein Gradmaß für Offenheit ist das Gleichgewicht zwischen Verstand und Gefühl. Fühlen Sie das, was Sie sagen? Dann sind Sie offen. Bewegen Sie bzw. bewegt Ihr Gegenüber sich auf der rein rationalen Ebene, fehlt die Offenheit.

Offenheit misst sich ebenfalls an dem Gleichgewicht zwischen Nehmen und Geben. Nimmt ein Gesprächspartner aktiv zu viel oder zu wenig Raum ein, dann ist er meist umso weniger bereit, sich für das Gegenüber zu öffnen.

»Ja, aber« zu antworten, schnell emotional zu werden oder auch sofort von sich selbst zu sprechen beginnen – dies sind weitere Symptome für fehlende Offenheit. Je schneller und häufiger das »Aber« und je emotionaler die Betroffenen, umso höher ist die Verschlossenheit.

ÜBUNG

Bin ich offen?

Halten Sie inne und reflektieren Sie sich selbst. Sind Sie offen? Fühlen Sie das, was Sie sagen? Sind Sie bereit, Ihre Welt zu verlassen und anzuerkennen, dass Sie vielleicht einen blinden Fleck haben, dass das Gegenüber eine bessere Lösung hat als Sie? Sind Sie bereit, bei jedem Dialog, den Sie führen, das Ergebnis offenzulassen – auch wenn Sie eine Position und Meinung haben?

»Und was tue ich, wenn ich feststelle, dass das Gegenüber nicht offen ist?«, fragte kürzlich ein Student.

Den Dialog zu leben, erfordert ein aktives Tun aller Beteiligten. Wenn Sie feststellen, dass Ihr Gegenüber oder Sie selbst nicht offen sind, sollten Sie dies benennen. Jedes weitere inhaltlich gesprochene Wort ist ansonsten vergeblicher Energieaufwand, denn es führt zu keinem Ergebnis. Entscheiden Sie gemeinsam in aller Offenheit, ob Sie sich öffnen und einen wirklichen Dialog führen wollen, oder verlassen Sie das Gespräch.

Natürlich können Sie sich alternativ auch für einen »Schlagabtausch« entscheiden – bedenken Sie jedoch, dass dieser bestenfalls zu einer eigenen Druckentlastung und Zementierung der eigenen Positionierung führt. Ein Miteinander, eine Weiterentwicklung und Wachstum entstehen so jedoch nicht.

ÜBUNG

Offenheit bewusst praktizieren

1. Beginnen Sie Ihre Dialoge bewusst mit einer eigenen Position, aber ohne das Ergebnis festzulegen. Spüren Sie, wie es sich anfühlt, sich der anderen Meinung und Ansicht zu öffnen. Fragen Sie. Hören Sie zu, nehmen Sie auf.
2. Fällt es Ihnen schwer, sich Ihrem Gegenüber zu öffnen und offen anzusprechen, was ist? Dann beginnen Sie dies bewusst zu üben. Benennen Sie, was für Sie wichtig ist. Lernen Sie, zu dem zu stehen, was ist. (Siehe auch das 4. Element, Augenhöhe und Respekt)
3. Lernen Sie zwischen Ihrer Meinung und Ihrer eigenen Identität zu unterscheiden. Wenn Sie feststellen, dass Sie sich über Ihre Meinung, eine Situation oder auch einen Status definieren, richten Sie den Blick auf sich selbst. Einen festen und sicheren Stand entwickeln Sie erst, wenn Sie mehr als Ihre Meinung sind und Ihre Identität auf sich selbst gründen.

»Wer redet, ist weg vom Fenster!«

»Wir dürfen nicht frei äußern, was wir denken«, sagte eine Frau während eines Teambuildings. »Das hört sich verrückt an, aber es ist so. Über bestimmte Dinge wird einfach geschwiegen, weil wir wissen, dass unserem Chef das nicht gefällt.«

»Wir haben eine Kultur der Angst«, sagte eine Führungskraft in einem anderen Unternehmen, »man spricht zum Beispiel nicht über Entlassungen. Mittlerweile wartet jeder darauf, der Nächste zu sein. Die Angst hat sich verselbstständigt. Das Schweigen führt dazu, dass das Misstrauen steigt; jeder beginnt, mit versteckter Agenda zu handeln, und jeder zieht sich auf sich selbst zurück.«

Zu schweigen, wo der Dialog dringend nötig ist, ist ein typisches Merkmal erschöpfter Unternehmenskulturen, in denen Silodenken und Besitzstandswahrung die Atmosphäre prägen.

Je gestörter das Miteinander, umso verschlossener ist auch die Kultur.

»Wir hatten einen Missbrauchsfall von einer hochrangigen Führungskraft«, erzählte eine Frau. »Jeder wusste davon. Aber es wurde nicht darüber gesprochen. Die Führungskraft wurde zwar entlassen und es gab auch eine öffentliche Versammlung und Mitteilung der Konzernleitung zu der Entlassung. Aber meinen Sie, dass es eine Entschuldigung gab? Im Gegenteil, die Mitteilung war, dass der Betreffende eine neue Herausforderung antritt, und dann wurde noch einmal betont, wie viel Wert auf ein gutes Miteinander gelegt wird. Jeder wusste Bescheid – aber die Verantwortlichen haben sich nicht getraut, das Kind beim Namen zu nennen.«

Im Englischen existiert der Ausdruck »There is an elephant in the room«. Übersetzt bedeutet dies in etwa, dass etwas, das offensichtlich und nicht zu übersehen ist, nicht angesprochen wird.

»Bei uns gibt es viele Elefanten«, ist eine häufige Bemerkung, die mir in Unternehmen begegnet. »Der Raum ist so voll, dass dort nichts mehr Platz hat.«

Das Nichtgesagte wirkt um so vieles stärker als das Gesagte.

Jedes Nichtgesagte wirkt sich auf das Miteinander aus. Je unmenschlicher das Ungesagte, umso mehr Spannung im Raum und umso belasteter sind die Beziehungen, die in dieser Atmosphäre geführt werden. Das kann so weit gehen, dass ein Miteinander blockiert oder gar nicht mehr möglich ist.

So berichtete die Führungskraft aus dem obigen Beispiel: »Bei uns ist ein Bruch durch die Kultur gegangen. Ein Bruch der Enttäuschung. Wenn dem Vorstand nichts anderes möglich ist, als die positive Unternehmenskultur zu betonen und den Wert auf ein Miteinander zu legen, anstatt offen mit uns zu verarbeiten, dass in dieser Kultur nicht nur ein Miteinander zerstört, sondern sogar ein Mensch massiv geschädigt worden ist – was hat dieses Miteinander, von dem gesprochen wird, dann noch für einen Wert?«

Viele Systeme sind vor Angst und Schmerz atmosphärisch »eingefroren«, weil traumatische Ereignisse, die das Gegenteil von Dialog bedeuteten, Ereignisse, in denen das Ich und Wir vielleicht sogar zerstört wurde, nicht ausgesprochen und bereinigt wurden. Ob dies in Partnerschaften oder Familien verschwiegene Missbräuche sind, verschwiegene Affären, ein Schweigen über stattgefundene Grenzverletzungen oder menschliches Unrecht – wenn nicht offen ausgesprochen wird, was ist, dann »eitert« das wunde System und die Menschen und Beziehungen darin nehmen Schaden.

Wenn wir uns vor Realitäten und damit verbundenen Wahrheiten verschließen – so schmerzhaft sie auch sind –, kommt Begegnung ins Stocken.

Durch Offenheit zurück ins Leben

Beziehungen zu klären, ist häufig kein leichter Prozess, denn es gehört immer dazu, sich den entstandenen Wunden und Schmerzen zu öffnen. Erst wenn wir uns dem öffnen, was schmerzt, dem Unrecht, dem, wovor wir Angst haben, und dem, was wir nicht wollen – erst dann können wir es aus dem Weg schaffen und wieder heil werden.

»Ich würde Ihnen gerne sagen, wie ich Sie erlebe«, sagte ich einer Klientin vor einigen Wochen, »ist das für Sie in Ordnung?« Als die Frau nickte, malte ich eine Zeichnung auf die Flipchart: »Ich erlebe Sie so«, erklärte ich, »dass Sie auf der Oberfläche alles bereit sind zu klären und sehr bemüht arbeiten – aber darunter, darunter brodelt es und da gehen Sie nicht ran. Und es würde mich nicht wundern, wenn Sie irgendwann mir gegenübersitzen und mir mitteilen, dass Sie gekündigt haben.« Die Frau schwieg einen Moment und begann dann zu weinen. »Ja«, sagte sie, »das ist richtig. Ich habe nicht alles angesprochen. Ich habe solche Angst, mir das anzuschauen, solche Angst, dass die Schmerzen zu groß sind, und ich schäme mich so sehr.« Sie berichtete von einem Erlebnis mit ihrem

Vorgesetzten, das sie zutiefst beschämt und in ihren Grundfesten ins Wanken gebracht hatte. Erst als sie darüber sprechen konnte und all das, was sie bedrängte, ausgesprochen hatte, konnte sie die Dinge zu verarbeiten beginnen und das Brodeln unter der Oberfläche auflösen.

Sich voreinander zu verschließen, anstatt die Situation miteinander offen zu bereinigen, ist bei verletzten und gekränkten Teams ein häufiges Symptom. Das Verschließen heizt den bestehenden Konflikt und die Kränkung jedoch nur weiter an. Erst wenn offen über das gesprochen werden kann, was verletzt und gekränkt hat, kann wieder zu einem Miteinander gefunden werden.

Vor einigen Monaten begleitete ich ein Team, in dem der Dialog versiegt war. Anstatt miteinander zu sprechen, wurde übereinander geredet – was den bestehenden Konflikt und die stattgefundenen Kränkungen nur noch mehr anheizte. Dem gemeinsamen Workshop wurde mit gemischten Gefühlen entgegengesehen. »Das Ganze bringt doch nichts, man kann einfach nicht mit dem Chef reden« oder »Am Ende wird es noch schlimmer, wir sollten es lieber lassen« waren einige Bedenken, die in Einzelinterviews, die vorab stattfanden, geäußert wurden. Glücklicherweise entschied sich am Ende jedes der Teammitglieder, den inneren Ängsten nicht nachzugeben, sondern sich der moderierten Auseinandersetzung zu stellen und gemeinsam den Dialog zu suchen. Es war eine Kollegin, die mit ihrer offenen Rede die Betonmauer des gekränkten Schweigens zu Fall brachte. Während die anderen noch unsicher überlegten, ob und wie sie die Brennpunkte ansprechen sollten, sagte die Frau: »Mir reicht es mit dem Rumgeeiere. Wir sind hier, um die Dinge anzusprechen, also tue ich das jetzt.« Sie sah zu ihrem Chef. »Ich habe Angst vor dir«, sagte sie und beschrieb eine Situation, in der sie sich während einer Besprechung auf eine normale Frage »niedergebrüllt« gefühlt hatte. »Das ist mein Grund für mein Schweigen«, schloss sie ihre Rede. Die Offenheit der Frau leitete einen intensiven Prozess des aufarbeitenden Dialogs ein – in dem es nicht um gegenseitige Anklage ging, sondern um die gemeinsame interessierte Suche, das Gleichgewicht zwischen Ich und Du wiederherzustellen, um zu einem Wir zu finden. Die offene Reaktion des Chefs, das Erleben der Kollegin anzunehmen und darauf einzugehen, führte nicht nur zu einer Öffnung des restlichen Teams, sondern auch zur Klärung eines grundlegenden Konflikts zwischen den beiden, von der beide auch persönlich für andere Lebensbereiche profitieren konnten.

Manchmal sind es nur wenige Sätze, die eine ganze Atmosphäre lösen und Beziehungen wieder öffnen können. Durch die beidseitige Offenheit – der eine ist offen zu äußern, was ist, und der andere ist dafür offen und bereit, es aufzunehmen – kann in dem Gleichgewicht zwischen Nehmen und Geben das ausgetauscht und bereinigt werden, was auszutauschen und zu bereinigen ist. Häufig handelt es sich auch um frühe Erlebnisse aus der Kindheit, denen wir uns öffnen müssen, damit unsere jetzigen Beziehungen gelingen. So konnte ein Mann erst zu einer gelingenden Partnerschaft finden, als er bereit war, sich der eigenen Vergangenheit und dem Verlust seiner Mutter zu öffnen, während eine Frau erst ihren Weg gehen konnte, als sie über tief vergrabene Enttäuschungen sprach, die sie durch ihren Vater erfahren hatte.

Wie das Maß des Interesses, so wird auch das Maß der Offenheit durch die Art der Beziehung bestimmt. So findet auf privater Ebene eine andere Offenheit statt als auf offizieller Ebene – damit Ihre Beziehungen gelingen, sorgen Sie für das jeweilig richtige Maß. Die Augenhöhe, die im weiteren Verlauf als weiteres Element besprochen wird, wird Ihnen dabei helfen.

Dialog bedeutet sehr häufig, den Deckel zu öffnen. Den Deckel, den wir über Erfahrungen und über verletzte Gefühle gelegt haben, die wir in uns verschlossen haben, um sie nicht mehr zu spüren. Heben wir den Deckel auf, werden wir erkennen, wie sehr wir uns nicht nur der Verletzung gegenüber verschlossen haben, sondern automatisch auch dem Leben und unseren Beziehungen gegenüber. Der Schritt zur Offenheit ist so in vielen Fällen der erste Schritt aus dem inneren Gefängnis zurück in ein freies Leben.

ÜBUNG

Was auszusprechen ist für Sie an der Zeit?

Gibt es »Elefanten« in Ihren Beziehungen? Dann ist es Zeit, diese ungeklärte Sache zur Sprache zu bringen. Notieren Sie sich, welches Unausgesprochene endlich offen anzusprechen ist, und beginnen Sie damit.

Denken Sie stets daran, dass Offenheit nicht Selbstaufgabe bedeutet. Seien Sie sich stets Ihrer eigenen Grenzen bewusst und achten Sie auf das Gleichgewicht zwischen Nehmen und Geben. So sorgen Sie für ein gesundes Maß an Offenheit.

Empathie

Ich fühle, was du fühlst

»Jetzt verstehe ich erst, was Empathie ist«, sagte eine Führungskraft während eines Teambuildings. »Ich dachte immer, Empathie bedeutet, mich in die Lage des anderen hineinzuversetzen und zu fühlen, wie ich mich an seiner Stelle fühlen würde. Aber das ist ja nicht richtig. Empathie beschreibt die Fähigkeit, sich in die andere Person hineinzufühlen, ohne sich selbst zum Maßstab zu machen. Sie bedeutet zu fühlen, wie der *andere* sich fühlt.«

Empathie setzt Offenheit für die Situation des anderen voraus – und es setzt die Offenheit des Herzens voraus. Es bedeutet, dass ich bereit bin, mich meinem Gegenüber auf der emotionalen Ebene zu öffnen und mich für einen Moment auf seine Gedanken und Gefühle einzulassen.

Viel zu oft meinen wir empathisch zu sein, haben am Ende jedoch allein auf der rationalen Ebene die Situation des anderen nachvollziehen können. Das Gefühl bleibt unbeteiligt. Erst wenn es mir gelingt, mich emotional in den anderen hineinzuversetzen, bin ich dazu in der Lage, ihn wirklich zu sehen und zu verstehen.

Empathie ist das Bindeglied zwischen Ich und Du – sie ist die Brücke, über die wir gehen und auf der unser Wir entsteht.

»Und was ist, wenn man feststellt, dass man nicht empathisch ist?«, lautet immer wieder die spontane Frage während Seminaren oder während Beratungsprozessen in Unternehmen. »Kann man Empathie eigentlich lernen?«, fragen häufig Männer, vor allem dann, wenn sie die Bedeutung erkennen und in der Betrachtung ihrer Beziehungen spüren, dass ihnen gerade dieser Aspekt schwerfällt oder gar unmöglich erscheint.

Ja, man(n) kann. Je unsicherer wir jedoch im Umgang mit den eigenen Gefühlen sind, je mehr wir dazu neigen, unsere eigenen Gefühle zu verdrängen und das Leben auf der rationalen Ebene leben, umso bedrohlicher und auch überfordernd wird dieses Dialogelement für uns sein. Empathie zu lernen, beginnt also häufig zuallererst mit der Bereitschaft, (wieder) zu fühlen.

ÜBUNG

Sich in den anderen einfühlen

Sich in den anderen einzufühlen setzt »interessierte Öffnung« voraus – Interesse und Offenheit sind die Wegbereiter für Empathie. Sie können Empathie aktiv lernen, indem Sie folgende Übung machen: Versetzen Sie sich in die Lage Ihres Gegenübers. Wenn es Ihnen grundsätzlich schwerfällt, sich einzufühlen, können Sie sich zu Beginn einen Stuhl nehmen, der für die andere Person steht, und sich auf deren Platz setzen. Rufen Sie sich die Person vor Ihr inneres Auge und beginnen Sie, sich für sie zu interessieren:

- Wer ist sie in ihrer Situation?
- Wie fühlt sie sich in ihrer Lage?
- Wie kommt sie dazu?

Öffnen Sie sich für den anderen, indem Sie »aus Ihrem Kopf gehen«. Lassen Sie Ihren Verstand los und beginnen Sie, sich in Ihr Gegenüber einzufühlen. *Erfühlen* Sie die Antworten.

Wie zentral Empathie in Konfliktsituationen und bei Lösungen ist und was für eine Chance in ihr für die Beziehung und Gesprächsatmosphäre liegt, soll folgendes Beispiel verdeutlichen.

Eine Frau berichtete in einer Einzelsitzung, dass sie nach längerer Zeit noch einmal Kontakt zu ihrem ehemaligen Partner aufgenommen hätte. Die beiden waren im Streit auseinandergegangen und der Partner hatte sie als »ein unbedeutendes Kapitel in seinem Leben« bezeichnet, was sie sehr verletzt hatte. Sie wollte mit dem Gespräch die Situation bereinigen. Die beiden verabredeten sich. Im Bedürfnis, schon vorher für eine entspannte Atmosphäre zu sorgen und von ihrem Ex-Freund »gesehen« zu werden, schickte sie ihm einen Link zu einer Aktivität, die sie unternommen hatte. Sie erhielt keine Reaktion. Als sie einige Tage später nachfragte, antwortete der Mann, dass er sich den Link nicht angesehen hätte und es auch nicht tun würde – er wolle keinen weiteren Kontakt außer dem Treffen und danach sollten sie getrennte Wege gehen.

Die Frau war verletzt und fühlte sich erneut zurückgestoßen. »Immer, wenn ich auf ihn zugehe«, sagte sie in der Sitzung, »stößt er mich zurück. Genau dies ist das Muster unserer Beziehung gewesen.« Sie überlegte, das Treffen abzusagen – versuchte jedoch dann, sich in ihren Ex-Partner hineinzuversetzen. Da es sich um ein Muster handelte, das sie mit ihm immer wieder erlebt hatte und die Ursache ihrer Verletzung war, wollte sie die Situation für sich endlich verstehend lösen. Sie begann mit der Übung der Empathie, verließ für den Moment die eigene Position und Verletzung und begann, sich in den Mann hineinzufühlen. Sie versetzte sich in seine Lage und fühlte nach, wie er sich fühlte. Im ersten Moment spürte sie eine Ablehnung, das war die Ablehnung und Härte, genau das, was sie in der Beziehung immer verletzt hatte und mit der er sie zurückgestoßen hatte. Dieses Mal blieb sie dabei und fühlte weiter. Wie fühlte er sich? Je tiefer sie sich in ihn hineinfühlte, desto deutlicher erkannte sie, dass die Ablehnung nur die Oberfläche war – dahinter fühlte sie eine tiefe Überforderung und Hilflosigkeit. »Er fühlt sich bedrängt, er fühlt sich klein und ungenügend. Er kann meinen Ansprüchen nicht gerecht werden.« Die Frau blickte mich an und sagte: »Aber es war doch nur ein Link. Er hätte nur antworten müssen, nichts Besonderes. Aber für ihn war es eine Riesensache«, erkannte sie. In dem Moment verstand sie, warum er sie in der gemeinsamen Beziehung immer wieder so hart zurückstoßen musste. In diesem Verstehen konnte sie das Gespräch suchen, das sie in der darauffolgenden Sitzung als sehr konstruktiv beschrieb. »Ich konnte ihm viel entspannter begegnen«, berichtete sie, »wir beide haben uns ausgesprochen, und da ich verstehen konnte, was er fühlte, musste er auch nicht mehr alles erklären. Interessanterweise sagte er, obwohl er sonst nie gerne von sich sprach, dass er sich schon sehr unter Druck gefühlt hätte bei mir.«

Wenn wir uns in einem Konflikt befinden, wir uns verletzt, gekränkt oder enttäuscht fühlen, hilft uns die Empathie zu erkennen, dass die Verletzungen oft viel weniger persönlich gemeint sind, als wir sie fühlen, sondern sehr häufig Ausdruck des Betroffenen selbst und seiner Situation sind. Sind wir verletzt, neigen wir häufig durch unseren Schmerz dazu, nur uns selbst in unserer Verwundung zu sehen – wenn wir jedoch den Dialog aufnehmen und bereit sind, uns in die Lage des anderen zu versetzen und ihn verstehen, warum er so gehandelt hat, dann verringert sich unser Schmerz um die Hälfte.

Ich empfehle jedem, sich insbesondere vor einem Konfliktgespräch auf den Platz des Konfliktpartners zu setzen, um so die Spannung aus der Situation zu nehmen und den notwendigen Abstand für einen Dialog auf Augenhöhe herzustellen.

ÜBUNG

Empathie im Konflikt

Reflektieren Sie Ihre Beziehungen, in denen Sie Konflikte spüren. Nehmen Sie sich die Liste zu Hilfe, auf der Sie Ihre Beziehungen notiert haben, und versetzen Sie sich in die Lage Ihres jeweiligen Konfliktpartners. Notieren Sie, was Sie an seiner Stelle fühlen.

Für unsere beruflichen Beziehungen ist die Empathie ebenfalls ein entscheidender Punkt.

Wenn Sie sich als Führungskraft in Ihre Mitarbeiter einfühlen, haben Sie die Verbindung, die Sie brauchen, um ihr Team zu inspirieren und zu motivieren. Führung findet nicht über den Verstand statt, sondern das, was am Ende entscheidet, ist das Gefühl. Je einfühlsamer Sie als Führungskraft sind, umso inspirierender und verbindender können Sie wirken.

Vor einigen Jahren beriet ich einen Vorstand, der sich regelmäßig darüber beschwerte, dass die Mitarbeiter ihm nicht auf Augenhöhe begegnen würden. Anstatt die Brände sofort zu melden, damit man sie löschen könne, würden die Betroffenen schweigen. So lange, bis ein Flächenbrand entstanden sei.

Das gleiche Verhalten zeigte sich bei der begonnenen Restrukturierung. Die Mitarbeiter würden das Neue einfach nur blockieren, anstatt konstruktiv mitzuarbeiten. Dies führte zu Rügen, die jedoch an dem Grund für den Unmut nichts änderten. Im Gegenteil: Das Schweigen wurde hartnäckiger, die Restrukturierung verlief noch zäher.

Erst als es dem Vorstand gelang, sich zu öffnen und sich in seine Mitarbeiter einzufühlen, begann sich die Lage zu entspannen. In dem Erkennen, dass sich hinter dem Schweigen Angst verbarg, Angst um die eigene Existenz in Form eines Arbeitsplatzverlusts, verstand der Mann das Schweigen der Mitarbeiter. Er erkannte, dass Drohungen bei Angst vor Strafe nur zu weiterer Verhärtung führen, und mit dieser Einsicht konnte er in der nächsten Teamsitzung seinem Führungskreis auf einer anderen Ebene begegnen. Er sprach die Angst direkt an, die er gefühlt hatte, ohne dass die Mitarbeiter selbst davon sprechen mussten. Er äußerte Verständnis und entschuldigte sich für sein Aufbrausen. Dass ihm dies gelang, erforderte bei ihm einen persönlichen Reflexionsprozess, den er in einem Einzelcoaching bereit war zu gehen. Durch die Empathie, die er seinen Leuten entgegenbrachte, begann sich die Atmosphäre zu lösen. Es konnte offen über die Ängste und – in Anerkennung des dialogischen Gleichgewichts »Ich komme genauso vor wie Du ebenso wie unser Wir« – über Rollen, Notwendigkeiten und persönliche Bedürfnisse gesprochen werden. Das Einfühlen in sein Team und das Mitgefühl für dessen Angst ermöglichte dem Vorstand, wieder eine Verbindung zwischen sich und seinen Leuten herzustellen und gemeinsam mit ihnen in der Phase des Umbruchs zu einem neuen, im Nachhinein wesentlich stabileren und echten Wir zu finden.

SELBSTREFLEXION

Tägliche Empathie

Empathie ist wie die anderen Dialogelemente keine »Zwischendurch-Erscheinung« – sondern in Begegnung »immer vorhanden«. **Sie sollte von Ihnen stets aktiv und selbstverständlich gelebt werden – und zwar, ohne darüber nachzudenken.** Um dieses Selbstverständnis zu entwickeln, können Sie die Dialogübung auch in Ihren Alltag integrieren: Halten Sie immer wieder einmal bewusst inne und geben Sie sich einen Moment der Empathie und für die Empathie.

- Fühlen Sie sich zum Beispiel auf dem Weg zur nächsten Besprechung in die Person ein, mit der Sie sich treffen werden.
- Fragen Sie sich, wie sich Ihr Kollege/Vorgesetzter/Mitarbeiter/Kunde fühlt, mit dem Sie gleich sprechen werden: Wie geht es ihm/ihr mit der Situation, in der er/sie sich befindet bzw. wir uns gemeinsam befinden, was bedeutet zum Beispiel meine Entscheidung, meine Überlegung, Meinung etc. für ihn/sie?

Das Gleiche können Sie tun, wenn Sie auf dem Weg nach Hause sind;

- halten Sie einen Moment inne und fühlen Sie sich in Ihre/n Partner/in, Kinder, Freunde ein.

Auf diese Weise öffnen Sie sich nicht nur für die Begegnung, Sie schaffen auch die Atmosphäre dafür und halten die Verbindung zu Ihrem Beziehungspartner

Empathie schafft nicht nur in zwischenmenschlichen Beziehungen Verbindung, sondern sie ist auch zentral für unser Tun. Ohne Empathie bleiben wir in unserem Schaffen an der Oberfläche und verfehlen das Wesen unseres Handelns. So berichten viele meiner Klienten immer wieder, dass sie sich in ihrer Arbeit langweilen oder nicht vorankommen. Gehen wir diesem Phänomen auf den Grund, wird die Blockade in der fehlenden Empathie deutlich.

Gerade diejenigen von Ihnen, die im künstlerischen Bereich tätig sind, werden von dieser Erfahrung berichten können – sich in das einzufühlen, was ich tue, ist Ausdruck von Kreativität und Erfüllung wie Voraussetzung für Weiterentwicklung und Wachstum.

Durchdringen wir die Sache nicht nur rational, sondern auch emotional, erwecken wir sie zum Leben und verleihen ihr Kraft und Ausdruck.

Ich erinnere mich immer wieder gerne an Gespräche mit einem Physiker, dessen Abteilung ich beriet – ich spürte, wie er in der Welt der Physik zu Hause war. Die Gleichungen und Zahlen, die für mich nur bloße Formeln waren, waren für ihn eine lebendige Welt, die er, weil er sie durchdrungen hatte, mir so vermitteln konnte, dass wir, beide aus sehr verschiedenen Fachrichtungen kommend, inspirierende Dialoge geführt haben, in denen sich immer eine neue Welt aus zwei verschiedenen ergeben konnte und jeder von uns beiden bereichert aus dem Gespräch gegangen ist.

Fühlen wir uns in unsere Arbeit ein, bleiben wir lebendig in dem, was wir tun. Es gelingt uns nicht nur, die Sache zum Leben zu erwecken, sondern auch, unsere Umwelt damit zu inspirieren.

Mitgefühl

Damit unsere Beziehungen gelingen, genügt es nicht, wenn wir uns nur in den anderen einfühlen – mit ihm *mitzufühlen,* ist am Ende das Entscheidende für gelingende Beziehung, wenn wir die Empathie in ihrer Gesamtheit betrachten.

Vor einiger Zeit arbeitete ich mit einer Frau zusammen, die eine emotionale Attacke durch ihren Vater zu verarbeiten hatte. In dem langen Prozess, an das verdrängte Unbewusste zu kommen, hatte sie am Ende einen für sie (er)lösenden Traum: Sie träumte die Szene mit ihrem Vater in voller Realität nach, spürte die tiefe Angst, weil sie wusste, »jetzt geht es wieder los«, und rief ihre Mutter um Hilfe. Diese stand stumm daneben und die Frau träumte, wie die Mutter ihr antwortete: »Ich kann dir nicht helfen.« Dann wachte sie auf. »Ich weiß nicht, was schlimmer war«, beschrieb sie ihre Gefühle in der nächsten Sitzung, »die Attacke durch meinen Vater, der in seinen Gefühlen nicht anders konnte, oder dass meine Mutter stumm danebenstand und zugesehen hat. Ich verspürte solche Schmerzen, dass ich mich fragte, wie ein Mensch so etwas aushalten kann. Ich weinte und fragte immer wieder: ›Wie kann ich das aushalten, wie kann ich das aushalten‹, und ich bat um Hilfe – und irgendwann durchflutete mich eine Welle von tiefem Mitgefühl diesen beiden Menschen gegenüber, die mich so vernichtet hatten. In diesem Moment wusste ich, dass ich nicht sterben müsste, dass ich das aushalten kann – es war das Mitgefühl, was mich rettete und mir half, die Distanz einzunehmen, die ich brauchte, um aus diesem Unheil herauszutreten und endlich heil zu werden.«

Das Mitgefühl ist neben der Liebe die befreiende Kraft, mit der wir unsere Beziehungen und die darin entstandenen Schmerzen heilen können. Es schützt uns und unsere Beziehungen vor lebensverneinender Destruktivität und bietet uns einen Weg, Gefühlen wie Wut, Aggressionen, Angst und Gier heilend zu begegnen.

So wie sich die Frau mithilfe von tiefem Mitgefühl von ihrem kindlichen Trauma Schritt für Schritt befreien konnte, konnte die Klientin das Gespräch mit ihrem Expartner nur deswegen so entspannt und frei von Aggressionen führen, weil sie begonnen hatte, mit ihm mitzufühlen. »Das Mitgefühl mit seiner Überforderung hinderte mich daran, ihm Vorwürfe zu machen», berichtete sie. »Es half mir, ruhig bei mir zu bleiben, von mir zu sprechen und so keine neuen Verletzungen entstehen zu lassen.« Auch der Vorstand hatte die Kehrtwende nicht allein durch einfühlendes Erkennen erreicht. Es war sein Mitgefühl, mit dem er seinen Leuten in ihren Ängsten und Unsicherheiten begegnete, was die verhärteten Fronten löste und Vertrauen schuf.

Die Kombination aus Einfühlung und anschließendem Mitgefühl ist zentral – sie schafft nicht nur Verbindung und heilende Lösung, sondern sie sorgt auch dafür, dass wir uns selbst schützen. Beließen wir es bei der Einfühlung, wären wir in dem Zustand des Betroffenen selbst; wir sitzen bildlich gesprochen auf seinem Stuhl und befinden uns in seiner emotionalen und mentalen Situation. Das Mitgefühl fordert uns auf, zurück zu uns selbst zu gehen und aus uns selbst heraus mit dem Gegenüber mitzufühlen. Damit stellen wir die notwendige Distanz her, um uns nicht zu verlieren, und sorgen gleichzeitig dafür, dass wir auf der richtigen Ebene bleiben.

> *Das Mitgefühl schafft die Atmosphäre des Friedens, sorgt für die richtige und notwendige Distanz und schützt Sie vor destruktiver Energie in Ihren Beziehungen.*

Erst einfühlen, dann mitfühlen!

Nachdem Sie sich im ersten Schritt auf das Einfühlen konzentriert haben, geht es nun im nächsten Schritt darum mitzufühlen. Wie kann dies konkret aussehen?

Für diejenigen, die meditieren oder sich der Meditation nah fühlen, empfehle ich, dass sie sich eine gewisse Zeit für das Mitgefühl nehmen und dies in die Meditation einbauen. Eine andere Möglichkeit ist, sich fünf bis zehn Minuten täglich Zeit zu nehmen und bewusst mit einem anderen Menschen oder einer Menschengruppe mitzufühlen.

Diese Übung gilt auch für diejenigen, die noch Verletzungen in sich tragen. Heilen Sie Ihre Verletzung und die verletzte Beziehung durch Ihr eigenes Mitgefühl. Das wird zu Beginn nicht leicht sein und setzt einen zuvor stattgefundenen inneren Dialog voraus (siehe das folgende 3. Kapitel: Der innere Dialog). Dennoch sollten Sie diese Herausforderung für sich annehmen und konkret angehen. Fühlen Sie sich in denjenigen/diejenige ein, der/die Sie verletzt hat, und fühlen Sie mit diesem Menschen mit. Sie werden die Negativität, die Sie bis dahin allein in sich gespürt haben, in Ihrem Gegenüber erkennen. Dort liegt die Wurzel. Fühlen Sie mit denjenigen mit, die Sie verletzen mussten – und werden Sie dadurch innerlich frei.

Grenzverletzungen und Manipulation – wenn Empathie destruktiv wird

Es ist unsere freie Entscheidung, die Elemente des Dialogs zu leben, genauso wie es unsere freie Entscheidung ist, *wie* wir sie leben wollen. Allerdings sollte uns bewusst sein, dass wir – so wie wir durch den Dialog Beziehung heilen können – Beziehung auch zerstören können. Dies geschieht, wenn wir die Dialogaspekte nicht in ihrem wesentlichen Sinn und im Sinne des dialogischen Gleichgewichts einsetzen, sondern für Manipulation und Funktion.

Kränkung und Verletzung in Beziehungen finden stets dann statt, wenn Begegnung fehlt – die Tiefe der Wunden ist jedoch umso ausgeprägter, wenn sich etwa hinter vermeintlichem Wert das Gegenteil verbirgt. Das betrifft den privaten und beruflichen Bereich und mitunter auch das Feld der beratenden Beziehungen.

Im Folgenden möchte ich einige Beispiele anführen, in denen mit scheinbaren Dialogen die Beziehungen zum Selbstzweck missbraucht wurden. Anstatt auf der wesentlichen Ebene zu bleiben und die Grenzen von Ich und Du selbstverständlich einzuhalten, wurden sie mit den Elementen des Dialogs missachtet und verletzt. Im Zentrum dieser Beispiele steht die Empathie, die dafür benutzt wurde, unter dem Deckmantel der vermeintlichen Begegnung das eigene Ich zu stabilisieren.

Ich suche meine Identität in dir

Eine Frau kam völlig ausgebrannt nach einem jahrelangen Beziehungskonflikt in die Beratung. Im Laufe der Sitzungen wurde deutlich, dass sie immer mehr in die Welt des Partners gerutscht war und seine ganzen Gefühle – zusätzlich zu ihren eigenen – in sich aufgenommen hatte. Sie fühlte also nicht nur für einen, sondern für zwei. Sie war so symbiotisch mit dem Partner verstrickt, dass sie sich nicht trennen konnte – selbst als die äußere Trennung längst vollzogen war, war sie so mit ihm verschmolzen, dass sie gedanklich und emotional »in ihm weiterlebte«. Immer wieder wanderten ihre Gedanken zu ihm hin, sie grübelte, wie es ihm wohl gehen würde, und konnte nicht loslassen. Erst in der Beratung wurde ihr deutlich, wie das permanente Einfühlen in den Ex-Partner dazu diente, die eigenen Verletzungen, ihre eigenen Gefühle nicht anschauen zu müssen. Ebenfalls ermöglichte die vermeintliche Empathie ihr, »etwas nicht zu Ende gehen zu lassen, was längst vorbei ist«, wie sie in einer Sitzung sagte. Die Angst vor dem eigenen Leben, die Angst, wie es weitergehen solle, und die Weigerung, Verantwortung für sich und das eigene Leben zu übernehmen, ließen die »Empathie« der Frau ins Grenzenlose anwachsen und ihr Leben blockieren.

Es gibt unterschiedliche Formen, Empathie zu missbrauchen und das Gegenteil von dem zu leben, was zur echten Begegnung führt. Im Zentrum steht dabei stets das eigene Ich, die eigene Stabilität und Erfüllung.

»Mein Chef wusste immer schon vor mir, was ich machen würde«, sagte eine Frau in einem Teambuilding-Prozess, »das war irgendwann richtig gruselig. Doch dann habe ich begonnen, mich zu fragen, ob ich das, was ich gemacht habe, auch wirklich selbst wollte. Irgendwann erkannte ich, dass er so verständnisvoll und einfühlend war, dass ich alle Grenzen fallen und mich richtig einlullen ließ. Am Ende bin ich mit einem Auftrag rausgegangen, den ich eigentlich nicht wollte. Ich habe ihn so in mir aufgenommen, dass ich wohl seine Wünsche zu meinen gemacht habe.«

»Mein Mann muss mir nichts sagen«, sagte eine Klientin während einer Paarsitzung. »Ich fühle, was er will und was er braucht. Häufig schon, bevor er es selbst weiß. Selbst dort, wo er etwas anderes will, weiß ich im Inneren, dass mein Vorschlag besser für ihn wäre.«

Äußerungen in »Ich weiß, was gut für dich ist!«-Beziehungen:

- *»Mir geht es erst gut, wenn es dem anderen gut geht.«*
- *»Seine/ihre Stimmung ist meine.«*
- *»Seine/ihre Situation ist meine.«*
- *»Ich bin nur dann glücklich, wenn er/sie glücklich ist.«*

Sich in das Gegenüber einzufühlen, um es zu kontrollieren und zu dirigieren, ist ein Symptom von Beziehungen, in denen sich Empathie in Missbrauch verwandelt. Hier werden vermeintliche Wünsche von den Lippen abgelesen, bevor der Betroffene überhaupt etwas äußern kann, und das für ihn Richtige gleichzeitig selbstverständlich festgelegt. Das Einfühlen wird hier so praktiziert, dass es meist zu einer beständigen Symbiose führt. Die Betroffenen beginnen, sich in dem Beziehungspartner einzunisten und in ihm zu wohnen.

Empathie ist nur dann die Verbindung zwischen Ich und Du – und gesund –, wenn sie im stetigen Bewusstsein meiner Selbst praktiziert wird. Sobald ich mich selbst aufgebe, bin ich nicht mehr empathisch, sondern symbiotisch.

Die Einfühlung dient hier allerdings nicht dem Verstehen oder Mitfühlen mit der anderen Person, sondern dem eigenen Vorteil.

»Ihre linke Seite tut weh? Sie haben ein Mutterproblem!«

Eine Stärke von ich-schwachen Menschen kann die Fähigkeit zur Empathie sein, die sie von Beginn an entwickelt haben, um zu überleben. Wer in der Kindheit zu wenig Geborgenheit erfahren hat oder in emotional unsicheren Verbindungen aufgewachsen ist, für den ist das Einfühlen in Vater und Mutter häufig die einzige Rettungsstrategie, um so zumindest ein wenig Verbindung und Nähe herzustellen und den Unsicherheiten zu begegnen.

»Meine Mutter«, berichtete eine Frau, »wollte mich nicht. Sie hat mich nie in den Arm genommen und manchmal tagelang nicht mit mir gesprochen. Ich konnte ihr nur in mir selbst nah sein, wenn ich versuchte, sie in mir zu fühlen.«

»Die Cholerik meines Vaters war für mich nur dadurch zu überleben«, berichtete ein Mann, »indem ich lernte, vor ihm selbst zu fühlen, wann er wieder ausrasten würde.«

Überlebensstrategien aus der Kindheit werden im Erwachsenenalter häufig fortgesetzt. So wird das aus der Not heraus entstandene Einfühlungsvermögen häufig dafür genutzt, anderen zu helfen. Das ist per se nicht falsch; wenn jedoch von der Ebene der Not aus geholfen wird, dann ist das keine wirkliche Hilfe, sondern Empathie, die in dem Kontext gelebt wird, in dem sie entwickelt wurde: fehlender Respekt, fehlende Grenzen, Fehlen von richtiger Nähe und richtiger Distanz. Die Betroffenen helfen also in diesem Fall nicht, sondern geben ihre unbewusste Not weiter.

Kürzlich erzählte eine Klientin, dass eine Masseurin während der Massage ungefragt geäußert hätte, dass sie ein Mutterproblem habe. »Ich hatte an einem Wochenende eine Rückenmassage in einem Hotel gebucht, lag auf der Liege und entspannte mich«, erzählte die Frau, »und plötzlich sagte die Masseurin zu mir: ›Diese Verhärtung in Ihrem Rücken – Sie haben wohl ein Mutterproblem!‹«

Ein anderer Klient erzählte, ein Freund von ihm habe eine therapeutische Aufstellung gemacht, bei der er selbst – ohne dass er davon wusste – wohl auch als Randfigur mit einbezogen wurde. Bei dieser Aufstellung sei nun aber herausgekommen, dass er sein Thema mit seinem Vater klären müsse. Der Klient war weder bei der Aufstellung dabei, noch hatte er mit seinem Freund über seinen Vater gesprochen.

Sich in eine andere Person, mit der keine Beziehung besteht, ungefragt einzufühlen, um dann Deutungen über die Person zu geben, ist das Gegenteil von Begegnung. So gibt es viel zu viele gut gemeinte scheintherapeutische Versuche, in denen die Empathie im besten Willen zu helfen zur unbewussten Manipulation wird.

Den Dialog zu leben, bedeutet das Gegenteil von Missbrauch und Manipulation – es bedeutet, den Raum des anderen zu erkennen und zu respektieren. Es bedeutet, die Augenhöhe zu besitzen und anzuerkennen, dass ich niemals mehr über den anderen wissen kann als der andere über sich selbst.

Selbst wenn ich etwas Richtiges sehe, was der andere aus welchen Gründen auch immer nicht sieht, heißt es nicht, dass ich weiß, wer der andere ist und was für ihn richtig ist.

So darf Empathie niemals ohne Augenhöhe und Respekt und außerhalb des dialogischen Gleichgewichts stattfinden. Dies zeigt sich in folgender Haltung: »Ich fühle mich in den anderen hinein – *wenn er oder sie das möchte*. Ich tue dies nicht, um mich selbst zu stabilisieren, sondern um mein Gegenüber zu verstehen, ihm zur Seite zu stehen, unsere Verbindung von Störungen zu befreien und gegebenenfalls unser Wir zu stärken.«

Einfühlen im Sinne des Dialogs kann nicht vom Mitgefühl getrennt werden und geht einher mit dem tiefen Respekt, den anderen als eigenständige Person anzuerkennen, und dem Selbstverständnis meines eigenen, selbstständigen Ichs, und das in Anerkennung des dialogischen Gleichgewichts.

SELBSTREFLEXION

Reflektieren Sie Ihr Einfühlen und Mitfühlen noch einmal konkret darauf, ob Sie dies im wesentlichen Sinne tun und das dialogische Gleichgewicht einhalten. Das heißt, bleiben Sie bei sich selbst und wahren Sie die Grenzen des anderen? Wo überschreiten Sie die Grenzen und fühlen sich in den anderen hinein, damit es Ihnen selbst gut geht? Wo verschmelzen Sie mit dem Gegenüber? Sie können dies verhindern, wenn Sie dafür sorgen, konstant bei sich im Gegenüber zu bleiben.

Bewegen Sie sich grundsätzlich von der Ebene des Einfühlens auf die Ebene des Mitfühlens zurück, um so die Grenzen zu wahren.

Augenhöhe und Respekt

Die Bereitschaft zur Wahrhaftigkeit ist Voraussetzung für Begegnung und für das Leben an sich – dafür brauchen wir die Fähigkeit zur Augenhöhe. Es gibt keinen Begriff, über den so häufig in Beziehungen diskutiert wird, wie über den Begriff der »Augenhöhe«. Wenn Menschen in meine Praxis kommen und über ihre Beziehungen sprechen, dann klagen sie meist darüber, dass ihnen nicht auf Augenhöhe begegnet wird. Wenn ich in Unternehmen berate, so ist es vor allem der Begriff »Augenhöhe«, auf den sich alle stürzen – vom einfachen Mitarbeiter bis hin zu den Vorständen. Augenhöhe ist etwas, das jeder verkörpern möchte – und etwas, das den meisten fehlt.

Man könnte ein ganzes Buch über genau dieses Dialogelement schreiben – die Fähigkeit zur Augenhöhe. Da der Begriff der Augenhöhe zentral ist und die meisten Beziehungen an fehlender Augenhöhe scheitern, die stärksten Verletzungen durch fehlende Augenhöhe entstehen, ein Burnout niemals ohne Verlust von Augenhöhe stattfinden könnte und das Scheitern unendlich vieler Projekte in fehlender Augenhöhe begründet liegt, werde ich dieses Dialogelement hier besonders ausführlich beschreiben.

Den meisten von uns fällt es leichter, die Realitäten so für sich zu definieren, dass sie passen – anstatt ihnen geradlinig zu begegnen und das Bestmögliche daraus zu machen.

Lassen Sie mich zuallererst mit einem Missverständnis aufräumen, was die Definition betrifft. Meine Studenten haben es einmal gut auf den Punkt gebracht, als sie zu mir sagten: Zwischen uns kann es doch keine Augenhöhe geben – Sie bewerten doch unsere Klausuren! Meine Antwort war: »Na und? Warum sollte das Augenhöhe ausschließen? Nur weil ich Ihre Dozentin bin und möglicherweise über mehr Wissen als Sie verfüge, bedeutet es doch nicht, dass wir keine Augenhöhe haben.« Augenhöhe ist keine Frage von Alter, Geschlecht, Status, Religion, Position, Wissen – sondern eine innere Haltung dem Leben und den Menschen gegenüber. Augenhöhe bedeutet, allem, was ist, geradlinig ins Gesicht zu blicken und zu begegnen. Es bedeutet zu sehen, was ist, es anzunehmen und das Bestmögliche daraus zu machen. Augenhöhe beschreibt den Willen zur Wahrhaftigkeit, den klaren Blick für die Realität und die Bereitschaft, dieser zu begegnen. Augenhöhe ist Ausdruck von innerer Stärke – gleichzeitig verleiht sie uns aber auch Kraft und Stärke. Wir brauchen Augenhöhe, um mit dem Leben im Dialog zu bleiben, um Krisen zu meistern und an ihnen zu wachsen; wir brauchen Augenhöhe, um unsere Heimat im Leben zu finden. Ohne Augenhöhe kann keine Begegnung stattfinden und unsere Beziehungen kommen in Schräglage, das dialogische Gleichgewicht ist gestört – wir können die Realitäten nicht erkennen, uns fehlen das richtige Maß und Grenzen und das Gleichgewicht zwischen Nehmen und Geben ist gestört.

Augenhöhe beschreibt eine innere Haltung sich selbst, den Mitmenschen und dem Leben gegenüber. Sie ist unabhängig von Alter, Geschlecht, Position, Besitz, Religion, Wissen. Sie ist die Bereitschaft, dem, was ist, mitten ins Gesicht zu blicken; sie ist die Bereitschaft zur Wirklichkeit und der Wille zur Wahrhaftigkeit.

Vor einiger Zeit kam eine Frau in die Beratung. Sie stand am Ende eines langen Beziehungskonflikts, der schließlich mit einer Trennung endete. Die Frau selbst klagte über unterschiedliche Symptome und eine starke Erschöpfung. »Ich kann nicht verstehen, wie ich mich auf diesen Mann habe einlassen können«, sagte sie. »Ich hatte ein ganz anderes Bild von ihm, als wir uns kennengelernt haben – am Ende hat er sich als das Gegenteil entpuppt! Wie ist das nur möglich?«

»Ich war der festen Überzeugung, dass es dieses Mal klappen müsste«, sagte ein Mann nach dem endgültigen Scheitern einer Ehe, die, wie er sich selbst am Ende eingestehen musste, »von Anfang an zum Scheitern verurteilt gewesen war«.

So wie Geradlinigkeit und Wahrhaftigkeit Ausdruck von Augenhöhe sind, sind Verdrängung und Verleugnung Ausdruck davon, dass diese fehlt.

Das Märchen »Des Kaisers neue Kleider« beschreibt das Phänomen der fehlenden Augenhöhe bildlich. Erinnern Sie sich? Der Kaiser ist in Wahrheit nackt. Seine Gier lässt ihn anfällig für Scharlatane werden. So hat jener Schneider ein leichtes Spiel, der ihm das verspricht, was der Regent besitzen will: die besten und schönsten Kleider. Seine fehlende Augenhöhe macht es dem Kaiser unmöglich, zwischen Wahrheit und Illusion zu unterscheiden. Er glaubt dem Schneider das, was er glauben will, und der Schneider sagt ihm das, was er hören will. Er legt dem Kaiser imaginäre Stoffe in den schillerndsten Farben vor und beginnt ihn – diese in den höchsten Tönen lobend – scheinbar einzukleiden. Beseelt durch die Lobpreisungen, verfolgt der Kaiser im Spiegel jeden einzelnen Schritt der Schneider – und sieht das, was er sehen will. Überzeugt, mit den besten Gewändern bekleidet zu sein, will er nun Hofstaat halten und sich bewundern lassen. Die Macht der Projektion geht weiter und zeigt sich nun in der Reaktion des Volkes, als es den Kaiser nackt durch die Reihen schreiten sieht: Lauthals beginnt es zu jubeln und bewundert ihn in seinen neuen Kleidern. *Denn auch das Volk sieht nur das, was es sehen will.* Es sieht das, was es für die eigene unmündige und unsichere Identität braucht – einen prachtvollen Herrscher. Erinnern Sie sich, wie das Märchen ausgeht? Am Ende ist es ein Kind, das, wie so häufig und auch hier, das Echte (also das Authentische) symbolisiert, als es ruft: »Aber der Kaiser ist ja nackt!«

»Ich mache mir die Welt, wie sie mir gefällt«, könnte das Motto von fehlender Augenhöhe sein. Anstatt hinzusehen und (an)zuerkennen, was tatsächlich ist, werden Realitäten zur Seite geschoben und wird das gesehen, was sein soll. Am Ende steht die Illusion.

SELBSTREFLEXION

Wo in Ihrem Leben sind Sie »nackt« und verleugnen dies?

Der Weg zur erfüllten Beziehung setzt die Bereitschaft zur Wahrhaftigkeit voraus. Sind Sie dazu bereit? Dann halten Sie einen Moment inne und denken bitte über folgende Frage nach: »Haben Sie sich schon einmal gefragt, wo Sie – bewusst oder unbewusst – Ihr Leben, Ihre Hilflosigkeit und Überforderung durch angepasste Augenhöhe zu regulieren versuchen?«

Wo in Ihrem Leben sind Sie »nackt«? In welchen Lebensbereichen haben Sie, anstatt der Nacktheit auf Augenhöhe zu begegnen, begonnen, diese imaginär zu behängen, sodass sie nicht mehr sichtbar ist? Wo in Ihren privaten Beziehungen und wo in Ihren beruflichen Beziehungen?

Wenn Sie Unternehmer oder Führungskraft sind: Welche Kultur wird in Ihrem Unternehmen gelebt? Wo wird offensichtliche Nacktheit verleugnet – anstatt ihr offen auf Augenhöhe zu begegnen und ein echtes Gewand dafür zu finden?

Falsche Augenhöhe statt echtem Dialog

Kürzlich las ich folgenden Post: »Ich bin nicht 65, sondern ich bin 20 mit 45 Jahren Erfahrung!« Neben zehn Likes stand ein Kommentar: »Du Blödmann – Du bist 65 und basta.«

> *Sie können also noch so laut pfeifend durch den Wald gehen – Ihr Pfeifen wird Sie am Ende immer verraten.*

Vielleicht werden Sie nun schmunzeln oder über Ihre Lebenserfahrung nachdenken; das Phänomen, das Leben und die Beziehungen anstatt durch den Dialog durch Anpassung von Augenhöhe zu regulieren, ist weit verbreitet. Was ist am besten auszuhalten und was gibt mir das beste Gefühl? – Diese Einstellung verdrängt das Tatsächliche und lässt die Sicht mal »nach oben« und mal »nach unten« wandern. Weiß ich nicht weiter, fühle mich bedrängt oder überfordert, reguliere ich das über Augenhöhe. »So wichtig ist es auch nicht« wird eine beliebte Haltung, mit der ich dann versuche, meine Überforderung zu lösen. Fühle ich mich einem Menschen gegenüber hilflos, blicke ich auf ihn herab und mache ihn klein – und zwar so klein, dass er mir nicht mehr bedrohlich erscheint. Das Gleiche gilt für Verletzungen und Kränkungen, deren Schmerz ich nicht spüren will. Habe ich Angst vor der Austragung eines Konflikts, wird die Sache plötzlich unwichtig. Kann ich mein Scheitern nicht aushalten, schaue ich schnell auf andere, denen es noch schlechter geht. Alles, was uns hilft, zur vermeintlichen eigenen Größe zurückzufinden, nutzen wir.

Ohne dass es den meisten von uns bewusst ist, ist Augenhöhe das Vehikel, mit dem wir versuchen, unser Leben zu regulieren, wenn wir uns hilflos fühlen und unter Stress geraten.

Je schwächer unser Ich, je schwächer unsere Identität, umso stärker die Regulation durch Augenhöhe. Dies geht natürlich in alle Richtungen. So kann ich eine Position, meine Karriere, Besitz oder auch eine Person idealisieren und mich damit identifizieren, weil mir die eigene Identität fehlt. Oder wenn ich mich, warum auch immer, nicht in der Lage sehe, eine Situation oder gar mein Leben selbstständig als erwachsener Mensch zu bewältigen, suche ich mir eine Person, die ich zu meinem Retter mache und auf den Thron setze. Ob in die eine oder in die andere Richtung – wenn wir die Augenhöhe verlieren, ist dies immer Ausdruck fehlender eigener Identität und der damit verbundenen Unfähigkeit, den Lebensrealitäten so zu begegnen, wie sie sind, und das Bestmögliche daraus zu machen.

Doch wir können noch so laut pfeifend durch den dunklen Wald gehen, am Ende wird uns das Pfeifen immer verraten.

Im Folgenden möchte ich Ihnen nun unterschiedliche Phänomene vorstellen, die auftreten, wenn wir die Augenhöhe verlieren, und wie sich dies in unseren beruflichen und privaten Beziehungen äußert. Da Augenhöhe auch als Voraussetzung für ein erfolgreiches Handeln und für eine erfüllte Lebensgestaltung gilt, werden Sie ebenfalls Beispiele finden, welche Konsequenzen es für die Sache, die wir tun, hat, wenn die Augenhöhe nicht stimmt, bzw. welche Konsequenzen für ganze Systeme entstehen, wenn ihnen die Augenhöhe fehlt.

Augenhöhe in Unternehmen

Vor einiger Zeit kam eine Führungskraft in die Beratung. Der Mann war mit »seiner Mannschaft am Ende«, die Restrukturierung zeigte nicht den Erfolg, den er erwartete, und seine Mitarbeiter standen nicht mehr voll hinter ihm. Sein bisheriger Führungsstil, mit dem er viele Projekte erfolgreich umgesetzt hatte, funktionierte plötzlich nicht mehr. Dieser Stil bestand darin, mit aller Macht das durchzudrücken, was er für richtig hielt. Das hieß, Widerstände niederzuwalzen, um sich freie Bahn zu schaffen. Ob in beruflichen oder in privaten Beziehungen – das eigene Ich zum Maßstab für das Du und das Wir zu machen, funktioniert meist nur eine gewisse Zeit. Irgendwann ist so viel Erde verbrannt, dass das Gegenüber aufsteht. So auch in diesem Fall.

Seine Mannschaft ging in die Blockade. Darüber hinaus war der Mann auch inhaltlich am Ende und war auf das Wissen der Kollegen angewiesen. Sein Erfolg setzte voraus, dass er auf breiter Ebene führte und das Wissen der einzelnen Bereiche zusammenbrachte, das heißt, das Ziel ließ sich nur im Wir erreichen. Das war ihm jedoch nicht möglich.

Dies lag daran, dass er auf der einen Seite den Dialog nie wirklich gelernt hatte und ihn, auf der anderen Seite, unbewusste Muster aus der eigenen Biografie an der Augenhöhe hinderten. Er wollte zwar das Wir, aber verunmöglichte automatisch sein Ziel, indem er sich selbst weiter als Maßstab dafür setzte. Da dies für ihn normal war, »verstand er die Welt nicht mehr«. Anstatt der Situation jedoch auf Augenhöhe zu begegnen und anzuerkennen, dass er sich in eine Sackgasse manövriert hatte, verlor er weiter die Augenhöhe.

Er begann die einzelnen Kollegen sukzessive niederzumachen. Jeder, der ihm nicht folgte, der nicht das wollte und tat, was er für richtig befand, war entweder ein Schwachkopf oder ein Schwächling, den man auswechseln musste. Nachdem er sich zweier Mitarbeiter »entledigt« hatte, der Widerstand der ersten Führungsebene in einer offenen Blockade ausbrach und die Zahlen einbrachen, wurde ihm nahegelegt, sich nach einem anderen Job umzusehen. Zutiefst gekränkt trennte er sich von dem Unternehmen.

In der späteren therapeutischen Aufarbeitung, die immer auch darin besteht zu erkennen, was die Lösung gewesen wäre, erkannte der Mann, dass er sich »mit Händen und Füßen« dagegen gewehrt hatte, seine eigenen Grenzen anzuerkennen: »Für mich war das so ein starkes Gefühl von Schwäche, dass ich es weder mir noch meinen Leuten eingestehen wollte. Tief im Inneren hatte ich Angst, dass ich, wenn ich meine Dominanz aufgebe, dann von den anderen überrollt werde – so wie ich es von meinem Vater von Beginn an erlebt habe. Also erhöhte ich den Druck und verstärkte das Ungleichgewicht zwischen mir und meinen Leuten weiter.«

Er bereute, dass er nicht bereit gewesen war, die eigene Grenze anzuerkennen – sowohl inhaltlich als auch im Führungsstil – und sich für einen neuen Weg zu öffnen. Es hätte bedeutet, die eigene Komfortzone zu verlassen, sich mit der Ohnmacht lösend auseinanderzusetzen, die ihn in Beziehungen zur Dominanz zwang – um dann zu lernen, zu einem echten Miteinander zu finden. Es hätte kurzfristig mehr Aufwand bedeutet, mittel- und langfristig das Gegenteil. Anstatt Kündigung und Zusammenbruch hätte der Mann die Chance auf innere und äußere Freiheit, Wachstum und Erfolg gehabt.

Augenhöhe dem Leben gegenüber

Kürzlich erzählte mir eine Freundin von ihrer vierjährigen Tochter, die, nachdem ihre Banane in zwei Teile durchgebrochen war, fast eine Stunde lang einen Aufstand veranstaltete und weinend vor Wut versuchte, die Banane wieder »ganz« zu machen. Sie ließ sich von nichts und niemanden davon abbringen. Es gab nur eine Lösung für sie, und zwar die, die unmöglich war. Irgendwann gab sie erschöpft auf.

Je fähiger wir zur Augenhöhe sind, umso mehr erkennen wir, dass ein zentraler Punkt für Energieverlust folgender ist: in den Widerstand zu gehen und aussichtslose Kämpfe zu kämpfen. Anzunehmen, was ist, und das Bestmögliche daraus zu machen, beschreibt die Haltung der Augenhöhe.

Wenn wir uns selbst oder unsere Beziehungen erschöpfen, dann liegt dies daran, dass wir dazu nicht bereit sind und wie Vierjährige versuchen, unabänderliche Situationen zu verändern und »eine durchgebrochene Banane wieder ganz zu machen«.

Augenhöhe ist die Voraussetzung dafür, dass wir Grenzen erkennen – Respekt ist die Voraussetzung, dass wir diese einhalten.

Ein Mann kämpfte fünf Jahre nach dem Scheitern seiner Ehe immer noch gegen diese Tatsache an – obwohl seine Frau schon längst wieder in einer neuen Beziehung war. Eine Frau konnte ihre Rheumaerkrankung nicht akzeptieren, und anstatt sich zur Seite zu stehen und für sich bestmöglich zu sorgen, verachtete sie ihren »kranken und hässlichen Körper«. Ein anderer Mann konnte sich nicht mit seinem beruflichen Scheitern abfinden, und anstatt beruflich weiterzugehen, verlor er sich in seiner Depression. »Ich habe heute schon wieder mehr Haare verloren, sehen Sie, mein Scheitel wird lichter«, klagte ein 40-Jähriger, der sein Alter nicht akzeptieren konnte.

Die Fähigkeit, wesentliche Grenzen zu erkennen und unwesentliche Barrieren aufzulösen, macht gesundes Menschsein aus. Diese Differenzierung fehlt unserer Gesellschaft jedoch in zunehmendem Maß. Immer weniger werden Grenzen als ein Ausdruck von menschlich wesentlichen und notwendigen Realitäten gesehen, die uns die Möglichkeit der Differenzierung, Tiefe und Identität geben. Anstatt in ihnen die Grundlage für Gesundheit, Beständigkeit und Wachstum zu erkennen, werden sie als persönlich kränkend, negativ und hinderlich erlebt. Dies führt nicht nur dazu, dass wir beginnen, mit dem Leben zu kämpfen, sondern auch zu dem wachsenden Phänomen unserer Zeit: Überfluss, Maßlosigkeit und Erschöpfung. Solange »alles machbar sein muss«, erreichen wir nicht die Weiterentwicklung, die möglich wäre, sondern bleiben in unserem Leben ängstlich stehen und erschöpfen uns in aussichtslosen Kämpfen, weil wir unveränderliche Realitäten als solche nicht mehr von veränderbaren unterscheiden können. So nehmen wir uns die Chance auf echte Lebenserfüllungen. Augenhöhe dem Leben gegenüber bedeutet dem Leben zu begegnen, wie es in seinen Realitäten ist. Es bedeutet den unabänderlichen Grenzen, die es uns entgegenbringt, geradlinig zu begegnen, sie zu respektieren und, anstatt sie zu bekämpfen, an ihnen zu wachsen. Es bedeutet die Akzeptanz, dass das Leben nicht immer gerecht ist und wir das Leben nicht bestimmen können.

Der Schaden, der durch die Angst vor der eigenen Begrenzung und der damit verbundenen fehlenden Augenhöhe entsteht, ist nicht nur auf menschlich-persönlicher Ebene massiv, sondern auch auf wirtschaftlicher, auf umweltpolitischer wie auf gesellschaftspolitischer Ebene.

Ausbeutung, manipulierte Werte und Zahlen, Hinterziehungen, Spekulationen – die bewusste Missachtung von Grenzen und der damit verbundene Betrug und Ausbeutung –, all das führt zu schwersten Schäden aller Beteiligten und nicht selten zum Ruin.

Je mehr wir auf Augenhöhe sind, umso geschmeidiger und gleichsam kraftvoller werden wir – je weniger Augenhöhe wir besitzen, umso mehr kämpfen und verhärten wir.

Die noch nicht lange zurückliegenden Manipulationsskandale und finanziellen Betrugsskandale zeigen, dass der durch den Verlust an Augenhöhe entstandene Schaden tiefste Wunden hinterlässt, die, wenn überhaupt heilbar, massiv Kraft, Anstrengung und Zeit in Anspruch nehmen. Dies bezieht sich nicht nur auf die wirtschaftliche Situation und die Zahlen, sondern auch auf die Reputation und Beziehung aller Beteiligten. Ist das Vertrauen erst einmal zerstört, ist die Grundlage für ein Miteinander nicht mehr gegeben. Das Gleiche gilt für den umweltpolitischen oder gesellschaftspolitischen Bereich: Die fehlende Augenhöhe der natürlichen und menschlichen Umwelt gegenüber – und die damit verbundene Zentrierung auf das Ich – hat zu tiefen Schäden geführt, die unser jetziges Zusammenleben – und in gewissen Bereichen auch Überleben – auf eine äußerst harte Zerreißprobe stellen. Je mehr wir die Augenhöhe verlieren und unser Leben nach unseren Schwächen ausrichten, desto mehr werden wir uns selbst, unser Miteinander und das Leben an sich weiter schwächen.

Irgendwann, nach einer gewissen Zeit, verlor die vierjährige Tochter meiner Freundin die Lust, weiter die beiden Bananenhälften zu einer intakten Banane zurückverwandeln zu wollen. Sie hatte erkannt, wie vergeblich ihr Kampf war, ließ von der Banane ab und begann, sich auf etwas anderes zu konzentrieren. Im nächsten Moment hatte sie die Banane, wie Kinder so sind, vergessen und spielte fröhlich weiter.

> *Grenzen nicht als Untergang zu sehen, sondern als Chance des Wachstums – dies ist die Haltung von Augenhöhe.*

Wesentliche Grenzen zu erkennen und zu respektieren, vom Unmöglichen abzulassen und sich dem Möglichen zuzuwenden, das macht gesundes Leben aus. Bitte nehmen Sie sich an dieser Stelle einen Moment und halten Sie inne: Wo in Ihrem Leben führen Sie vergebliche und aussichtslose Kämpfe, weil Sie bestehende Grenzen nicht respektieren können? Wo haben Sie begonnen zu manipulieren, zu verstecken oder zu betrügen? Was ist die Ursache dafür?

ÜBUNG
Abschied vom Kampf
Augenhöhe ist ein Ausdruck innerer Stärke – wenn wir uns für diesen Wert entscheiden, können wir tagtäglich unsere innere Stärke üben und wachsen.
Stärken Sie sich selbst, indem Sie Ihre Augenhöhe stärken. Begegnen Sie bewusst den Situationen, die Sie bisher nicht akzeptieren konnten, und nehmen Sie sie nun bewusst an. Spüren Sie, wie Sie innerlich stärker werden, indem Sie nicht mehr gegen das ankämpfen, was ist, sondern der Realität ein Gegenüber bieten. Ein Gegenüber heißt, ich bleibe in meinem Ich (das Zentrum meines Bewusstseins ist in mir) und ich blicke auf dieser Grundlage dem Du – ob dies eine Person ist, eine Situation oder eine Sache – »direkt ins Gesicht« und begegne ihm.

Für den Mann, der sich daran erschöpfte, dass er auch nach fünf Jahren die Scheidung nicht akzeptieren wollte, würde dies bedeuten aufzuhören, innerlich gegen die Situation anzukämpfen und sie so zuzulassen, wie sie ist. Das Gleiche gilt für die Frau, die gegen ihren an Rheuma erkrankten Körper wie gegen die Krankheit an sich wütend ankämpfte, das Gleiche für den Mann, der sich nach seinem beruflichen Scheitern in einer Depression verlor, da er dieses nicht akzeptieren wollte. Den Realitäten auf Augenhöhe zu begegnen, zu einem Wir und auf diese Weise zu einem Umgang mit den Realitäten zu finden – selbst mit einer schmerzhaften Situation – ist tiefer Ausdruck von Dialogfähigkeit und Grundlage psychischer Widerstandskraft. Die Stärke finden Sie in Ihrem Ich, in Ihrem Selbststand: Ich lasse stehen – und bleibe stehen. Ich bleibe bei mir – und lasse das Du das Du sein. Ich »gehe nicht in die Knie«, verliere mich nicht, muss mich nicht überhöhen – bleibe auf dem Boden und begegne den Tatsachen. Augenhöhe und Respekt sind die Elemente des Dialogs, die uns innere Kraft und Stärke geben.

> **ÜBUNG**
> **Respektieren, was ist**
> In der Meditationspraxis gibt es die Übung, Gedanken oder auch Gefühle zu betrachten. Wenn Sie sich selbst und Ihre Augenhöhe stärken wollen, üben Sie sich regelmäßig darin, das zu betrachten, was Sie nicht wollen oder von dem Sie sich bedrängt fühlen. Betrachten Sie, was ist, und respektieren Sie es. *Üben Sie sich bewusst im Respekt, indem Sie respektieren, was ist, und spüren Sie, wie der Respekt Sie stärkt. So lange, bis Sie den Blick abwenden und weitergehen können, weil es »still und ruhig« in Ihnen geworden ist.* Sie spüren den inneren Frieden mit sich und mit der Situation, die unerheblich für Sie ist, da diese Sie nicht mehr beeinträchtigt. Sie haben einen Umgang mit ihr gefunden. Der Umgang kann sein, Unabänderliches stehen zu lassen und notwendig Veränderbares ruhig zu verändern – entweder im Dialog oder in dem Verlassen der Situation.

Je bewusster Sie in Ihrem Leben Augenhöhe leben, desto mehr werden Sie spüren, dass darin eine tiefe Demut sich selbst und dem Leben gegenüber enthalten ist – verbunden mit dem Wissen, dass das Leben das Leben ist und wir es nicht kontrollieren können.

Entscheidungen auf Augenhöhe treffen

Kürzlich war ein Mann bei mir in der Beratung, der sich in einer beruflichen Konstellation erschöpft hatte. Unter anderem ging es dabei um einen Arbeitsvertrag, dem er vor Jahren zugestimmt hatte und der, wie sich herausstellte, zu seinem deutlichen Nachteil gewesen war. »Wer hat denn den Vertrag unterschrieben?«, fragte ich. »Na, das habe ich schon gemacht«, sagte der Mann. »Und warum unterschreiben Sie einen Vertrag, der sie übervorteilt?«

»Ich wollte niemals nur zu Hause bleiben«, schimpfte eine Frau während einer Beratung über ihre Ehe und ihren Mann. »Haben Sie denn damals dieses Modell nicht besprochen?«, fragte ich. »Doch«, erwiderte die Frau. »Und warum stimmten Sie einem Lebensmodell zu, das Sie innerlich ablehnen?«

»Ich wollte nie ein drittes Kind«, sagte ein anderer Mann. »Ist es denn nicht ihr Kind?«, fragte ich. »Natürlich!«, entgegnete er. »Und warum zeugen Sie ein Kind, wenn Sie kein drittes Kind wollen?«

»Mich hat mein Partner/meine Partnerin so lange gedrängt, bis ich Ja gesagt habe« oder »Ich habe gedacht, es wäre nicht so schlimm und es klärt sich von selbst«; zweigleisig zu fahren, d.h. im Außen den Bedingungen zuzustimmen, aber innerlich im Widerstand mit den dadurch beschlossenen Realitäten zu sein, ist ein klassisches Symptom fehlender Augenhöhe – und lässt nicht nur die Entscheidungen kranken, sondern alle Beteiligten wie die Beziehung an sich.

Fehlt die Augenhöhe bei Entscheidungen, spiele ich Lotterie und kann hoffen, dass es am Ende gut geht – will ich das Ruder allerdings bestmöglich in der Hand behalten, habe ich hinzusehen und die »Realitäten« zu erkennen – in mir selbst und um mich herum.

ÜBUNG

Richtige Entscheidung treffen mit dem Dialogprinzip

Kommen Ihnen die genannten Beispiele bekannt vor? Im Folgenden finden Sie eine kurze Anleitung, um langfristig die für Sie richtigen Entscheidungen zu treffen. Notieren Sie sich die jeweiligen Positionen des Dialogdreiecks und stellen Sie jeweils die folgenden Fragen:

- Ich: Wer bin ich in dieser Angelegenheit? Komme ich in der Entscheidung wesentlich vor? Was sind die unmittelbaren und zukünftigen Konsequenzen der Entscheidung für mich? Spüre ich ein klares Ja in mir? Wenn nicht, was blockiert mich? Gibt es eine innere Realität, die mich möglicherweise in meiner Entscheidung beeinflusst?

- Du: Wer bist Du? Kommst du in der Entscheidung wesentlich vor? Was sind die Konsequenzen der Entscheidung für dich? Spürst du ein klares Ja in dir?
- Wir: Gibt es genügend Wir in der anstehenden Entscheidung? Was sind die Konsequenzen der Entscheidung für unser Wir?
- Das dialogische Gleichgewicht hilft Ihnen, fundierte Entscheidungen zu treffen, die niemandes Integrität verletzen und alle Beteiligten gleichermaßen mit einbeziehen – Sie selbst eingeschlossen.

Ein Leben auf Augenhöhe – eine Illusion?

Vor einiger Zeit wurde ich zu einer kleinen Lesung meines letzten Buchs eingeladen. Sie fand in einem privaten Kreis statt, die Gäste waren unter anderem aus Politik, Wirtschaft, Medien, Kirche und Sport. Es entfachte sich eine angeregte Diskussion, in dem sich zwei »Lager« bildeten: Ein Lager vertrat die Notwendigkeit des Dialogs, während das andere Lager die Position vertrat, dass mit einigen Menschen nicht zu reden sei; darin mitenthalten war eine Meinung, dass das doch ein ziemlich hoher Anspruch sei, den Dialog zu fordern. »Ich bin nicht perfekt, und das, was Sie dort vertreten«, lautete die Aussage, »ist ein Ideal, das ist so nicht möglich – das wäre der ›Himmel auf Erden‹«.

»Wenn Sie das bei XY (einem großen deutschen Autokonzern) sagen würden, dann wären Sie weg vom Fenster!«, rief ein Mann während eines Vortrags wütend, als es um den Wert und die Notwendigkeit von Augenhöhe ging. »Das sind doch alles Ideale – das Leben sieht anders aus«, wurde er von einem Kollegen unterstützt.

Meine Antwort war: Viele von Ihnen stehen in der Öffentlichkeit, an wichtigen Positionen. Wenn Sie beginnen aufzuhören, die Werte, von denen Sie eigentlich wissen, dass sie richtig und notwendig sind, zu vertreten und diese als Ideal zu bezeichnen beginnen – was für Konsequenzen hat dies für die Gesellschaft? Ein Ideal ist per Definition nicht zu erreichen.

Niemand behauptet, dass der Dialog leicht ist – aber gilt es nicht vielmehr das anzuerkennen, als ihn in die Unmöglichkeit zu verbannen? Wenn wir gemeinsam den Dialog als ein – in der heutigen Zeit schwer erreichbares, aber notwendiges – Real anerkennen, dann hätten wir doch eine Chance auf Veränderung.

Nach dem Vortrag kam der wütende Mann auf mich zu. Seine Wut war während des Vortrags verflogen und er sagte: »Sie haben mich nachdenklich gemacht. Als Sie gefragt haben, warum wir etwas aufgeben, von dem wir eigentlich wissen, dass es richtig und notwendig wäre, da ist mir deutlich geworden, dass ich begonnen habe zu resignieren. Ich bin jetzt Ende 50 und habe immer wieder die Erfahrung gemacht, dass meine Versuche, einen Dialog zu führen, abgeschmettert wurden. Ich habe zu lange vergeblich für Augenhöhe in meinem Bereich gekämpft. Aber es stimmt – Augenhöhe deswegen zum unmöglichen Ideal zu machen, das wäre das endgültige Scheitern und das Besiegeln dessen, was ich nie wollte.«

Augenhöhe in dem, was wir tun – die richtige Zielsetzung

Kürzlich las ich folgenden Spruch: »Entweder gewinne ich oder ich lerne!« Darunter befanden sich mehr als 1000 Likes. Können Sie in dem Spruch die fehlende Augenhöhe erkennen? Was wäre die Augenhöhe? *

Zuallererst: Scheitern ist Teil des Lebens – ebenso wie Krisen zum Leben gehören. Beides gilt es anzunehmen, zu lernen und zu wachsen. Allerdings scheitern viele von uns unnötig, genauso wie viele unnötig von einer Krise in die nächste geraten. Unvorhersehbares Scheitern gehört zum Leben – Scheitern mit »Ansage« können wir vermeiden.

Berufliche Projekte, private Beziehungen – beides scheitert in den meisten Fällen an der fehlenden Augenhöhe der Beteiligten. Feh-

---

* Die Auflösung finden Sie auf Seite 225.

lende Augenhöhe in dem Sinn, dass die Bereitschaft zur Wahrhaftigkeit fehlte, das heißt, die Betroffenen nicht bereit waren, »wirklich hinzusehen« und das Wesentliche zu respektieren.

»Ich bin einfach harmoniebedürftig«, sagte eine Frau, die in die Beratung kam, weil sie »es nicht glauben konnte«, dass ihr Mann die Scheidung eingereicht hatte. »Wir haben uns zwar häufiger gestritten, aber ich hätte nie gedacht, dass es schon so weit ist. Ich habe es viel zu lange laufen lassen.«

»Ich wollte einfach keine Klärung mehr«, sagte eine andere Frau und Mutter von drei Kindern. »Ich wollte einfach nur weg von meinem Mann. Erst jetzt erkenne ich, wie wichtig es für uns alle gewesen wäre, uns noch einmal eine echte Chance zu geben, anstatt uns ohne jede Aufarbeitung zu trennen.«

»Ich wusste irgendwo im tiefsten Inneren, dass dieser Mann nicht der richtige für mich ist«, sagte eine andere Frau, »aber ich wollte, dass er es ist, und ich wollte das aller Welt beweisen. Am Ende habe ich vier Jahre und unendlich viel Lebenskraft verloren in einem Kampf um etwas, was nie wirklich war.«

Je länger ich Einzelpersonen, Paare und Unternehmen nach ihrem Scheitern berate, umso mehr bin ich zu der Überzeugung gelangt, dass es ein natürliches Gleichgewicht gibt – in uns und um uns herum. Eine Ordnung, die wir nicht beeinflussen können, sondern die sich am Ende immer wieder von selbst herstellt. Wenn wir diese Ordnung nicht anerkennen, sondern missachten, verlassen wir immer mehr das natürliche Gleichgewicht und scheitern. Manchmal unmittelbar – manchmal nach Jahren, je nachdem, wie wesentlich die Grenzen sind, die wir nicht eingehalten haben; für eine gewisse Zeit können wir sie überschreiten, am Ende jedoch werden wir immer wieder auf das zurückgeführt, was tatsächlich ist: Die »Nacktheit« der Situation, Person oder Sache kommt früher oder später zum Vorschein. Wenn es uns gelingt, von Beginn an zwischen wesentlich und unwesentlich zu unterscheiden und die natürliche Ordnung zu respektieren, haben wir die Chance, »im Fluss des Lebens, des Möglichen zu bleiben und erfolgreich zu handeln«;

gelingt es uns nicht, werden wir mit dem Unmöglichen und dessen Folgen konfrontiert.

Die wesentliche Ordnung nicht einzuhalten, heißt Tatsachen zu ignorieren, Tatsachen zu verdrehen und den Blick auf das eigene Ich zu zentrieren.

Was heißt dies konkret für unsere beruflichen und für unsere privaten Entscheidungen?

Wenn ich mich als Unternehmer entscheide, Werte oder Zahlen zu manipulieren, weil ich mit meinem Unternehmen schneller wachsen will, dann verdrehe ich nicht nur die Tatsachen, sondern ich missachte wesentlich gesetzte Grenzen von Zeit und tatsächlich Möglichem.

Wenn ich eine Partnerschaft möchte, die von Liebe getragen ist, und ich mich auf einen Menschen und eine Beziehung einlasse, weil »die biologische Uhr tickt«, »ich nicht alleine sein will«, »ich versorgt werden will« oder »ich meine Wunden aus meiner letzten Beziehung heilen will«, dann setze ich das Fundament dieser Beziehung auf eine Funktion – und scheitere mit dem, was ich eigentlich will, bereits im Moment des Beginns.

Wenn Eltern ignorieren, dass Kinder wollen, dass diejenigen, aus denen sie entstanden sind, zusammenbleiben, entstehen für alle Beteiligten tiefe Wunden. Dies bedeutet nicht, um jeden Preis zusammenzubleiben, aber es bedeutet, gemeinsam alles dafür zu tun, dass dies möglich ist. Vermeide ich dies und trenne mich ohne echte Chance und Aufarbeitung, verdoppele ich die Wunden bei allen Beteiligten und erschwere unnötig die Zukunft.

Die Anerkennung dessen, dass jedes Leben ein eigenes ist, ist weiterer Ausdruck von menschlich gesundem Leben. Kinder können weder die schmerzhafte Biografie der Eltern wiedergutmachen, noch deren nichtgelebte Träume erfüllen – versuchen sie es, werden sie scheitern und wie die Eltern den eigenen Traum verpassen.

Die Störung einer Partnerschaft nicht unmittelbar und direkt zu klären, sondern auf eine dritte Person auszuweichen, heißt genauso Tatsachen zu ignorieren und die Augenhöhe zu verlieren, wie sich als dritte Person in eine ungeklärte Beziehung einzumischen und zu versuchen, etwas zu kompensieren, was sich der eigenen Verantwortung entzieht – ob partnerschaftlich oder freundschaftlich. An einem Job aus Kränkung festzuhalten, ist genauso die Entscheidung, aus dem Fluss des Lebens zu treten, wie einen Job anzunehmen, um mein verletztes Ego aufzupolieren.

»Zu schön, um wahr zu sein«, »Es wäre so schön gewesen«, »Es muss doch irgendwie gehen«, »So schlimm ist das auch nicht«, »Wird schon gut gehen, nur dieses Mal«, »Jetzt bin ich mal dran«, »Der andere hat genug«, »Andere machen das auch« – die Palette des Bejubelns fehlender Augenhöhe ist groß, genauso wie das Ignorieren der inneren Stimme, die in vielen Fällen zu Beginn zum Innehalten aufruft.

SELBSTREFLEXION

Scheitern verarbeiten

Bitte notieren Sie sich die Situationen, in denen Sie gescheitert sind. Analysieren Sie vor dem Hintergrund des dialogischen Gleichgewichts die Ursache: Was hat konkret gefehlt? War es das Gleichgewicht zwischen Ich, Du und Wir? Die Balance zwischen Nehmen und Geben? Wurde auf funktionaler oder wesentlicher Ebene gehandelt? Welche wesentlichen Grenzen haben Sie missachtet? Wurden die einzelnen Dialogelemente – insbesondere die Augenhöhe – gelebt?

Je weniger wir das Wesentliche in uns selbst gefunden haben, umso mehr fehlt uns das Gespür für das Wesentliche um uns herum. Für die meisten von uns erscheint es viel leichter, die Augenhöhe zu verlieren, als sie zu halten. Je länger wir sie allerdings verloren haben, umso schwerer ist es, sie wieder einzunehmen. Schwerer, weil schmerzhafter, und zwar deswegen, weil wir zurück auf den Boden der Tatsachen müssen, die wir vorher verleugnet haben. Je länger wir einen »nackten Kaiser« bejubeln, umso schmerzhafter wird das Erkennen seiner Nacktheit. Der Weg zurück bedeutet neben dem Tragen und Bereinigen der Konsequenzen auch noch eine »schrittweise« Desillusionierung und ein damit verbundenes wachsendes Erleben dessen, was vorher übersehen wurde. All das, was wir nicht sehen wollten, sehen und fühlen wir nun auf dem Weg zurück zu den Tatsachen. All das, was vorher ignoriert wurde, wird uns nun bewusst. Je größer die Idealisierung und Überhöhung gewesen ist, umso tiefer wird der Fall sein – oder umgangssprachlich formuliert: je stärker der »Kick«, umso schmerzhafter das Erwachen. Je offener Sie sich dem innerlich stellen, umso schneller werden Sie die Situation verarbeiten. Gehen Sie nicht in den Widerstand oder gar in den Selbstvorwurf, sondern schauen Sie sich das an, was Sie vorher »übersehen« haben.

Nutzen Sie die Chance, sich selbst weiter kennenzulernen, und fragen Sie sich nach dem Grund Ihrer Verleugnung. Warum wollten Sie nicht anerkennen, was war? Was können Sie daraus lernen? Was sollten Sie an sich selbst verändern, um dieses Ziel wie auch neue Ziele in Zukunft zu erreichen?

ÜBUNG

Erfolgreiche Ziel(um)setzung nach dem Dialogprinzip

Bitte notieren Sie sich Ihre nächsten Ziele und überprüfen Sie diese auf Augenhöhe: Sind Ihre Ziele realistisch und wesentlich? Berücksichtigen Sie in Ihrem Ziel Ihre Stärken wie Ihre Grenzen – ebenso wie Sie dies für das Du (Person(en)/Sache/Situation) tun? Gibt es genügend wesentliche Übereinstimmung (das heißt, kommen Sie in Ihrem Wesen ausreichend in Ihrem Ziel vor)? Hält Ihr Ziel und der Weg dorthin das Gleichgewicht

zwischen Nehmen und Geben aufrecht? Ist das Ziel im dialogischen Gleichgewicht zu erreichen? Erkennen Sie die wesentlichen Grenzen: Haben Sie Ihr Ziel innerhalb der Möglichkeiten definiert (definieren Sie bewusst für sich die Unmöglichkeiten/Begrenzungen)?
Jede Manipulation ist Ausdruck von fehlender Augenhöhe bei der Zielsetzung. Bleiben Sie geradlinig und realistisch und versuchen Sie, das Bestmögliche im Möglichen zu definieren. Denken Sie daran, dass dies in einem Jahr anders sein kann als in der Gegenwart.

Fehlerkultur in Unternehmen

Ein ehemaliger ärztlicher Kollege berichtete mir vor einiger Zeit von den Chefvisiten, bei denen er und seine Kollegen regelmäßig »massakriert« wurden. Der Chef suchte sich jede Woche einen Kollegen aus, ließ ihn nach vorne kommen, die Röntgenbilder analysieren und »fällte« den Betroffenen dann mit einem vernichtenden Spruch, wenn dieser einen Fehler machte. Die Konsequenz war natürlich, dass in dieser Atmosphäre Fehler vorprogrammiert und zur selbsterfüllenden Prophezeiung wurden.

Je mehr einer Unternehmenskultur die Augenhöhe fehlt, umso mangelhafter oder destruktiver ist die Fehlerkultur. Eine Fehlerkultur ist nur dann konstruktiv, wenn sie auf Grundlage des Dialogs stattfindet. Um aus Fehlern zu lernen, braucht es einen Umgang auf Augenhöhe – verbunden mit Interesse, Offenheit, Empathie, Respekt und Wertschätzung. Wenn ich das Gefühl habe, dass ich den Respekt meiner Kollegen oder Vorgesetzen durch einen Fehler verliere, werde ich diesen Fehler nicht ansprechen.

»Erkläre mir dein Versagen«, »Zeig mir deine Schwachstellen«, »Wer ist heute der Zwerg?« – wenn ich frage, wie der Alltag von vielen Teams aussieht, dann ist die gemeinsame Haltung das Gegenteil des Dialogs: Anstatt einander zu helfen und gemeinsam zu wachsen, wird sich gegenseitig kleingemacht.

»Wir haben das Spiel ›Finde den Fehler‹«, erzählte eine Frau, die im kreativen Bereich arbeitete. »Wenn wir unsere Präsentationen vorstellen, dann stürzt sich jeder drauf und sucht so lange, bis er fündig wird.«

»Jeder von uns hält mittlerweile seinen Mund, wenn der Chef nach Feedback fragt. Warum? Niemand will mehr niedergemacht werden, wenn er etwas Falsches sagt. Mittlerweile wächst auch die Angst davor, eigene Entscheidungen zu treffen. Aus Angst vor Fehlern. Wir kommen immer mehr in die Lähmung.«

So beklagen viele Unternehmen das Fehlen einer konstruktiven Fehler- und Feedbackkultur. Fehler werden aus Angst entweder verschwiegen, über lange Zeit verschleppt oder irgendwie zu kompensieren versucht – anstatt sie unmittelbar anzusprechen, das Ausmaß anzuerkennen und nach einer Lösung zu suchen.

»Wir haben einen Mitarbeiter, der hat einen so massiven Fehler gemacht, dass er nicht mehr für das Unternehmen tragbar ist. Doch anstatt ihn zu entlassen, wird er ans Telefon versetzt«, beklagte eine Führungskraft die Situation in seinem Unternehmen. »Das ist ein Zeichen für alle anderen – wir können Bockmist bauen bis zum Gehtnichtmehr, es passiert doch nichts. Stattdessen müssen wir anderen das Ganze immer wieder ausbalancieren.«

»Bei uns gibt es für bestimmte Personen keine Konsequenzen«, sagte eine andere Führungskraft. »Wir haben eine Mitarbeiterin, die kann machen, was sie will – die ist per Du mit dem Eigentümer. Die vergiftet das ganze Team – und wir können nichts machen.«

»Die Personalabteilung hat Angst davor, dass die Leute vors Arbeitsgericht ziehen – das gibt eine schlechte Quote.«

»Wir wollen keine schlechte Presse, deswegen kommen die Leute bei uns auf den ›Elefantenfriedhof‹. Dort sitzen sie ihre Zeit bis zur Rente ab und können nichts mehr anrichten.«

Ist auf der einen Seite in vielen Unternehmen ein gegenseitiges verbales Massakrieren für Fehler zu finden, fehlt auf der anderen Seite genauso häufig das gesunde Ziehen von notwendigen Konsequenzen. Aus Fehlern zu lernen – im Sinne einer konstruktiven

Fehlerkultur - kann ich nur im offenen, respektvollen Dialog auf Augenhöhe. Dazu gehört, wenn nötig, auch das Ziehen von Konsequenzen. Nicht im Sinne einer »Bestrafung«, sondern einer Augenhöhe: Ich/Wir (an)erkennen, dass auf dieser Grundlage eine Zusammenarbeit nicht möglich ist, denn das, worum es in dem beruflichen Miteinander geht - erfolgreich um der Sache willen zu handeln -, ist nicht mehr gewährleistet.

Wenn diese Augenhöhe fehlt, werden nicht nur die Mitarbeiter geschwächt, sondern auch das gesamte unternehmerische Handeln.

LEITFADEN

Konstruktive Fehler und Feedbackkultur nach dem Dialogprinzip

Interesse: Was hat stattgefunden? Worin liegt der Fehler begründet?

Offenheit: Ich bin bereit, den Dingen auf den Grund zu gehen und den Fehler gemeinsam herauszufinden.

Empathie: Ich fühle mich in den anderen ein und mit (wie ist es für denjenigen, der den Fehler gemacht hat, wie ist es für den Betroffenen?).

Augenhöhe und Respekt: Ich bin bereit, weder den Fehler noch die Person kleinzumachen noch zu überhöhen, sondern zu sehen, was ist. Worin liegt die Wiedergutmachung? Aus dem Lernen an sich? Ist eine Entschädigung notwendig? Welche Konsequenzen müssen gezogen werden?

Wertschätzung: Unabhängig von der fehlerhaften Handlung ist die Person wertzuschätzen. Selbst dann, wenn durch den Fehler massiver Schaden entstanden ist.

Zu einer Fehlerkultur auf Augenhöhe gehört auch die Bereitschaft, das System zu sehen, innerhalb dessen der Fehler stattgefunden hat. Deswegen gilt es immer auch, die Frage zu stellen: Was ist der Anteil des Systems, dass der Einzelne diesen Fehler begehen konnte? Dieselbe Frage geht auch an das Du: Was ist eventuell mein Anteil an diesem Fehler? Was habe ich zu lernen?

Eine Fehlerkultur auf Augenhöhe kann nur dann eine solche sein, wenn alle Beteiligten sich selbst und das System in diesen Prozess mit einbeziehen – im Dialog.

Abzuschließen ist dieser Prozess immer mit der Beantwortung der zentralen Frage, die die Überschrift des gesamten Prozesses ist: Was habe ich, was hast du und was haben wir zu lernen?

Solange wir unserem Scheitern nicht auf Augenhöhe begegnen, bleiben wir auf der Ebene stehen, auf der wir gescheitert sind – selbst wenn wir im Leben scheinbar weitergehen.

Die Antwort schließt das Stattgefundene ab und lässt alle Beteiligten auf einer neuen Ebene die Gegenwart und Zukunft gestalten.

Die richtige Nähe und die richtige Distanz – ein Ausdruck von Augenhöhe und Respekt

Vor einiger Zeit berichtete ein Klient, dass ihm eine Frau, die er aus der Nachbarschaft kannte, zufällig bei einem Straßenfest begegnete. Die beiden unterhielten sich und plötzlich brach es aus der Frau heraus. Sie erzählte dem Klienten ihre gesamte Trennungsgeschichte einschließlich ihrer emotionalen Situation – ohne dass er sie dazu aufgefordert hatte. Im Bedürfnis nach Nähe, die es zwischen ihnen gar nicht gab, hob sie die normalen Grenzen auf und überschüttete den Mann mit ihren Befindlichkeiten, was zu einer deutlichen inneren und äußeren Distanzierung des Klienten führte. »Ich werde zukünftig einen Bogen um diese Frau machen«, sagte er während der Sitzung. »Die Sympathie, die ich empfand, ist im wahrsten Sinne des Wortes zunichtegemacht worden.«

»Ist einmal eine Grenze überschritten, richtet dies weit mehr an, als wenn eine Distanz aufrechterhalten wird«, sagte eine Klientin während einer Sitzung. »Ich will nicht in Besitz genommen werden.«

»Mit meiner Frau ist Nähe nicht möglich«, sagte ein anderer Mann, »und diese Distanz ist auch der Grund für meinen Entschluss, mich zu trennen. Ich will keine kalte Beziehung.«

Jede Begegnung braucht das richtige Maß an Nähe und Distanz. Werden Grenzen nicht eingehalten, geht dieses richtige Maß ebenso verloren, wie wenn bestehender Raum nicht ausgefüllt wird.

Unendlich viele Beziehungen scheitern aus genau diesem Grund. In Partnerschaften und Familien findet sich häufig Distanz, wo eigentlich Nähe notwendig wäre, in beruflichen Beziehungen wird eine Nähe postuliert, die gar nicht vorhanden ist. Doch wie finden wir die richtige Nähe? Wie erkennen wir die notwendige Distanz?

ÜBUNG

Die richtige Nähe finden

Begegnen Sie Ihrem Gegenüber und Ihrer Beziehung geradlinig auf Augenhöhe. Fühlen Sie sich ein und respektieren Sie mitfühlend die jeweiligen Grenzen: Wer ist mein Gegenüber? Worauf gründet sich das Wir, worauf gründet sich unsere Beziehung? Die Antworten helfen Ihnen, das richtige Maß zu finden.

Um die Grenzen des Gegenübers zu erkennen, brauchen Sie das Wissen um Ihre eigenen Grenzen. Wer bin ich in der Beziehung? Was sind meine wesentlichen Grenzen? Was sind meine wesentlichen Wünsche?

Das Verkennen von richtiger Nähe und Distanz in Beziehungen hat meist damit zu tun, dass diese Fragen unbeantwortet sind und wir innerhalb von Beziehungen – außerhalb unserer selbst – etwas suchen, das dort nicht zu finden ist. Überprüfen Sie vor diesem Hintergrund konkret, ob Sie in der Beziehung oder in der anderen Person etwas suchen, was diese Ihnen nicht geben kann.

Ein typisches Phänomen von fehlender Augenhöhe ist, dass das Wesen der Beziehung verändert und dem eigenen Bedürfnis angepasst wird. So wird in einer beruflichen Beziehung zum Beispiel familiäre Anerkennung und ein Zuhause gesucht oder Partnerschaften werden auf Grundlage kindlicher Bedürfnisse gelebt, die in Form von unverarbeiteten inneren Realitäten zu Beziehungsmustern zwingen, welche die äußere Realität verkennen lassen und Begegnung verhindern.

Ist dies der Fall, befinden sich die Partner nicht mehr im erwachsenen Hier und Jetzt, sondern in der Vergangenheit der eigenen Kindheit, mit dementsprechenden kindlichen Wünschen, Ängsten, Wahrheiten und damit verbundenen unbewussten Wiedergutmachungsansprüchen (siehe dazu das Kapitel »Innere Realitäten«).

Das Leben auf der falschen Beziehungsebene und die damit verbundene falsche Nähe oder Distanz führt zu vielen unnötigen Kränkungen und Enttäuschungen in Partnerschaften.

Nicht nur eine falsche Nähe verhindert Begegnung, sondern auch die Angst vor Nähe. Hier ist das andere Extrem der Symbiose zu finden – ein Maximum an Distanz und die Unfähigkeit, sich dem anderen gegenüber zu öffnen. Auch hier bewegen sich die Beteiligten auf der kindlichen Ebene, die so verletzt ist, dass sie erwachsene Begegnung scheut.

Je kindlicher die Beziehungsebene (siehe dazu das Kapitel »Innere Realitäten«) innerhalb von Partnerschaften, umso gestörter ist das Verhältnis zwischen gesunder Nähe und Distanz und umso schwieriger für die Beteiligten, sich darüber zu verständigen. Die Betroffenen sind sich zum Teil gar nicht der eigenen Ängste oder kindlichen Bedürfnisse bewusst, sondern betrachten diese als selbstverständlich – und erwarten dementsprechend selbstverständlich, dass sie vom Gegenüber zu erfüllen sind. Meist braucht es erst das Ende dieser Sackgasse, in der die Betroffenen vor der Wand stehen und die Unmöglichkeit eines Miteinanders auf dieser Grundlage erkennen.

Wenn berufliche Enttäuschungen stattfinden, dann liegt auch hier nicht selten die Ursache darin, dass Nähe und Distanz nicht richtig gelebt und Grenzen nicht eingehalten wurden. So berichten Klienten immer wieder von einer Erschöpfung im bzw. durch den Job. Im Laufe der Beratung wird dann deutlich, dass sie ihren Beruf, das Unternehmen, das Team, den Chef oder die Kollegen ganz selbstverständlich zu ihrer »Familie« gemacht haben. Dies führte dazu, dass aufgrund von »Verpflichtungsgefühl« eigene Grenzen überschritten wurden, mehr geleistet wurde, als eigentlich machbar war, länger in unannehmbaren Situationen verharrt wurde oder sachliche Entscheidungen und Konflikte bis hin zu Kündigungen zutiefst persönlich und damit verbunden als kränkend und verletzend genommen wurden.

Die richtige Nähe und Distanz innerhalb von Beziehungen setzt die Augenhöhe und den Respekt voraus, das Wesen der Beziehung anzuerkennen und es nicht verändern zu wollen. Das bedeutet: Partner können nicht gegenseitige Eltern sein und die Wunden der Kindheit wiedergutmachen, ebenso wenig wie ein Unternehmen die Familie ist. Kinder sind weder Partner noch beste Freunde und ein entfernter Bekannter oder Nachbar ist kein enger Vertrauter.

Dies anzuerkennen und zu respektieren erfordert, dass wir in der jeweiligen Beziehung für die jeweils wesentliche Ebene eintreten. Sind wir dazu bereit und leben damit verbunden ganz bewusst die richtige Nähe und Distanz, müssen wir an anderer Stelle nicht fälschlicherweise etwas zu kompensieren versuchen, was dort gar nicht zu finden ist.

Dazu gehört häufig, sich von noch vorhandenen kindlichen Beziehungswünschen und Ängsten zu befreien. Augenhöhe einzunehmen heißt, den Blick des Erwachsenen einzunehmen, sobald wir erwachsen sind.

Sind wir auf dieser Augenhöhe, können wir beruflich von privat unterscheiden und erkennen den Wert, persönlich zu sein, ohne privat zu werden. Wir differenzieren zwischen selbst und fremd und können auf dieser Grundlage nicht nur die richtige Form von Nähe eingehen, sondern sind auch in der Lage, Nähe zuzulassen. Wir spüren selbstverständlich, wann welche Distanz notwendig ist und müssen diese nicht mehr mit Ablehnung oder Abwertung gleichsetzen, sondern können sie als einen wesentlichen Ausdruck in den erwachsenen, individuell unterschiedlichen Beziehungen verstehen.

SELBSTREFLEXION

Nähe-Distanz-Check für meine Beziehungen

Bitte reflektieren Sie Ihre einzelnen Beziehungen in den jeweiligen Lebensbereichen. Halten Sie in Ihren Beziehungen die Augenhöhe und leben die richtige Nähe und Distanz? Treten Sie darüber aktiv in den Dialog mit Ihrer/Ihrem/Ihren Partnerin/Partner/Freunden (Kollegen, Vorgesetzten). Sprechen Sie über Grenzen und über das individuelle Verständnis und Bedürfnis von Nähe in Ihrer Beziehung. Definieren Sie vorher für sich selbst Ihre wesentlichen Grenzen und Bedürfnisse und seien Sie offen für Ihr Gegenüber in dessen Empfinden. Finden Sie auf dieser Grundlage zu einem Wir, in dem Sie aus beiden Bedürfnissen und in Anerkennung Ihrer jeweiligen Beziehung die wesentlichen Übereinstimmungen definieren.

Begegnung braucht Grenzen

Grenzen als Voraussetzung für Begegnung und Verschiedenheit als Ausdruck von wesentlicher Identität zu sehen, ist nicht die allgemeine Haltung unserer Zeit. Im Gegenteil – Grenzen werden viel mehr unter dem Aspekt der Unterdrückung und Behinderung gesehen. Dies wirkt sich auch auf das Verständnis von Dialog aus. So wird er häufig in seiner Bedeutung missbraucht, indem er als Synonym für Gleichheit und Einheit steht. Im Dialog sein bedeutet hier: zu einer gleichen Meinung zu finden, gleich zu werden und – im Umkehrschluss – Gleichheit als Voraussetzung zum Dialog zu nehmen.

Die Frage nach gelingender Beziehung wird immer auch von der Frage nach Grenze bestimmt. Begegnung erfordert Grenzen. Die Frage ist, welche? Der Blickwinkel entscheidet hier über die Antwort. Betrachten wir Grenzen auf der Grundlage von eigener wesentlicher Identität und einer gelingenden Beziehung zu uns selbst – oder betrachten wir Grenzen auf Grundlage fehlender Identität und gestörter Beziehung zu uns selbst? Ist der Blickwinkel innere Gesundheit und eigener Wert oder Kränkung und Verletzung?

Betrachten wir die Grenze unter dem wesentlichen Aspekt, so werden wir eine andere Grenze setzen und für notwendig halten, als wenn wir sie unter dem neurotischen Aspekt betrachten. So sehnt sich ein süchtiger Mensch nach Verschmelzung und sieht jede Begrenzung als Angriff auf seine Existenz, während ein Mensch, der zu seiner wesentlichen Identität gefunden hat, die Verschmelzung als das Aufgeben seiner Existenz empfindet.

Das Gleiche gilt für die Suche nach Gleichheit. Auch hier sollten wir uns die Frage stellen, unter welchem Blickwinkel, aus welcher Position heraus wir diese Frage stellen.

Geht es darum, Gleichheit herzustellen, oder um eine grundsätzliche Anerkennung des Wesens Mensch, die darin besteht, Verschiedenheit zu akzeptieren? Die Forderung danach, »gleich zu werden« oder »eins zu werden« nimmt die Freiheit zur Individualität, die Freiheit für ein Wir und die Chance auf Wachstum und Weiterentwicklung.

Die Kraft des Dialogs entsteht aus der Kraft der Begegnung zweier Individuen, die auf Grundlage von gegenseitigem Respekt und gegenseitiger Wertschätzung bereit sind, in der Verschiedenheit nach genügend wesentlicher Übereinstimmung zu suchen, dort, wo es für ein Miteinander unabdingbar ist, diese auch zu finden und auf dieser Grundlage Neues entstehen zu lassen.

Grenzen respektieren und aussprechen

»Eigentlich hätte ich das Projekt nicht annehmen dürfen«, sagte eine Frau, »aber ich habe Angst, dass meine Kundin mich dann ablehnt.«

»Ich habe Angst zu sagen, dass ich nicht von jedem geduzt werden möchte«, sagte eine junge Frau. »Ich habe das einmal getan und ich wurde als arrogant abgestempelt. Der Kollege redet seitdem nicht mehr mit mir.«

»Warum wir unserem Chef nicht direkt gesagt haben, dass wir diesen respektlosen Umgang nicht wollen?«, fragte eine Führungskraft, die mit ihren Kollegen hinter dem Rücken ihres Chefs zum Vorstand gegangen war. »Gute Frage – wir haben uns irgendwie nicht getraut und irgendwie hatten wir auch Angst vor Konsequenzen.«

»Ich sage nur noch in meinem engsten Freundeskreis, was ich tatsächlich denke«, sagte ein anderer Mann. »Du wirst doch mittlerweile sofort in eine Ecke gestellt, aus der du nicht mehr rauskommst.«

Damit unsere Beziehungen gelingen, braucht es nicht nur die offene Kommunikation dessen, wer ich bin, sondern auch die gegenseitige Bereitschaft, dies zu respektieren. Ein echtes Miteinander kann nur auf Grundlage von gegenseitigem Respekt stattfinden.

Verlieren wir den Respekt, verlassen wir in uns selbst die Ebene des Respekts – und fügen dadurch nicht nur dem anderen, sondern auch uns selbst Schaden zu.

Wir sind schnell dabei, von anderen zu verlangen, uns in unserer Meinung und Haltung zu respektieren – doch sind wir auf der anderen Seite ebenfalls bereit, Grenzen und Verschiedenheit zu respektieren? Sind wir bereit, das, was wir einfordern, auch dem anderen zu geben? Eine der stärksten Wunden, die zwischenmenschlich »geschlagen« werden, ist die Wunde des fehlenden Respekts. Geht der Respekt verloren, werden Wert und Würde wenigstens bedroht und meistens verletzt.

»Der muss sich erst mal meinen Respekt verdienen«, »Wer so denkt und handelt, den kann ich nicht respektieren« sind häufige Aussagen, die ebenso selbstverständlich verwendet werden wie die Entscheidung »Der hat mich nicht respektiert, also respektiere ich ihn auch nicht«.

Respekt ist wie die Augenhöhe ein Ausdruck einer inneren Haltung dem Menschen gegenüber.

So wie Augenhöhe ein unabhängiger Wert ist, ist auch Respekt ein Wert, der unabhängig von Alter, Geschlecht, Meinung, Position, Religion, Situation und Bildung existiert. Wir ebnen den Boden für den Verlust von Respekt, wenn wir diesen an eine Bedingung knüpfen.

Sind wir an einem ehrlichen Miteinander interessiert, dann können wir uns nicht selbst zum Maßstab für den anderen setzen. Der Dialog beinhaltet die grundsätzliche Akzeptanz untereinander – selbst in der größten Verschiedenheit: Dir als Mensch gilt mein grundsätzlicher Respekt, deine Meinung respektiere ich, auch wenn ich sie möglicherweise nicht gutheiße. Ich kann mich von ihr deutlich distanzieren oder auch eine deutliche Alternative setzen. Der Respekt dir gegenüber jedoch bleibt erhalten.

Die meisten Menschen verlieren ihren Respekt in dem Moment, in dem eine wesentliche Grenze in ihnen überschritten wurde. Die Verletzung der eigenen Würde ist so massiv, die Respektlosigkeit von außen ist so weit in den Betroffenen eingedrungen, dass sie in ihm Oberhand gewinnt. Der eigene Wert und die eigene Würde werden von der Aggression überlagert, dass der Betroffene sein Bewusstsein dafür verliert. Im Zentrum des Selbst stehen nun die Negativität und Destruktivität. Dies ist das tatsächliche Leid. Es ist nicht die Respektlosigkeit, die uns in dem Moment entgegengebracht wird, sondern das Werden zu dem, was uns verletzt hat: die Abwendung vom Konstruktiven und Identifikation mit dem Destruktiven.

> *Verlassen wir die Ebene des Respekts, verlassen wir den Bereich der Würde.*

So antwortete ein Mönch in einem Interview auf die Frage, was seine größte Angst während seiner Gefangenschaft gewesen sei – ob es die Angst gewesen wäre zu sterben: »Die einzige Angst, die ich hatte, war, dass ich anfangen könnte, meine Folterer zu hassen.«

So ist die vielfach gewählte Lösung »Der respektiert mich nicht, ich ihn also auch nicht« ein Weg, der in die Sackgasse führt.

Sobald wir Respekt an Bedingung knüpfen, bewegen wir uns in dem Bereich der Destruktivität und steigen in ein System aus Macht und Ohnmacht ein, in dem am Ende nur einer – der Stärkere – siegt. Die Stärke ist in diesem Fall keine gesunde Stärke, die darauf bedacht ist zu wachsen und zu integrieren, sondern die Stärke wird einzig und allein über Macht definiert. Wer die meiste Macht besitzt, gibt den Maßstab vor – die Mittel, die die Macht bedingen, wechseln; manchmal ist der Mächtige der »Kräftigere«, der mit einem bestimmten Geschlecht, den meisten Beziehungen, mit dem größten Besitz, mit einem speziellen Wissen, und manchmal ist der Mächtige auch der Ohnmächtigste mit den wenigsten Beziehungen, mit dem geringsten Besitz, mit einem anderen Geschlecht und mit einem anderen Wissen.

»Es hat lange gebraucht, bis ich verstanden habe«, sagte ein Mann, der aufgrund eines beruflichen Konflikts in die Beratung kam, »dass die Überlegenheit, die ich gefühlt habe, wenn ich meinen Mitarbeitern den Respekt verweigert habe, ein Ausdruck von tiefster Kleinheit in mir selbst war. Ich bewegte mich in dem System, das ich von meinem Vater gelernt hatte: Das eigene Ich existiert nur durch Leistung. Ich hatte kein Gefühl für mich selbst außerhalb dessen, was ich tat und besaß. Ich war meine Meinung, ich war meine Karriere, ich war mein Besitz. Ich selbst beruhte auf einem Gedankenkonstrukt.«

»Ich war lange der Meinung«, sagte eine Frau, »dass ich durch meine Respektlosigkeit meinem Mann all den Schmerz zurückgeben könnte, den er bei mir angerichtet hat. Ich fühlte mich richtig gut, ihn zu verletzen – bis ich irgendwann spürte, dass meine Verletzung dadurch nicht weniger wurde. Im Gegenteil. Es war, als hätte ich jahrelang den falschen Muskel in mir trainiert.«

Ich erkenne jede der Beziehungen, die ich führe, als die an, die sie ist, und dementsprechend begegne ich meinem Gegenüber. Halten wir diese Grenzen nicht ein, kommt es früher oder später zur Erschöpfung – entweder der jeweiligen Beziehungspartner oder auch der Beziehung an sich.

Die Entscheidung für den Dialog ist eine grundsätzliche Abwendung von der Destruktivität und eine Hinwendung zum Leben.

Es bedeutet die grundsätzliche Entscheidung, auch dort stark zu bleiben, wo die Schwäche mir gegenüber überwiegt. Gerade dort die Würde zu bewahren, wo sie mir gegenüber verloren geht.

Damit uns dies gelingt, braucht es die Augenhöhe anzuerkennen, dass menschliche Grundwerte nicht an Bedingungen geknüpft werden können, und die Selbsterkenntnis, dass ich mich in meiner Bedeutung und in dem, wer ich bin, zutiefst verkenne, sobald ich dies tue.

Dies erfordert den Respekt, dass ich das Leben in seiner Ordnung erkenne, die über mich selbst hinaus besteht, und ich nicht das Recht besitze, diese Ordnung zu stören.

ÜBUNG

Tägliche Selbststärkung durch Respekt

Machen Sie sich das Gefühl von Respekt bewusst und die Kraft, die diesem zugrunde liegt: Erinnern Sie sich dafür an eine Situation, in der Sie den Respekt vor einer Person verloren haben. Fühlen Sie, wie es sich anfühlt, den Respekt zu verlieren. Beschreiben Sie das Gefühl und die damit verbundene Qualität. Wo in Ihrem Körper spüren Sie etwas, wenn Sie den Respekt verlieren? Und nun erinnern Sie sich einer Situation oder Person, die Sie respektieren. Wie fühlt sich dieses Gefühl an? Wo liegt der Unterschied?

Reflektieren Sie nun konkret, wo und wem gegenüber Sie begonnen haben, den Respekt zu verlieren. Machen Sie sich bewusst, wie Sie sich dabei gefühlt haben, und hinterfragen Sie bitte, auf welcher Grundlage Sie gefühlt haben. War es Ihre eigene Verletzung? War es Ihr fehlendes Gefühl für sich selbst und für das, wer Sie tatsächlich sind? Erinnern Sie sich ebenfalls an Momente, wo Sie bewusst Respekt gelebt haben. Wie hat sich dies für Sie angefühlt? Lernen Sie diese beiden Ebenen

zu differenzieren und üben Sie bewusst im Alltag dort den Respekt, wo Sie spüren, dass er Ihnen verloren gegangen ist.
Bitte nehmen Sie sich jeden Morgen zehn Minuten, in denen Sie bewusst den Respekt üben. Üben Sie aktiv, gerade denjenigen den Respekt entgegenzubringen, bei denen Sie ein Unwohlsein, Störungen, Konflikte spüren. Respektieren Sie diejenigen, von denen Sie selbst Respekt erwarten.

Dialog und Social Media

Vor einiger Zeit wurde ich für einen Vortrag angefragt. Das Thema lautete »Die wachsende Vereinsamung in den sozialen Netzwerken«. Man bat mich, etwas zu dem Thema digitaler Burnout zu sagen, verbunden mit der Frage, was eigentlich gesunde Beziehung ausmacht.

Die sozialen Netzwerke bestimmen mittlerweile nicht nur maßgeblich die Kultur unseres Miteinanders, sondern sind auch gleichzeitig zu dessen Symptom geworden.

Auch hier vermischen sich die Beziehungsebenen. Auch hier lösen sich die wesentlichen Grenzen auf: Die Grenze zwischen richtiger Nähe und Distanz, die Grenze zwischen Ich und Du (und Wir), die Grenzen des Respekts, die Grenzen des Augenmaßes. Gleichzeitig findet eine Verschiebung statt – die Offenheit, die im unmittelbaren Gegenüber häufig fehlt und damit verbunden auch eine echte Nähe, scheint auf virtueller Ebene lösbar. So wird mittlerweile selbstverständlich die eigene Privatsphäre in einem Umfang veröffentlicht, wie es sonst nur in privater, persönlicher Begegnung stattfindet. Echte Intimität, die nur auf Grundlage von Dialog, ehrlichem Interesse am Gegenüber und der wesentlichen Übereinstimmung der Beteiligten entsteht, wechselt zur anonymen Intimität zwischen Unbeteiligten. Dies wirkt sich sowohl auf den Einzelnen wie auch auf das Miteinander aus. Ein Dialog ist dort nur selten zu finden. Im

Zentrum steht das Ich auf der Suche nach seinem eigenen Wert, das mit fremden (und fremd bleibenden) – möglichst vielen – Du versucht, ein Wir zu gründen. Das geht umso sicherer schief, wenn das Du die alleinige Funktion hat, das Ich zu bestätigen, und das Wir als Synonym für Bestätigung steht. Die gegenseitigen Abhängigkeiten, die dabei entstehen, sind immens, und das Gegenteil von dem, was gewünscht wird, tritt ein. Es führt nicht nur zu einer persönlichen Vernichtung und tiefen Kränkung, wenn die Bestätigung verweigert wird, sondern auch zu einer Abflachung der Kultur des Miteinanders. Wertschätzung und Anerkennung werden genauso inhaltsleer wie Beschimpfungen oder Abwertungen. »Tust du nicht das, was mir gefällt, dann folgt die Abwertung.« Die innere Abwertung sich selbst gegenüber, wenn keine äußere Reaktion kommt, die äußere, wenn die falsche Aktion stattfindet. Die Tiefe der Vernichtung wird durch die Identität und den Selbstwert des Einzelnen bestimmt; je weniger beides vorhanden ist, je mehr die Augenhöhe fehlt, umso tiefer ist die gefühlte Enttäuschung und Kränkung.

So berichtete ein Klient vor einiger Zeit Folgendes: »Als ich diesen Kommentar gelesen hatte, da stürzte ich erst einmal ins Bodenlose. Es war die reinste Vernichtung in mir.«

»Ich überlegte«, berichtete eine Frau, »gar nichts mehr zu posten, nachdem ich beim letzten Mal nur fünf Likes unter meinem Post hatte. So etwas gab es noch nie.«

Beide stellten sich selbst existenziell in Frage. Beide waren »zwei Tage lang schlecht drauf«.

»Sind Sie dieser Person schon einmal persönlich begegnet, die diesen Kommentar geschrieben hatte?«, fragte ich den Mann. »Natürlich nicht!«, sagte er. »Und haben Sie sich einmal gefragt, warum Sie dies so berührt?« »Nein«, erwiderte er. »Eigentlich total, verrückt oder? Aber es tut es!«

Wenn wir uns die Frage nach gesunder Beziehung stellen, dann betrifft das auch unser Beziehungsverhalten in den sozialen Netzwerken. Solange wir Beziehung auf Grundlage von Bestätigung leben, fördern wir Abhängigkeiten. Messen wir an der Anzahl von

Likes den eigenen Wert, suchen wir in Quantität die Qualität. Gestalten wir das vermeintliche Miteinander unter dem Aspekt der Funktion, schwächen wir unsere wesentliche Identität.

Wollen wir gesund werden, brauchen wir auch gesunde Beziehung im Netz, das bedeutet auch hier die Herstellung eines dialogischen Gleichgewichts. Auch wenn die virtuelle Begegnung niemals die persönliche Begegnung ersetzen kann, so kann durch eine Kultur des Dialogs das Miteinander im Netz eine andere Ebene erreichen. Was könnte auch virtuell entstehen, wenn wir uns von der funktionalen Beziehungsebene verabschieden und an echter Begegnung und Wachstum interessiert sind? Was könnte auf menschlicher Seite entstehen – was aber auch inhaltlich? Was könnte gemeinsam entwickelt werden, wenn wir um der Sache willen miteinander in den Dialog treten und nicht mehr für die eigene Selbstbestätigung oder auf der Suche nach Sündenböcken und Blitzableitern für persönliche Schräglagen? Mit Interesse und Offenheit, Einfühlung und Mitgefühl, Augenhöhe und Respekt und Wertschätzung. Ich. Du. Wir. Mit der richtigen Nähe und der notwendigen Distanz.

Wie dies konkret aussehen kann, wird miteinander auszugestalten und zu entwickeln sein. Damit diese Kultur eine genauso Wesentliche werden kann, gilt es jedoch auch, das Wesen der virtuellen Welt anzuerkennen und dort nicht eine Form von Beziehung und Nähe leben zu wollen, die nur in der realen Welt möglich ist.

SELBSTREFLEXION

Social-Media-Guideline

Wie wäre es, wenn Sie beginnen würden, auch in Ihren sozialen Netzwerken den Dialog zu leben?

Entscheiden Sie für sich, welche Atmosphäre Sie prägen wollen – wollen Sie Begegnung und Austausch oder Bewertung und Ich-Zentrierung? Definieren Sie dafür für sich, worum es Ihnen in diesen Beziehungen geht.

Will ich mich bejubeln lassen, um mich wie ein Kaiser zu fühlen? Geht es mir um Bestätigung dessen, was ich tue, oder bin ich an einem echten Austausch interessiert?
Bewahre ich die Augenhöhe und den Respekt auch dort, wo mir dieser nicht entgegengebracht wird, wo er fehlt oder wo ich anderer Meinung bin?

Augenhöhe in Hierarchien – auf Augenhöhe dem System gegenüber

Kürzlich sagte ein junger Mann zu mir: »Früher oder später werden die Hierarchien durch New Work sowieso alle aufgelöst werden.« Als ich fragte, warum er dieser Meinung sei, war seine Antwort: »Weil dort keine Augenhöhe herrscht, weil ich mich weder gegen meinen Willen dominieren noch erniedrigen lassen will. Sie sagen doch auch immer, dass wir Augenhöhe brauchen. Schauen Sie sich in den Hierarchien doch mal nach Augenhöhe um – ich sehe dort nichts als Missbrauch!« »Aber wer sagt denn, dass in Hierarchien missbraucht und erniedrigt werden muss?«, fragte ich zurück. »Nur weil gestörte und manchmal auch verstörte Menschen in Führungspositionen sind und das System für die eigene Ohnmacht missbrauchen, muss das System an sich doch nicht grundsätzlich falsch sein. Wie wäre es vielmehr, grundsätzlich dafür zu sorgen, dass gesunde Menschen in verantwortlichen Positionen eingesetzt werden – wäre das nicht das, was Leadership ausmacht? Überlegen Sie doch einmal, was es bedeuten würde, wenn ausschließlich gesunde, dialogfähige Persönlichkeiten in Entscheidungspositionen sitzen würden. Menschen, die ein gesundes Ich besitzen und auf dieser Grundlage fähig und willens zum Du und zum Wir sind. Personen, denen es nicht darum geht, das Sagen zu haben, diese Rolle aber gerade deswegen, nämlich um der Sache und der Menschen willen, ausfüllen. Das setzt natürlich wiederum auch Menschen voraus, die stark genug und auf Augenhöhe sind, das

Sagen anderer zu akzeptieren – in dem Selbstbewusstsein, dass niemand über mich bestimmen kann, wenn ich selbst es nicht will.«

Damit ein System gesund wird oder bleibt, braucht es auf allen Ebenen Augenhöhe. Sie kann kein Alleinstellungsmerkmal derjenigen sein, die in verantwortlichen Positionen sind, sondern muss auch eine notwendige Voraussetzung derer sein, die nicht in der Führung sind. Wenn ich Teams berate, die von ihren Führungskräften zum Teil völlig verbrannt worden sind, dann fehlt diesen Teams immer auch die eigene Augenhöhe. »Ich wollte nicht das schwarze Schaf sein«, »Mir gefiel es, gelobt zu werden«, »Ich hatte Angst, dass er mich fallen lässt«, »Ich hatte Angst, dass er mich nicht mehr mag«, »Wir wollten das beste Team werden«. So oder ähnlich lauteten die Aussagen der Betroffenen, die entweder kein eigenes Ich besaßen oder bereit waren, dieses aufzugeben und sich so durch die Führung missbrauchen ließen. Die eigene Augenhöhe und die damit verbundene Fähigkeit, sich selbst in den wesentlichen Grenzen zu vertreten, sind in jedem System Voraussetzung für die Gesundheit. Wird Hierarchie darin missverstanden, dass die Entscheidungsgewalt über sich selbst abgegeben wird, wird die Saat für zukünftiges Scheitern gelegt. Die Verantwortung über mich selbst bleibt bei mir, ebenso wie meine Entscheidung darüber, welche Entscheidungen ich treffe und welchen Werten ich folge. Die Aufgabe des eigenen Ichs ist das gleiche »Verbrechen« wie der Missbrauch des Gegenübers.

Erst wenn wir das krankende System der Hierarchie unter diesen beiden Aspekten betrachten, können wir erkennen, was es für die Gesundung des Systems braucht, an der jeder Einzelne notwendig beteiligt ist.

Grundsätzlich ist das Thema Augenhöhe der häufigste Konfliktherd in der Arbeit mit Teams – sowohl in klassischen Hierarchien wie in agilen Teams. Der Konflikt liegt jedoch nicht nur im fehlenden oder missbrauchenden Ich begründet, sondern auch in der fehlenden Bereitschaft, Realitäten anzuerkennen. Kommt man auf den Ursprung der entstandenen Konflikte und Kämpfe rund um das Thema Augenhöhe zurück, dann geht es im Kern immer darum, »wer das Sagen hat«.

Augenhöhe bedeutet auch in Systemen, die Realitäten anzuerkennen. In der klassischen Hierarchie ist die Realität wie folgt definiert: Derjenige, der »oben« steht, entscheidet am Ende, wo es langgeht.

»Aber wenn ich weiß, dass unser Chef einen Fehler macht«, sagte kürzlich eine junge Führungskraft, »und unser Unternehmen gegen die Wand fährt, dann muss ich ihm das doch sagen.«

Ja, aber dann auch akzeptieren, dass der Chef anderer Meinung ist und dementsprechend handelt. Genauso wie der Chef das Risiko trägt und die Verantwortung für die mögliche Fehlentscheidung übernimmt – und diese nicht seinen Mitarbeitern vorwirft.

Augenhöhe in Hierarchien bedeutet, sich auf Grundlage klarer Rollendefinition im Dialog zu begegnen – in Anerkennung der Hierarchien. Das heißt, jeder entscheidet für sich selbst und gemeinsam im Dialog auf Augenhöhe, ob es genügend Übereinstimmung gibt mit dem System, den Vorgesetzten, den Kollegen und seiner inhaltlichen Tätigkeit, sodass das dialogische Gleichgewicht gegeben und ein Wir möglich ist. Dies bedeutet immer auch die Bereitschaft, die eigene Komfortzone zu verlassen – ist meine Integrität jedoch bedroht, muss ich das System verlassen.

Viele scheuen sich sowohl vor der einen wie vor der anderen Konsequenz, verlieren die Augenhöhe – erst vor den Realitäten und dann voreinander –, und dann kommt es zu subtilen Machtkämpfen, wobei Verantwortlichkeiten hin und her geschoben werden, die an sich sehr klar sind.

Wenn Realitäten innerhalb von Systemen bekämpft werden, kann das System nicht für die Sache, für die es steht, wirksam sein und die Personen erschöpfen sich aneinander und miteinander.

Insofern ist es zentral, sich immer auch das System, in das ich mich begebe, in seinen Bedingungen anzuschauen: Stimme ich mit der Hierarchie überein, mit der Art der Unternehmenskultur, die dort herrscht? Wenn ja, dann kann ich mich im Nachhinein nicht darüber beschweren oder beginnen, dies zu bekämpfen. Ich kann entweder im Dialog das System konstruktiv direkt in Frage stellen – und wenn es keine Lösung gibt, muss ich es verlassen. Konstruktiv in Frage stellen bedeutet anzuerkennen, dass demokratische Systeme niemals dem Einzelnen, sondern der Gesamtheit dienen. Die Einsicht, dass ich ein Teil der Gesamtheit bin, ist Grundlage für die konstruktive Infragestellung des Ganzen.

Hierarchieversagen wegen fehlender Augenhöhe

Augenhöhe in Hierarchien bedeutet anzuerkennen, dass derjenige, der in der Entscheidungs- oder Führungsposition ist, am Ende das Sagen hat. Es bedeutet aber nicht, dass Sie sich selbst aufgeben oder dass Sie sich unterwerfen. Hierarchien auf Augenhöhe zu begegnen bedeutet, dem System auf Augenhöhe zuzustimmen – nicht weil Sie müssen, sondern weil Sie wollen.

> *Gesundheit in Hierarchien bedeutet: eine dialogfähige Führungskraft auf Augenhöhe, die fähig ist zum Ich, Du und zum Wir – sowie dialogfähige Mitarbeiter, die fähig zu gesunden Kompromissen sind und frei entscheiden, das System zu verlassen, wenn die eigene Integrität verletzt wird.*

Das können Sie allerdings nur, wenn Sie sich selbst auf Augenhöhe begegnen, wenn Sie sich Ihrer selbst sicher sind, wenn Sie für sich selbst stehen können und mündig sind. Dann können Sie das Vertrauen haben, eine Grenze zu setzen, wenn Ihre Integrität verletzt wird. Wenn Sie zustimmen, dass der andere Entscheidungen trifft, dann können Sie das nur, wenn Sie wissen, dass Sie über sich selbst immer die letzte Entscheidungsgewalt haben.

Hinter den Kämpfen um das Sagen-Haben stecken, ob beruflich oder auch privat, immer unverarbeitete Verletzungen und ein damit verbundenes fehlendes Ich sowie fehlende Augenhöhe sich selbst gegenüber, was dazu führt, dass ich andere bestimmen und unterwerfen bzw. permanent meine Grenzen verteidigen und abstecken muss. Je stärker die eigene Identität, umso weniger müssen

Grenzen »abgesteckt« werden, sondern werden umso selbstverständlicher verkörpert. Fehlt Augenhöhe, befinden Sie sich in dem System von Macht und Ohnmacht – mit wechselnden Rollen. Findet das in einem System statt, wo Hierarchien festgelegt sind, ist die fehlende Augenhöhe umso gefährlicher.

Fehlt Augenhöhe, befinden Sie sich in dem System von Macht und Ohnmacht – mit wechselnden Rollen. Findet dies in einem System statt, wo Hierarchien festgelegt sind, ist die fehlende Augenhöhe umso gefährlicher.

Wie fehlende Augenhöhe in der Führung Erde verbrennt

Doch auch im erwachsenen Alltag führt fehlende Augenhöhe häufig zu massiven Wunden – mit allen damit verbundenen negativen Überzeugungen und Ängsten, Enttäuschungen und weiteren Emotionen, die sich auch auf das System auswirken. Das gilt für jeden Bereich.

»Verbrennt« eine Führungskraft »die Erde«, dann ist die Erde nicht automatisch mit ihrem Weggang wieder frucht- und bebaubar. Im Gegenteil: Der Geist der verbrannten Erde bleibt nicht nur in den Betroffenen, sondern auch im System »hängen« – so lange, bis die Verletzungen von den Zurückgebliebenen geheilt werden und das System wieder gesund werden kann.

Kürzlich beriet ich ein Team, das durch den Weggang der Führungskraft für einige Zeit führungslos war und sich neu organisierte. Es buchte einige Workshops, um die verbrannte Erde, welche die Führung hinterlassen hatte, zu beseitigen und sich neu aufzustellen. Dabei ging es auch darum, wie mit der zukünftigen Führung umzugehen wäre. Einige Teammitglieder wollten keine Führung mehr, sondern lieber ein Beraternetzwerk bilden. Aus der Erfahrung der Verletzung und Erniedrigung ballte sich nun eine Kraft der Autonomie.

»Was machen Sie«, fragte ich, »wenn die Unternehmensführung aber entscheidet, dass es eine Führungskraft geben soll?«

»Dann können wir nichts machen«, war die Antwort, »dann müssen wir das akzeptieren.«

»Das heißt«, fragte ich nach, »Sie würden die neue Führung dann akzeptieren?«

Die Antworten, die dann kamen, stehen stellvertretend für Teams, in denen ein Verlust der Augenhöhe stattgefunden hat und wo auf dieser Grundlage begonnen wird »herumzueiern«, wo angefangen wird, zweigleisig zu fahren, und der Kampf um das Sagen beginnt.

»Ich schaue mal, wer die Führung ist«, sagte ein Teammitglied, »und dann entscheide ich, ob ich die Führung akzeptiere. Wir haben selbst genügend Kompetenzen – da brauchen wir schon jemanden, der weiß, was er tut, und wenn das der Fall ist, dann akzeptieren wir ihn.«

»Ich kann nur jemanden akzeptieren, der weiß, was er tut – und das überprüfe ich erst einmal«, war eine weitere Aussage.

Das Ganze wurde abschließend mit der Aussage des jungen Praktikanten gekrönt, der sagte: »Ich finde, es ist ein Ausdruck von Selbstbewusstsein, wenn man Führung nicht sofort akzeptiert.«

Augenhöhe in Hierarchien bedeutet zunächst anzuerkennen, dass ich – wenn ich mich für dieses System entscheide – akzeptiere, wenn am Ende die Führung das Sagen hat.

Die Führung hatte durch ihre fehlende Augenhöhe in diesem Fall ganze Arbeit geleistet – und zwar die Erde so verbrannt, dass Vertrauensverlust zu einem neuen Wert erklärt wurde. Dem Team war gar nicht bewusst, wie sehr es sich mit der negativen Erfahrung, die es um jeden Preis in Zukunft vermeiden wollte, identifiziert hatte und das, was es nicht wollte, nun umgekehrt selbst vertrat.

Das System, in dem man sich befindet, nur unter bestimmten Bedingungen zu akzeptieren und sich selbst dabei als Maßstab für die Akzeptanz zu nehmen, ist ein typischer Ausdruck von verlorener Augenhöhe in Teams und führt zu unnötigen, aussichtslosen und endlosen Kämpfen in Unternehmen, bei denen sich nicht nur alle Beteiligten, sondern auch das System erschöpft.

Anstatt Führungsfehler aufzuarbeiten und die Augenhöhe wiederherzustellen, wird in vielen Fällen die Lösung in einem weiteren Verlust von Augenhöhe gesehen: Diejenigen, die ausgebeutet wurden, gehen nun in die Verweigerung. Die durch die alte Führung vergiftete Atmosphäre führt zu einer Vorverurteilung der neuen Führung und nicht selten zu einer Chancenlosigkeit.

> *Die Akzeptanz der Führung an Bedingungen zu knüpfen, bringt von Anfang an eine Störung in das System und in die Beziehung – und ist nichts anderes, als wenn eine Führung sich selbst zum Maßstab für die Mitarbeiter macht. In beiden Fällen fehlt die Dialogfähigkeit.*

Glücklicherweise entschied sich dieses Team für den Weg, die Augenhöhe wiederherzustellen. Das bedeutete, sich den tiefen Verletzungen zu stellen, die die Führungskraft durch fehlende Augenhöhe angerichtet hatte, und sie zu heilen. Das Team sprach die Demütigungen, die stattgefunden hatten, offen an, die Alleingänge der Führung auf Kosten des Teams und den Missbrauch, das eigene Ich zum Maßstab für das Team gemacht und es ausgebeutet zu haben.

Die Augenhöhe diesem Geschehen gegenüber einzunehmen, bedeutete, die schmerzhafte Realität anzuerkennen und offen zu benennen. Dazu gehörte auch, die Frage nach der eigenen Augenhöhe zu beantworten. Die Frage nach der eigenen Identität als Team, die Antwort auf die Frage, wie es sein konnte, dass das Team sich so hatte ausbeuten und auch spalten lassen – die Frage nach der eigenen, persönlichen Augenhöhe »Autoritäten gegenüber«, der eigenen Augenhöhe gegenüber dem Selbstwert – und die Frage nach dem System, das diese fehlende Augenhöhe ermöglichte. Am Ende des Prozesses war das dialogische Gleichgewicht auf allen Ebenen hergestellt. Zwei der Teammitglieder entschieden sich am Ende, das System zu verlassen – allerdings nicht wütend oder gekränkt, sondern auf Augenhöhe, in Anerkennung, dass es nicht genügend Übereinstimmung für ein Wir gab. Die anderen Teammitglieder entschieden sich mit einem neuen Selbstbewusstsein zu bleiben. Sie sahen in dem gemeinsamen Dialog genug Grundlage, der neuen Führungskraft offen auf Augenhöhe zu begegnen und mit ihr in den Dialog über ein Wir zu treten.

Wie jahrzehntelange bzw. jahrhundertelange fehlende Augenhöhe und damit verbundene Diskriminierungen bis heute massiv wirken und unser Miteinander auf harte Zerreißproben stellen, sehen wir unter anderem auch in den gesellschaftlichen Systemen. Gerade in der heutigen Zeit, in der die Spaltungen wachsen, ist es unser aller Verantwortung, für das dialogische Gleichgewicht zu sorgen und in gemeinsamer Augenhöhe die Wunden der Vergangenheit zu heilen. Solange wir weiter gegenseitig die Augenhöhe verlieren, verstärken wir die Wunden und verlängern die Zeit der Heilung.

Der Alltag in Unternehmen

»Ich vertraue mich Ihnen im Einzelgespräch an«, sagte eine Frau während eines Teambuilding-Prozesses, »aber wenn wir im Workshop zusammensitzen, werde ich diese Punkte nicht ansprechen. Ich habe zu lange und zu oft die Erfahrung gemacht, dass Offenheit hier bei uns verliert. Wer offen seine Meinung sagt, wird kleingemacht. Ich stehe das kein weiteres Mal durch – und ich habe zwei Kinder zu versorgen.«

»Wollen Sie denn gute Miene zum bösen Spiel machen?«, fragte ich, und die Antwort war: »Was soll ich denn machen? Ich weiß, die ehrlichste Alternative ist zu gehen – doch wovon soll ich dann meine Kinder ernähren?«

Ich beschreibe Ihnen an dieser Stelle dieses Erlebnis, weil mir dieser Zwiespalt, in dem sich die Frau befand, immer wieder in Unternehmen begegnet – aber auch in meiner Praxis, wenn Menschen in die Beratung kommen, weil sie innerhalb eines Systems krank geworden sind, da es ihnen nicht gelingt, entweder das System zu verlassen oder im Dialog wieder zu einem Wir zu finden.

Wenn der Dialog verloren geht und einzelne Elemente nicht eingehalten werden, wird die Atmosphäre immer vergifteter. Je länger diese Atmosphäre herrscht, umso kränker werden das System und die Menschen, die sich darin befinden.

Mir begegnet in diesen Situationen immer wieder der Impuls der Betroffenen, sich schweigend zurückzuziehen. Einige wenige gehen, nachdem die direkte Gegenwehr nichts gebracht hat, in die versteckte Rebellion. Sie beginnen, sich hintenherum zu rächen und im Untergrund zu wirken – was das gegenseitige Misstrauen und die Vergiftung jedoch nur weiter verstärkt. Die Mehrzahl leidet jedoch still vor sich hin, ist in ihrer Kreativität und Motivation gehemmt, häufig innerlich von Angst besetzt und im Außen bemüht, die Funktion einzuhalten. Anstatt den Dialog zu suchen und entweder die Situation zu klären oder aber sie zu verlassen, wird sich als vermeintliche Lösung »selbst unterdrückt«. Die allgemeine Atmosphäre ist »gelähmt«, die Innovation und die Wettbewerbsfähigkeit des Unternehmens beginnen zu leiden.

»Ich habe mich damit abgefunden«, sagte ein Manager während einer Kulturanalyse, »in diesem Unternehmen kann man nur als Silo wirken.«

»Wenn Sie mir vor ein paar Jahren begegnet wären und diese Fragen gestellt hätten«, sagte ein anderer, »dann hätte ich noch ganz anders geantwortet – ich hätte viel mehr gekämpft und offen das geäußert, was ich sehe. Jetzt spare ich meine Kräfte und warte ab – es dauert ja nur noch zwei Jahre, bis unser Chef geht.«

Augenhöhe ist ein zentraler Aspekt, damit wir gesund bleiben – gerade dort, wo um uns herum das Ungesunde wirkt.

Wenn wir uns in einem kranken System – ob beruflich oder auch familiär – den ungesunden Bedingungen anpassen, verlieren wir nicht nur die Augenhöhe uns selbst gegenüber, sondern auch den Blick für das Gesunde. Wir fördern die Krankheit des Systems und laufen Gefahr, irgendwann selbst krank zu werden.

»Ich warte ab, bis unsere Kinder aus dem Haus sind«, sagte ein Mann, »dann trenne ich mich.« – »Es sind ja nur noch wenige Jahre, bis der Chef weg ist «

»Und bis dahin?«

»Bis dahin suche ich mir eine Affäre und schöpfe Kraft aus meinem Hobby.« – »Warten wir ab und lassen unseren Chef reden.«

»Ich war so weit unten«, sagte ein Mann, »dass ich gar nicht mehr mitbekommen habe, was ich mir jahrelang eigentlich selbst angetan habe. Ich war so verletzt und darüber so resigniert, dass ich mir einredete, dass Aussitzen und Abwarten die beste Lösung sei. Ich habe mich immer weiter selbst erniedrigt, ohne das zu merken, und wunderte mich, warum ich mich immer minderwertiger fühlte. Ich habe Jahre meines Lebens verloren, die mir niemand mehr zurückgeben kann.«

Fehlender Respekt und fehlende Augenhöhe machen krank – zunächst das Miteinander und dann die Beteiligten.

»Dieses Gefühl, sage ich Ihnen, sitzt mir noch immer tief in den Knochen«, sagte eine Klientin. »Sich zu fügen, wo Sie mal für etwas anderes eingetreten sind – das vergiftet einen Menschen. Es vergiftet und macht alt. Im Denken und im Fühlen.«

Wir können nur gesund, erfüllt und auch erfolgreich sein, wenn wir grundsätzlich bereit sind, uns für das Gesunde zu entscheiden und bereit sind für die damit verbundenen Konsequenzen.

Das gilt sowohl für das berufliche System, das Unternehmen, aber auch für unsere privaten Systeme wie Familie, Partnerschaft und Freundschaft.

Ich erlebe immer wieder Führungskräfte, die mit ihrer Position ihre Dialogschwäche zu lösen versuchen. Der menschliche wie wirtschaftliche Schaden, der dadurch entsteht, wird nach wie vor unterschätzt. Im Sinne der Gesundheit aller sollte der Dialog Selbstverständnis und Pflicht für diejenigen sein, die in Führungspositionen sind.

Das bedeutet, dass es nur zwei Möglichkeiten gibt: Ich sorge aktiv dafür, dass ich genügend Übereinstimmung mit dem Du (Person, Situation, System) für ein Wir finde – und wenn dies nicht möglich ist, gehe ich. Gibt es nicht genügend wesentliche Übereinstimmung für ein Wir oder überwiegt das Kranke das Gesunde – dann muss ich das System verlassen, und zwar rechtzeitig.

Das schließt natürlich immer meine Kompromissfähigkeit mit ein – die Bereitschaft, meine Komfortzone zu verlassen und dabei auch, wenn nötig, auf Dinge zu verzichten. Der Verzicht endet jedoch an dem Punkt, wo es für mich wesentlich wird. Wo es um meine Integrität geht. Diese kann ich nicht aufgeben. Dazu gehört auf der einen Seite meine individuelle Integrität, die mein Wesen für mich definiert, sowie die allgemeine menschliche Integrität. Letzteres ist die Kultur des Dialogs und das Selbstverständnis von Augenhöhe, Respekt und Wertschätzung, das dialogische Gleichgewicht zwischen Nehmen und Geben. Verzichte ich auf mich selbst wie auf den Dialog, beginne ich auf das zu verzichten, was gesundes Leben ausmacht.

SELBSTREFLEXION
Befinde ich mich in meinen Beziehungen im dialogischen Gleichgewicht? Gibt es Systeme, in denen ich begonnen habe, mich zurückzuziehen und selbst zu unterdrücken?

Wertschätzung und Liebe

Der Dialog ist die Aufforderung zur Wahrhaftigkeit – und der Ausdruck von wahrhaftiger Liebe.

»Ob wir eine Kultur der Wertschätzung leben?« Im Team machte sich gespielte Heiterkeit breit: »Lassen Sie uns mal unseren Chef zitieren: ›Dass ich nicht meckere, ist Wertschätzung genug.‹«

Die Liebe ist die stärkste Kraft, die uns zur Verfügung steht.

»Wertschätzung?«, stöhnte ein Abteilungsleiter während eines Seminars. »Gehen Sie mir weg mit diesem

Wort. Das ist mittlerweile für mich ein Hass-Wort geworden. Sobald etwas nicht passt, wird über fehlende Wertschätzung gejammert.«

Wenn Sie Menschen fragen, was sie in ihrem Handeln und in ihren Beziehungen motiviert, dann ist die Antwort der meisten: »Angenommen und geliebt zu werden.«

Im eigenen Wesen und Wert erkannt und geschätzt zu werden, legt das Fundament für ein gesundes Leben und für erfüllte Beziehung.

Erst wenn ich erkenne, wer der andere tatsächlich ist und ihn um seiner Selbst Willen schätze und liebe – und ich dies ebenso erfahre, ist die Grundlage für eine erfüllte und glückliche Beziehung geschaffen. Dies gilt für private wie für berufliche Beziehungen wie für jedes gesellschaftliche und soziale Miteinander. Je mehr Wertschätzung und Liebe in Beziehung jedoch fehlen, umso wertloser wird diese.

Einen anderen Menschen zu lieben, setzt voraus, dass ich bei mir selbst bin. Solange ich fern von mir selbst liebe, ist meine Liebe an Bedingung geknüpft und am Ende darauf ausgerichtet, mich mir selbst näher zu bringen. Wahre Liebe ist bedingungslos – sie findet ihren Ursprung im eigenen Wesen und ihre Antwort im Wesen des Gegenübers.

Die Liebe ist das Fundament jeder wesentlichen Begegnung, aus ihr entspringt das Interesse, die Offenheit, die Empathie wie die Augenhöhe und der Respekt. Die Liebe lässt Sie sehen, was ist, ohne zu zerstören und ohne dabei zerstört zu werden. Sie lässt Sie im Wesentlichen bleiben und handeln und ermöglicht Ihnen das Erkennen und richtige Setzen von notwendigen Grenzen. Solange Sie auf der Ebene der Liebe handeln, bleiben Sie im Gesunden und Lebendigen, schaffen den Nährboden für Wachstum und Entwicklung und befinden sich auf der Ebene der Heilung.

Die Liebe trägt uns nicht nur in unseren Beziehungen, sondern sie ist zentral für ein erfolgreiches und erfülltes Handeln und Leben.

»Die Liebe zu meinem Beruf hat mich durch meine berufliche Krise getragen«, berichtete eine Frau. »Sie hilft mir, die Qualität zu halten und mich in dem, was ich tue, weiterzuentwickeln. Würde ich nicht lieben, was ich tue – ich würde niemals die Kraft haben, all das zu bewirken.«

»Es war meine Liebe zum Leben und die Liebe zu meiner Frau, die mich ihren Tod hat tragen und weiterleben lassen«, sagte ein Mann. »Ohne die Liebe hätte ich diesen Verlust nicht tragen können.«

Je funktionaler wir nach Liebe suchen, umso mehr verlieren wir das Wissen über das, was Liebe ist.

Wahre Liebe?

Vor einiger Zeit kam ein Mann in die Beratung. Anlass war, dass er einige Baustellen in seinem Leben »aufräumen« wollte. »Ich habe viele Menschen vor den Kopf gestoßen und zum Teil tief verletzt«, berichtete er, »und ich habe das getan, weil ich nicht fähig bin, wirklich zu lieben. Ich schaffe es nicht. In mir ist eine zu große Härte.«

»Ich habe Angst davor zu lieben«, sagte eine Frau. »Sobald es nah wird, trenne ich mich.«

»Ich würde mir so sehr wünschen, endlich die Liebe meines Lebens zu finden«, sagte eine andere Frau, »nun habe ich so viele Enttäuschungen hinter mir, es muss doch irgendwann möglich sein!«

Wie geht Liebe? Gibt es einen Handlungsleitfaden für die Liebe?

Kann man das Gefühl lernen, nach dem sich die Welt sehnt? Und ist es nur ein Gefühl oder ist es mehr als das?

So, wie der Dialog eine innere Entscheidung ist, so ist auch die Liebe eine Entscheidung, die im eigenen Inneren beginnt.

Die Liebe im Außen zu finden, bedeutet, sie zunächst in sich selbst gefunden zu haben.

Eine Antwort auf die Suche nach Liebe schließt immer das Bewusstsein darüber ein, dass wir diese vom Anfang unseres Lebens an in uns tragen und in den ersten Jahren unseres Lebens zu leben lernen. Die Liebe eines Kindes ist bedingungslos – erfährt es von seinen Eltern von Beginn an die gleiche Antwort, dann kann es in diesem Dialog zu seiner Liebe finden und für sein Leben eine tiefe Liebesfähigkeit entwickeln.

Je weniger ein Mensch jedoch von Beginn seines Lebens an Liebe erfahren hat, umso gekränkter wird er. Je gekränkter er ist, umso weniger spürt er seinen Wert und umso weniger spürt er die Liebe in sich.

Viele Menschen befinden sich auf der Ebene der Kränkung, ohne dass ihnen dies bewusst zugänglich ist. Dies führt dazu, dass die Kränkung den Blick für die Liebe verhindert und entweder im Außen Liebe gesucht und gefunden wird, wo sie nicht existiert, oder der Liebe gegenüber ablehnend geblieben wird.

Wenn auf diesem Boden dann Wertschätzung und Liebe gefordert werden, dann ist diese Forderung immer mit Destruktivität verbunden – und führt meist zu weiteren Verletzungen. Dies wird im privaten, im beruflichen und auch im gesellschaftlichen Miteinander deutlich. Die Destruktivität zeigt sich darin, dass die Forderung mit Vorwurf und Kampf verbunden und gleichzeitig unmöglich zu erfüllen ist. Kommt das Gegenüber der geforderten Wertschätzung nicht nach, wird es bestraft. Nicht mehr der Wert an sich wird zum Maßstab für die Wertschätzung, sondern das Fehlen des Wertes. Die eigene Kränkung wird zur bestimmenden Richtlinie. Dies erklärt, warum in all den Versuchen und Forderungen nach Wertschätzung die Kränkungen weiter steigen und echter Wert immer mehr verloren geht.

»Liebe mich!« und »Schätze mich in meinem Wert!« sind zwei typische Forderungen der gekränkten Haltung in unserer heutigen Zeit, in der die eigene Passivität und die Aufforderung an das Außen, aktiv zu werden, immer mehr zur Selbstverständlichkeit werden. Das eigene Geliebtwerden steht im Vordergrund – der Ruf danach, selbst zu lieben, ist verschwindend gering. »Ich möchte es jetzt einfach mal genießen, verliebt zu sein«, sagte kürzlich eine

Klientin, »nachdem ich so lange nicht auf meine Kosten gekommen bin, finde ich es einfach toll, mal geliebt zu werden.«

Je stärker die Kränkung eines Menschen und je fehlender sein Wert, umso mehr werden die Liebespartner auf der Ebene der eigenen Bedürftigkeit gesucht. In dieser vermeintlichen Liebe steht das Nehmen im Vordergrund. Nicht der, dem ich mich wesentlich verbunden fühle, bestimmt meine Liebe, sondern der, der mich am meisten liebt. Je mehr Liebe und Wertschätzung jedoch auf funktionaler Ebene gesucht und gegeben wird, umso stärker sind wiederum die Enttäuschungen und Kränkungen, die daraus entstehen. Die Betroffenen bewegen sich so in einem Kreislauf aus wachsender Leere und Frustration und suchen in der Vergeblichkeit nach Erfüllung.

Falsche Liebe und falsche Wertschätzung

»Das hast du aber toll gemacht. Soo super!«, »Ich bin sooo stolz auf dich!!«, »Sie sind der beste Kollege der Welt« – je überschwänglicher die Wertschätzung, umso vermeintlicher ist sie. Echte Wertschätzung zeigt sich weder im Jubel für Selbstverständlichkeiten noch in Überschwänglichkeit bei Erfolg. Ansonsten ist sie spätestens in Krisenzeiten vorbei oder schon in dem Moment, wenn das Gegenüber den eigenen Maßstab nicht mehr erfüllt. Das Gleiche gilt für die Liebe. Je funktionaler die Liebe, umso näher der Hass. Dem können wir nur begegnen, wenn wir diesen Ursprung sehen und so die eigentliche Bedeutungslosigkeit in beidem erkennen.

Den anderen wertzuschätzen, heißt zu sehen, wer er in seinem Wesen und in seinem Ausdruck ist – für mich und für unser Wir.

Echte Wertschätzung äußert sich darin, den anderen zu sehen, zu erkennen und zu meinen. Nicht in besonderen Situationen, sondern im grundsätzlichen Alltag. Ebnet das Interesse den Weg zum Gegenüber, so ist die Wertschätzung die Anerkennung dessen, wer er ist.

»Wollen Sie nicht heute früher nach Hause gehen«, fragte mich mein Chef »Sie haben die letzte Zeit so viel getan, heute sind Sie mal dran.« – »Das war für mich ein Ausdruck von Wertschätzung«, berichtete ein junger Mann.

»Es war eine Sonnenblume auf meinem Schreibtisch«, sagte eine Frau, »einfach so, von meinen Kollegen, die wussten, was für eine schwere Zeit ich hatte.«

»Schön, dass du mit in unserem Team bist. Mit deinem Engagement hast Du uns sehr unterstützt. – So eine SMS von unserem Chef, einfach mal zwischendurch, bestärkt mich und schweißt unser Team zusammen.«

Doch es ist nicht nur die Anerkennung dessen, wer das Gegenüber ist, sondern auch die Anerkennung, wer er nicht ist. »Das übernehme ich, denn ich weiß, dass dir das schwerfällt« – gegenseitig im dialogischen Gleichgewicht gelebt, kann das genauso ein Ausdruck von Wertschätzung sein wie die Anerkennung eines Neins. »Ich hatte so eine Sorge, meinen Freunden zu sagen, dass ich nicht zu dem gemeinsamen Urlaub mitkommen möchte. Ich hatte Angst, sie könnten sich vor den Kopf gestoßen fühlen», berichtete eine Frau. »Es war für mich ein tiefes Gefühl von Wertschätzung, als sie mir mit Verständnis begegneten.«

Liebe kennt Grenzen!

Wenn Menschen zu mir in die Beratung kommen und von ihrer Erschöpfung berichten, dann liegt dem immer auch fehlende oder falsche Liebe zugrunde – und damit verbunden das Fehlen von wesentlichen Grenzen.

»Ich war so zahlen- und erfolgsgetrieben«, berichtete ein Mann über sein berufliches Scheitern, »dass ich jedes Signal übersehen habe. Ich prügelte meine Mitarbeiter und mich selbst durch die Projekte – dabei hätte ich längst einen Gang runterschalten müssen. Mir fehlte dafür die Liebe – zu mir, aber auch zu dem, was ich tat.«

»Ich habe diesen Mann doch geliebt«, sagte eine junge Studentin, »deswegen habe ich das Ganze mitgetragen.«

»Wir haben es immer als Ausdruck von Liebe gesehen, unseren Sohn alles entscheiden zu lassen«, sagte ein Klient, »und jetzt erreicht ihn keiner mehr. Wir stehen in der Sackgasse.«

»Mein Sohn und ich sind eine Einheit«, berichtete eine Frau von ihrem zehnjährigen Kind. »Seit der Trennung von meinem Mann schläft er bei mir – er braucht meine Liebe und Geborgenheit in dieser Situation.«

> ***Dort, wo Funktionalität herrscht, existiert keine Liebe und jede Liebe endet, wenn nicht dort Grenzen gezogen werden, wo das Wesentliche verloren geht.***

Es ist ein weitverbreiteter Irrtum zu meinen, dass Liebe keine Grenzen kennt. Das Gegenteil ist der Fall. Jede wesentliche, bedingungslose Liebe hört dort auf, wo das Wesentliche verloren geht und fehlt.

Wesentliche Liebe bewegt sich immer im dialogischen Gleichgewicht – in der Liebe komme ich genauso vor wie du und wie unser sich daraus ergebenes Wir. Sobald das dialogische Gleichgewicht in der Liebe verlassen wird, handelt es sich um eine funktionale Liebe.

Je mehr die Liebe fehlt, umso bedürftiger sind die Beziehungspartner wie die Beziehung selbst und umso stärker wird der Zwang in der Beziehung. Nicht mehr die Liebe ist der Motor, sondern das Muss.

»Wir müssen das Projekt schaffen«, »Wir müssen zusammenbleiben«, »Wir müssen uns zusammenreißen« – diese symptomatischen Zwangshaltungen führen nicht nur zum Scheitern, sondern auch in die Erschöpfung.

Der Blickwinkel der Liebe

Vor einiger Zeit kam eine Frau in die Beratung, die sich in einem beruflichen Konflikt befand. »Ich leite seit einiger Zeit ein neues Team«, berichtete sie, »und es gibt dort eine Kollegin, die immer wieder Unruhe in das Ganze bringt. Sie kritisiert dauernd mein Tun und fordert ständig Wertschätzung – mittlerweile bin ich so frustriert, dass ich immer weniger Lust auf das Projekt habe.« Auf der Suche nach einer dialogischen Lösung wurde ihr deutlich, dass sie sich immer mehr auf die Ebene des Kampfes und der Verteidigung begeben hatte. Gleichzeitig spürte sie, wie bei ihr die Versagensängste zunahmen und das Vertrauen verloren ging. Das, was die Kollegin ihr entgegenbrachte, begann sich in ihr selbst auszubreiten. Als es bei einem Teammeeting zu einem offenen Streit kam, stand die Frau vor der Entscheidung, entweder selbst zu gehen oder die Kollegin dazu aufzufordern. Da sie die Führung innehatte, hatte sie beide Optionen.

In der Sitzung forderte ich die Frau auf, sich von der Ebene des Kampfes zu lösen und die Situation wie die Kollegin einmal unter dem Aspekt der Liebe zu sehen. »Sie meinen, ich soll die Kollegin lieben?«, fragte mich die Klientin ungläubig. »Betrachten Sie das Ganze aus dem grundsätzlichen Blick der Liebe«, erwiderte ich. »Das gilt auch für Ihre Kollegin. Betrachten Sie sie aus der Liebe heraus.«

Nach anfänglichen Schwierigkeiten begann sich die Frau zu öffnen und sich zunehmend zu entspannen. »Es ist verrückt«, sagte sie, »aber meine Angst und Anspannung werden weniger. Ich kann sehen, wie angespannt meine Kollegin ist. Bevor ich eine Entscheidung treffe, werde ich mit ihr sprechen.«

In der nächsten Stunde berichtete die Frau von einem lösenden Gespräch mit ihrer Kollegin. »Die Ebene der Liebe half mir, meiner Kollegin nicht mehr im Angriff entgegenzutreten. Wir konnten offen über unsere Situation sprechen und ich konnte hinter der Kritik meiner Kollegin die Unsicherheit erkennen. Sie sagte mir, dass sie Angst hätte, dass wir scheitern könnten und am Ende dafür verantwortlich gemacht würden, wie bei ihrem vorherigen Arbeitsplatz. Wir erkannten, dass wir beide versuchten, uns durch Härte und gegenseitiges Bekämpfen zu schützen, und ich konnte einen guten Weg mit ihr finden, wie wir weiter zusammenarbeiten. Die Ebene der Liebe half mir, aus der Aussichtslosigkeit der Situation zu treten.«

Jede Heilung ist in der Liebe begründet und findet durch sie statt

Je mehr uns die Liebe fehlt, umso ängstlicher, unsicherer und misstrauischer werden wir. Die Liebe ist das Zentrum unseres Selbst und die Grundlage für Begegnung. Je mehr sie fehlt, umso haltloser, orientierungsloser und unerfüllter sind wir in unseren Beziehungen – und umso unerfüllter sind unsere Beziehungen an sich.

Wenn Klienten mit unterschiedlichen Symptomen in die Beratung kommen, dann ist die gängige Vorgehensweise der Betroffenen, gegen das Symptom anzugehen. »Ich muss meine Angst bekämpfen«, »Ich muss die Erschöpfung loswerden«, »Ich muss lernen, nein zu sagen«, » Ich muss sicherer werden«, »Ich muss …« – so oder so ähnlich lauten einige der vielen Äußerungen von Betroffenen, die derart auf ihr Symptom fixiert sind, dass sie nicht erkennen, dass die Antwort, die sie suchen, die Liebe ist.

So gibt es viele vergeblich bekämpfte Symptome, hinter denen sich fehlende Liebe verbirgt, und die ihre Lösung nur in und durch die Liebe finden.

Der Weg der Heilung ist der Weg der Liebe und auf dieser Grundlage das Leben zu gestalten. Dies gilt nicht nur für mich selbst, sondern auch für die Beziehungen, die ich mit anderen führe.

Vor einiger Zeit kam ein Paar zu mir in die Behandlung. Der Mann hatte die Frau betrogen. »Ich weiß nicht mehr, was ich machen soll«, sagte er, »es ist jetzt zwei Jahre her und ich habe alles Erdenkliche versucht. Meine Frau macht mir nach wie vor Vorwürfe, es gibt keine Nähe zwischen uns, es ist aussichtslos. Sie verzeiht mir einfach nicht.« »Verzeihen Sie sich denn?«, fragte ich den Mann.

Oft kommen Betroffene in die Beratung, die sich in gekränkten Beziehungen befinden und daran blockieren.

»Wie soll ich so jemanden jemals wieder lieben können?«, »Wie soll ich ihr/ihm das verzeihen können?« sind die schmerzerfüllten Fragen nach privaten wie beruflichen Enttäuschungen. Dabei ist genau das ein wesentlicher Ausdruck von Liebe: Unverzeihliches zu verzeihen und zu vergeben.

»Können Sie die ganze Situation unter dem Blickwinkel der Liebe betrachten?«, frage ich die Betroffenen und es braucht häufig viele Stunden, bis diese in ihrem Schmerz erkennen, dass die Liebe die einzige Lösung ist, sich von dem zu befreien, was quält.

»Können Sie die ganze Situation unter dem Blickwinkel der Liebe betrachten?«, frage ich die Betroffenen und es braucht häufig viele Stunden, bis diese in ihrem Schmerz erkennen, dass die Liebe die einzige Lösung ist, sich von dem zu befreien, was quält.

Je mehr die Betroffenen die Liebe in sich finden, umso freier und bedingungsloser werden sie in dieser.

Erst auf der Ebene der Liebe kann ich verzeihen und vergeben. Solange ich auf der Ebene der Kränkung bleibe, bleibe ich krank. Dazu gehört auch die Einsicht, dass die Liebe kein passives Geschehen meines Selbst ist, sondern ein aktiver und bewusster Ausdruck. Je bewusster ich mir dessen bin, umso mehr kann ich erkennen, dass die Liebe weder einfach so kommt, noch einfach so geht – sondern einzig und allein in meiner Ausrichtung und in meinem Handeln begründet liegt. Wenn ich dies erkenne, kann ich mich in jedem Moment für die Liebe entscheiden.

»Ich hätte nie gedacht«, sagte eine Frau, »dass ich mich bewusst für die Liebe entscheiden kann. Das bedeutet nicht, dass ich meine anderen Gefühle verdränge, es bedeutet aber, dass ich ihnen mit Liebe begegne. Auf dieser Grundlage konnte ich nicht nur meinem Mann verzeihen, sondern ich kann grundsätzlich viel ruhiger und besonnener handeln.«

Zu lieben ist eine tägliche Entscheidung: Betrachte ich mich selbst, mein Gegenüber und das Leben aus der Liebe heraus oder befinde ich mich auf dem Boden von fehlender Liebe und Kränkung – in der Erwartung, dass mir die Liebe entgegengebracht wird?

Erst wenn die Bereitschaft besteht anzuerkennen, dass die eigene Bedürftigkeit niemals allein durch andere geheilt werden kann, sondern die Bereitschaft zu lieben voraussetzt, können Kränkungen geheilt und kann gemeinsam zur Liebe gefunden werden.

SELBSTREFLEXION

Bitte reflektieren Sie sich in Bezug auf Ihre Fähigkeit zu lieben und den Wert Ihres Gegenübers wertzuschätzen. Betrachten Sie dafür die einzelnen Lebensbereiche und damit verbundene zentrale Beziehungen. Beantworten Sie folgende Fragen:

Was schätze ich an meinem Gegenüber und wie äußere ich diese Wertschätzung?

Schätze ich das wert, was ich tue?

Schätze ich mein Leben in seinem Wert?

Reflektieren Sie sich und Ihre Beziehungen nun in Bezug auf die Liebe.

Wem gegenüber empfinden Sie bedingungslose Liebe?

Wie äußern Sie Ihre Liebe?

Empfangen Sie in Ihren Beziehungen Liebe?

ÜBUNG

Bringen Sie aktiv Wertschätzung in Ihre Beziehungen

Machen Sie sich bei Ihren zentralen Beziehungen den Wert Ihres Gegenübers und der Beziehung bewusst und äußern Sie dies regelmäßig. Tun Sie dies nicht als rationale Pflichtübung, sondern aus dem authentischen Gefühl heraus, das Sie empfinden. Sobald Wertschätzung ein funktionales Lippenbekenntnis wird, wird sie zum Gegenteil dessen, was sie ursprünglich ist.

Machen Sie sich in Ihren beruflichen Beziehungen den Aspekt der Wertschätzung für gegenseitiges Feedback grundsätzlich deutlich. Jedes Feedback kann nur konstruktiv bleiben, solange es auf dem Boden der Wertschätzung stattfindet. Auch hier gilt: keine Floskeln, sondern eine ehrliche innere Haltung dem anderen Gegenüber. Überprüfen Sie sich darauf, worin Sie den Wert des anderen sehen, bevor Sie Feedback geben.

3. Kapitel

Der innere Dialog

Ich selbst bin die Antwort

»Unser Ich ist unser Halt. Unsere Identität ist unser Zuhause – der innere Dialog ist das Fundament, um im Außen Begegnung auf Augenhöhe zu führen.«

Damit wir im Außen unsere Heimat finden, müssen wir zunächst in uns selbst unsere Heimat gefunden haben.

Wenn Menschen zu mir in die Beratung kommen, dann wird in vielen Fällen als auslösende Situation ein beruflicher oder privater Konflikt angegeben.

»Ich bin an einem Mann kaputtgegangen, der mich ausgenutzt hat«, »Meine Frau hat mich nie wirklich gesehen«, »Mein Chef/meine Chefin respektiert mich nicht und macht mich klein«, »Meine Kollegen behandeln mich schlecht«, »Unser Unternehmen ist krank und beutet seine Mitarbeiterinnen aus«, »Meine Beziehungen scheitern immer wieder«, »Meine Partner/innen verlassen mich oder betrügen mich immer wieder« usw.

Die Betroffenen berichten zum Teil von monatelangen und häufig auch jahrelangen »unaushaltbaren« Beziehungen oder Zuständen, in denen sie sich immer weiter aufgerieben und erschöpft hatten.

Irgendwann frage ich die Betroffenen dann: »Und was ist mit Ihnen selbst? Wie behandeln Sie sich? Sehen Sie sich? Respektieren und lieben Sie sich? Geben Sie sich selbst genug? Sind Sie sich selbst treu? Haben Sie einmal überlegt, wer Sie sind, dass Sie sich ausbeuten lassen?«

Da beginnt ein Innehalten. So leicht es den Betroffenen fiel, sich über das »Du« zu beklagen, so schwer war es, den Blick auf sich selbst zu richten und die Fragen nach sich selbst zu beantworten.

Betrachten wir unsere Beziehungen, die wir führen, dann sind diese immer ein Ausdruck unserer Selbst. Sie spiegeln das, was wir als Wahrheit in uns tragen.

Sind wir voller Augenhöhe, Interesse, Offenheit, Empathie und Respekt, voller Liebe uns selbst gegenüber, dann gestalten wir auf dieser Grundlage auch unsere Beziehungen. Wir suchen uns selbstverständlich die Partner, die Beziehung ebenfalls auf dieser Ebene leben. Das Gleiche gilt für das Gegenteil. Wenn unsere Beziehungen scheitern, dann finden wir die Antwort also nicht nur im Gegenüber, wo wir sie häufig suchen, sondern immer auch in uns selbst. Solange wir dort nicht für Klarheit sorgen, werden wir im Außen immer wieder das finden, was in uns selbst an Unklarheit besteht – nicht bewusst, sondern in der unbewussten Übereinstimmung. Je mehr die eigene Identität fehlt, umso ängstlicher und unsicherer sind wir. Dies führt dazu, dass nicht auf der Ebene der Begegnung gefühlt, gedacht oder gehandelt wird, sondern auf der Ebene der Verteidigung. Das Leben findet innerhalb von Macht und Ohnmacht statt; Kontrolle, Dominanz, Unterwerfung, Kampf sind hier die zentralen Aspekte.

Je mehr wir uns in guter Beziehung mit uns selbst befinden, umso selbstverständlicher ist für uns der Dialog mit unserer Umwelt. Wenn ich mich selbst respektiere und mir auf Augenhöhe begegne, ist es mir zutiefst zuwider, meine Umwelt respektlos zu behandeln – es widerspricht meiner inneren Natur. Das Gleiche gilt im umgekehrten Sinn: Je ferner ich meiner selbst bin, umso selbstverständlicher ist es für mich, all das zu tun, was mir in meinem Wesen widerspricht. Je größer die Selbstentfernung, umso größer der Widerspruch im menschlichen Handeln. Wenn unsere Beziehungen scheitern, führt der Weg also immer zurück zu der Beziehung zu uns selbst – denn sie ist der Spiegel für unsere Beziehungen im Außen.

Der innere Dialog

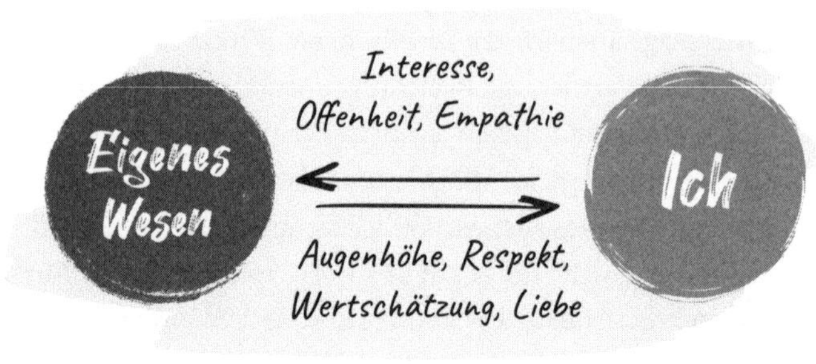

Abb. 3: Der innere Dialog beschreibt die Begegnung mit dem eigenen Wesen auf Grundlage der fünf Dialogelemente.

Sei du selbst!

Als ich kürzlich an einer roten Ampel stand und auf Grün wartete, fiel mein Blick auf das riesige Plakat eines Fitnessstudios. Darauf prangte ein muskulöser Körper – ohne Gesicht – mit dem Slogan: *Einfach gut aussehen!* Als ich weiterfuhr, dachte ich bei mir, wie sehr wir doch in allen möglichen Verzerrungen um unser Äußeres bemüht sind. Wie würde sich wohl das Plakat stattdessen mit einem Gesicht machen, das den Betrachter klar und offen anschaut – und darunter die Aufforderung stünde: *Sei, der du bist!*

Ein guter Freund erzählte mir vor ein paar Tagen, er würde jetzt intervallfasten und es würde ihm dabei richtig gut gehen. Haben Sie schon einmal etwas von »Innere-Realitäten-Fasten« oder »Neurose-Fasten« gehört? Etwa: So wie viele auf Fleisch, tierische Produkte oder Zucker verzichten, verzichte ich auf alles Unechte, auf falsche Wahrheiten und Blockaden in mir? Wie würde wohl ein Plakat aussehen, auf dem steht: *Endlich authentisch sein!*? Oder: *Endlich zur gelingenden Beziehung zu mir selbst!*?

Ob der eigene Körper, die richtige Ernährung, sportliche Betätigung, Kleidung – auf allen äußeren Ebenen sind wir dabei, für »Perfektion«, für Gesundheit und für Wohlbefinden zu sorgen – die

»innere« Gesundheit jedoch lassen wir meist so lange außer Acht, bis wir aus dem Gleichgewicht geraten sind. Erst wenn uns Unwohlsein, Schmerz und Leid quasi dazu zwingen und die Symptome nicht mehr zu ignorieren sind, richten wir den Blick nach innen.

Noch immer wird bei uns in der westlichen Welt von der Mehrzahl der Menschen seelische Gesundheit als Abwesenheit von Krankheit definiert. Auf der körperlichen Ebene hingegen haben wir unseren Blick und unser Wissen längst differenziert. Wir wissen, was einen gesunden Körper ausmacht, wie wir ihn pflegen und was wir tun können, um gesund und fit zu bleiben. Wir kennen die verschiedensten Ernährungskonzepte und jeder, der Sport macht, kann das Gefühl der »Fitness und Leistungsfähigkeit« beschreiben. Sobald es jedoch um unsere Seele und Psyche geht, verlieren wir diese Differenziertheit.

Was die richtige Nahrung und Pflege anbelangt, verbunden mit der Frage, wie und auf welchen verschiedenen Ebenen wir seelische Stärke erreichen können, befinden wir uns quasi in der Steinzeit.

Damit wir nicht mehr so lange warten, bis das Kind in den Brunnen gefallen ist und uns daran aufhalten müssen, psychische Störungen zu heilen – lassen Sie uns beginnen, auch auf der seelischen Ebene für ein wachsendes Bewusstsein zu sorgen, in dem die tägliche Pflege, Reinigung, Stärkung und Weiterentwicklung genauso selbstverständlich werden wie die des Körpers. Lassen Sie uns also gemeinsam dafür sorgen, dass wir unser Bewusstsein auch auf der seelischen Ebene für das Gesunde ausbilden und auf das Gesunde richten, um so dem Kranken von Beginn an eine Alternative gegenüberzusetzen.

Der inneren Bestimmung folgen? Ich bin ein Lügner!

Vor einiger Zeit kam eine Frau zu mir in die Beratung, die auf allen Ebenen erfolgreich war. Sie selbst jedoch wurde von dem tiefen Gefühl der Angst verfolgt, dass »irgendwann alles auffliegen« und sie als »Betrügerin« entlarvt werden würde.

»Ich fühle mich wie ein Lügner«, sagte ein anderer Mann, dessen Leben als erfolgreicher Anwalt im Außen ebenfalls stimmte. Da er immer wieder von einem unguten Gefühl heimgesucht wurde, »irgendwann entdeckt zu werden und aufzufliegen«, hatte er einige Coachingstunden gebucht. »Es ist völlig verrückt«, sagte er, »wenn Sie mein Umfeld fragen würden, würde jeder Ihnen bescheinigen, dass ich gute Arbeit mache – trotzdem bleibt dieses Gefühl in mir, ein Lügner zu sein.«

Im Laufe der Beratung stellten beide fest, dass der Betrug, den sie mit wachsendem Erfolg und wachsender Angst fühlten, der Betrug an sich selbst war. Jeder der beiden lebte ein Leben, das kaum etwas mit dem eigenen Inneren zu tun hatte, sondern weit entfernt von dem war, was dem eigenen Wesen entsprach. Während der Mann für sich erkannte, dass er den Traum seines Vaters fortgesetzt hatte, fasste die Frau ihre Situation in einer der Sitzungen wie folgt zusammen: »Ich war mein ganzes Leben lang nie ich selbst – ich habe eine Rolle gespielt und ein seelenloses Leben geführt.«

Je entfernter wir von uns selbst handeln, je unechter und wesensfremder das Leben ist, das wir führen, umso stärker werden die Blockaden, Ängste und Symptome, die wir in uns spüren und die uns im Außen begegnen.

Je mehr wir gegen uns selbst ankämpfen, umso deutlicher spüren wir dies auf verschiedenen Ebenen. Wir spüren es gedanklich, emotional, körperlich und es schlägt sich auch in unserem Verhalten nieder. Je weniger wir im Dialog mit uns selbst sind, mit dem, was wir tun, wie mit unserem Umfeld, umso niederschwelliger ist unsere Bewusstseinsebene, auf der wir uns befinden. Wir verlieren zunehmend an Klarheit und Wachheit. Haben wir den Kontakt zu uns völlig verloren, tauchen Symptome wie etwa die Depression auf.

Jeder spürt die ersten Alarmzeichen individuell auf unterschiedlicher Ebene; einige von uns spüren es als Erstes emotional, andere mental, wieder andere durch körperliche Symptome. Doch je länger wir uns selbst verraten, umso ähnlicher werden die Symptome und umso mehr vermischen sich die einzelnen Ebenen – so weit, bis wir in uns und in jedem Bereich unseres Leben ängstlich blockiert sind mit der Angst »aufzufliegen«.

Gesundes Leben kann nur dort stattfinden, wo Wahrhaftigkeit und Authentizität gegeben sind.

Dazu können wir jedoch nur finden, wenn wir im allerersten Schritt bereit sind anzuerkennen, dass nicht wir unser Leben festlegen, sondern dass unser Leben bereits in uns selbst festgelegt ist. Erst wenn wir bereit sind, uns in unserem Wesen vollumfänglich und ohne jeden Kompromiss zu akzeptieren, sind wir bereit für unsere Wahrheit und besitzen das Fundament für erfüllte Beziehungen. Unsere Freiheit besteht also nicht darin festzulegen, wer wir sind, sondern sie liegt in der Entscheidung, was wir daraus machen. Handeln wir wesensgemäß, dann handeln wir gesund und haben eine echte Chance auf Erfüllung und Zufriedenheit.

SELBSTREFLEXION

Bitte beantworten Sie intuitiv folgende Fragen:
Leben Sie das Leben, das Ihnen entspricht?
Leben Sie Ihre Wahrheit?
Sind Sie bereit, sich in Ihrem Wesen vollumfänglich zu akzeptieren?

Die Frage nach dem Echten

Doch was heißt es denn nun eigentlich »ich selbst zu sein?«, »Woran erkenne ich, dass das, was ich tue, auch wirklich mir entspricht?«, »Woran erkenne ich, dass ich in guter Beziehung mit mir selbst stehe?«, »Können Sie mir nicht sagen, wie ich mich fühlen müsste?« – vielen meiner Klienten fehlt das Gefühl für sich selbst, sie fühlen sich in der Reflexion mit Dingen, Handlungen oder Personen, aber sich selbst unabhän-

Grundlage für wesentliche Begegnung ist, dass wir uns selbst in unserem Wesen begegnen.

gig von jemanden oder etwas anderem zu fühlen, das gelingt ihnen nicht – sie brauchen die Spiegelung im Außen.

»*Wer bist* DU?« ist eine der Fragen, die ich den Teilnehmer/innen in meinen Seminaren oder Workshops stelle, wenn es um die Beziehung zu sich selbst geht.

Wer bist du?

Die Antworten, die darauf folgen, sind verschieden: »Ich bin Unternehmer«, »Ich bin Jens«, »Ich bin Maria«, »Ich bin eine Mutter«, »Ich Vater«, »Ich bin Buddhist«, »Ich bin erfolgreich« Manchmal kommt dann auch die Antwort:

»Ich bin ich.«

»Und woran erkennen Sie, dass Sie das wirklich sind?«, frage ich dann.

»Ich bin zufrieden und glücklich.« – »Mir geht es gut.« – »Ich bin voller Freude.«

»Ich bin im Flow!«, sagte ein anderer.

»O. k.«, antwortete ich und erzählte folgendes Beispiel:

»Ein Mann wuchs in einem Elternhaus auf, in dem Leistung im Vordergrund stand. Er erfuhr nicht die bedingungslose Annahme und Liebe, sondern im Gegenteil – er wurde nur dann von seinen Eltern gesehen, wenn er Leistung erbrachte. Dieser Mann nahm sich schon als Jugendlicher vor, Karriere zu machen und der beste Anwalt zu werden. Er absolvierte sein Studium erfolgreich, wurde Partner einer großen Kanzlei. Dieser Mann gewinnt nicht nur neue Mandanten dazu, sondern darüber hinaus auch immer wieder herausfordernde Fälle. Was meinen Sie, wie glücklich, entspannt und im Flow er ist, wenn sein Chef ihm Bonuszahlungen mitteilt oder er seine Fälle gewinnt – aber heißt dies, dass er er selbst ist? Ist das der Ausdruck des inneren Gleichgewichts?«

Was ist Illusion und was Substanz?

»Woher weiß ich, dass ich das bin? Was ist der Unterschied zwischen Bonusgefühl und echter Zufriedenheit?« Je länger die Teilnehmer über die Frage nachdachten und in sich hineinspürten, zu umso mehr Klarheit kamen sie schließlich.

»Das Bonusgefühl ist kurzfristig und eine Reaktion, es ist abhängig vom Außen«, sagte ein Teilnehmer. »Es kann genauso schnell kippen – das heißt, fehlt der Bonus oder der Erfolg, ist die Zufriedenheit weg und das Gegenteil kann kommen. Das Gefühl des Echten jedoch, das ist in mir beständig.«

»Wenn ich mit mir im Dialog bin«, sagte eine Frau, »dann spüre ich eine Zufriedenheit in mir, die unabhängig von dem ist, was um mich herum geschieht. Es ist ein beständiges Gefühl, eine innere Ruhe, Freude, Frieden. Eine tiefe innere Gewissheit, dass alles gut ist, wie es ist – dass ich gut bin, wie ich bin – dass alles, wie es ist, reicht.«

»Für mich fühlt es sich so an, dass in mir alles da ist, unabhängig von dem, was um mich herum ist. Das kann auch durch eine Begegnung mit einem Menschen oder der Natur oder wenn ich Klavier spiele anklingen – aber es ist kommt nicht von außen in mich hinein – es ist unabhängig davon in mir.«

SELBSTREFLEXION

Entwickeln Sie ein Gefühl für sich selbst. Nehmen Sie Kontakt zu sich auf und spüren Sie in sich hinein: Wie fühlt es sich an, wenn Sie mit sich im Kontakt sind? Wie fühlt es sich gedanklich an? Wie emotional? Wie körperlich?

Lernen Sie zwischen Bonusgefühl und innerem Dialog zu unterscheiden.

»Und was ist, wenn ich feststelle, dass ich noch gar kein Gefühl für mich selbst besitze?«, fragte eine Frau. »Wie kann ich zu dem finden, wer ich tatsächlich bin?«

Zurück zu mir selbst – der innere Dialog

Kann man die Beziehung zu sich selbst lernen? Ja, man kann.

Der Weg zu sich selbst wird durch den inneren Dialog beschrieben. Den inneren Dialog aufzunehmen, bedeutet, mit sich selbst in Beziehung zu treten und sich auf die Suche nach der inneren Wahrheit zu machen, die im eigenen Wesen begründet liegt. Er bringt uns in unser Gleichgewicht und zu dem, wer wir tatsächlich sind.

Haben wir Angst vor Personen oder Situationen, sind es am Ende nicht sie, die wir fürchten, sondern wir fürchten, ihnen nicht begegnen zu können. Es ist das fehlende Selbstvertrauen, mit dem, was uns das Leben oder die Person entgegenbringt, nicht richtig umgehen zu können. Der innere Dialog ist die Antwort auf unsere Ängste. Er führt uns zu dem, wer wir sind, und zu dem, wer wir nicht sind. Zu unseren Stärken und Schwächen. Er ist die Grundlage, unser Ich zu gründen und dem Leben auf Augenhöhe zu begegnen.

> *Wir brauchen den inneren Dialog, die Beziehung zu uns selbst, um unsere anderen Beziehungen erfüllt und erfolgreich gestalten zu können. Wir brauchen unser Ich, unser wahres Ich, um wahrhaftige Beziehungen leben zu können. Wir brauchen uns selbst, um das dialogische Gleichgewicht leben zu können.*

Wie für den äußeren Dialog, so gelten auch für den inneren die fünf Dialogelemente, um mit sich in Beziehung zu treten. Und so, wie jede äußere Begegnung mit Interesse beginnt, so beginnt auch die Begegnung mit sich selbst – Interesse für sich selbst.

Interesse

Vor vielen Jahren saß ein junger Mann bei mir in der Klinik. Als ich ihn fragte, ob er sich für sich interessieren würde, sahen mich zwei fragende Augen an und, nach einem kurzen Moment des Zögerns, fragte er hilflos zurück: »Wie definieren Sie Interesse?«

»Interessieren Sie sich für sich?« ist auch die Frage, mit der mein letztes Buch, *Zeit für einen Spurwechsel*, beginnt. Sie ist die zentrale Eingangsfrage auf dem Weg zu sich selbst.

Nicht nur der junge Mann damals in der Klinik wusste nicht damit umzugehen, sondern die Mehrzahl meiner Klienten kann zu Beginn der Beratung mit dem Interesse für sich selbst nicht viel anfangen Vielen fehlt es sogar gänzlich.

»Ich habe mir nie Gedanken darüber gemacht, wer ich eigentlich bin«, beschrieb eine Mutter von drei Kindern ihre Beziehung zu sich selbst. »Ich habe nie die Frage nach mir selbst gestellt, danach, was ich eigentlich will. Es ist für mich völlig neu, mich zu fragen, was ich zu einer bestimmten Sache denke. Was ich dazu fühle. Normalerweise habe ich immer geschaut, wie es meinem Mann ging und meinen Kindern. Das war für mich immer Hauptpunkt: Sie sollten glücklich sein!«

»Ich habe mein Leben abgearbeitet«, erklärte ein Unternehmer. »Meine gesamte Konzentration war immer darauf gerichtet, was um mich herum geschah, was notwendig war zu tun, welche Ziele erreicht werden mussten – die Erfüllung lag für mich im Außen – ich kannte es gar nicht, meine Konzentration nach innen zu richten.«

Die Beziehung zu sich selbst aufzunehmen, ist für viele von Beginn an eine neue Erfahrung und ein Lernprozess, in dem das Interesse für sich selbst erst einmal gelernt werden muss. Nicht immer bewusst, sondern meist aufgrund von unbewussten inneren Realitäten aus den ersten Lebensjahren haben sie nie Interesse für sich selbst entwickeln können und wissen gar nicht, »wie das geht«. »Die Frage nach mir selbst existierte einfach nicht», sagte eine Frau, »es war, als hätte ich in Bezug auf mich selbst geschlafen.«

So wie das Interesse die Initialzündung für die äußere Begegnung ist – ist es die Initialzündung, mit mir selbst in Kontakt zu treten. Wer bist du? – wird hier zu einem »*Wer bin ich*?«

Sich für sich selbst zu interessieren, bedeutet, sich seiner selbst zuzuwenden: Was macht mich aus? Nicht nur grundsätzlich, sondern auch im Speziellen, nicht nur in meiner Freizeit, sondern auch im Alltag. Wer bin ich in meinen Wesen? Was entspricht mir? Wie ist meine Meinung, welche Position vertrete ich? Was fühle ich? Was denke ich? Was ist die Ursache dafür?

ÜBUNG

Interesse für mich selbst

Der innere Dialog kann auf der einen Seite im Ganzen praktiziert werden. Wir stärken ihn aber auch dadurch, indem wir beginnen, die einzelnen Dialogelemente unabhängig voneinander zu praktizieren. Wie auch beim äußeren Dialog entscheidet das Ausmaß des Interesses über die Intensität meiner Verbindung zu mir selbst. Je mehr ich mich für mich interessiere, umso näher komme ich mir selbst. Werden Sie sich selbst ein interessierter Gesprächspartner, der alles von Ihnen wissen will – fragen Sie sich und öffnen Sie sich den Antworten, die kommen, denn alles, was Sie betrifft, ist in Ihnen!

Sie können zum Beispiel einen »Tag des Interesses« für sich einführen, an dem Sie das Interesse sich selbst gegenüber in den Vordergrund stellen.

Sich für sich zu interessieren bedeutet, aktiv in sich hineinzuhören, sich um sich selbst zu kümmern, sich selbst im Auge zu behalten und so bei sich selbst zu bleiben. Dies können Sie bewusst und sehr konzentriert einmal am Tag tun, um ein Gefühl dafür zu entwickeln, oder aber bewusst regelmäßig über den Tag verteilt. Zum Beispiel auf dem Weg zur Arbeit oder wenn Sie in der Warteschlange beim Einkaufen sind, auf dem Weg zu einer Besprechung oder wenn Sie auf einen Termin warten. Bilden Sie aktiv Ihr Selbstbewusstsein aus, indem Sie beginnen, sich Ihrer selbst bewusst zu werden.

Halten Sie inne, richten Ihren Blick nach innen und interessieren Sie sich für die Person, die Grund Ihres Lebens ist: Sie selbst.

Gehören Sie zu den Menschen, denen es noch schwerfällt, Interesse für sich zu fühlen und zu leben? Die gerade in Beziehungen schnell Ja sagen und hinterher feststellen, eigentlich Nein gemeint zu haben?

Dann nehmen Sie sich gerade in den Situationen, wo es um Entscheidungen geht, Situationen, von denen Sie wissen, dass es Ihnen schwerfällt, »bei sich zu bleiben« und Ihre Position zu vertreten, bewusst einen Moment Zeit, um sich die Frage nach sich selbst zu stellen. »Was denke ich darüber? Will ich das wirklich?« Je häufiger Sie die interessierte Frage nach sich selbst stellen, umso sicherer werden Sie sich Ihrer und umso mehr werden Sie lernen, sich selbst zur Seite zu stehen.

»Mein Partnerkollege«, sagte ein Mann, »besitzt die Fähigkeit, den Leuten eine Kuh für ein Pferd zu verkaufen. Er schafft es durch die wildeste Argumentenkette, eine Logik herzustellen, dass man nicht anders kann, als ihm zuzustimmen – obwohl man nicht will, sagt man Ja. Irgendwann habe ich mir auf meine Unterlage nur das Wort ›Interesse!‹ geschrieben. Immer wenn mein Blick darauf fiel, hielt ich kurz inne und kam zu mir zurück und verlor mich nicht mehr in seiner Argumentation.«

»Ich weiß nicht, wie oft ich aus Meetings mit meinem Chef gegangen bin«, sagte eine Frau, »und ich hatte das nächste Projekt an der Backe. Irgendwann hatte ich jedoch die Nase voll. Ich habe mir einen Alarm in meiner Uhr eingestellt, der mich während den Meetings zweimal daran erinnerte, mich zu fragen, was ich will, wo meine Grenzen sind. Das führte dazu, dass er mich nicht vereinnahmen konnte, sondern ich rechtzeitig Stopp sagen konnte.«

»Mein Terminkalender war so voll«, sagte ein anderer Mann, der aufgrund eines Burnouts in die Beratung kam, »dass ich nur noch von Termin zu Termin gelaufen bin und ich irgendwann in den Funktionsmodus geschaltet habe. Mittlerweile nutze ich für mich die Möglichkeit, ›einmal kurz Hände zu waschen‹, um für mich innezuhalten und mich zu orten. Das kann zwischen zwei Sitzungen sein oder auch, wenn ich in einem Meeting spüre, dass ich nicht mehr klar bin – die kurze Unterbrechung der Situation und die Möglichkeit, kurz in Ruhe in mich hineinzuhören, hilft mir, mich im stressigen Alltag nicht zu verlieren und mit meinem Team und Vorstand im Dialog zu bleiben.«

Offenheit

So zentral das Interesse für sich selbst ist – zu uns selbst und die für uns richtigen Antworten finden werden wir nur, wenn wir bereit sind, uns ohne Vorbehalte für uns zu öffnen, bereit sind, uns zuzuhören und unseren Gedanken und Gefühlen auf den Grund zu gehen. Sie können nur herausfinden, wer Sie tatsächlich sind, wenn Sie offen dafür sind, dass Sie »alles« sein können. Wie ich in der Begegnung mit einer anderen Person nicht vorher festlegen kann, was das Ergebnis des Dialogs sein wird, kann ich dies auch nicht für den inneren Dialog. Das Wissen, wer ich bin, ist sein Ergebnis.

Es ist gerade die fehlende Offenheit sich selbst gegenüber, die meine Klienten daran hindert, in guter Beziehung zu sich selbst zu stehen, richtige Entscheidungen zu treffen und ein erfülltes Leben zu führen. So kam ein 50-jähriger Mann in die Beratung, der sich in seinem Beruf über viele Jahre hinweg »aufgerieben und erschöpft« hatte. »Ich befinde mich seit Jahrzehnten in einem Beruf, der nichts für mich ist«, berichtete er, »aber ich schaffe es nicht, mich daraus zu lösen.« Im Laufe des Gesprächs wurde deutlich, dass es nicht die äußeren Schwierigkeiten waren, die ihn an einer Veränderung hinderten, sondern die fehlende Offenheit sich selbst gegenüber. Der Mann erlaubte sich nur in einer bestimmten beruflichen Kategorie zu denken – er hatte sich selbst in Vorstellungen, wie man beruflich zu sein hat, eingezwängt. Er hatte sich regelrecht »Scheuklappen« aufgesetzt, die ihm nicht erlaubten, offen in alle Richtungen zu schauen. Ähnlich erging es einer Frau, die in einer Partnerschaft blieb, weil sie es sich nicht erlaubte, sich ein Leben ohne ihren Mann und die damit jahrelang gewachsenen Strukturen vorzustellen.

In seinem Leben nicht anzukommen, in unaushaltbaren Umständen auszuharren und dem Phänomen des Funktionierens zu unterliegen – all dem liegt unter anderem die fehlende eigene Offenheit zugrunde. Diese ist vielen Betroffenen zunächst gar nicht bewusst. Sie haben sich über die Lebensjahre in eine geprägte Vorstellungswelt begeben, die in sich zwar richtig ist, aber fern von dem eigenen Wesen stattfindet.

Die für mich richtige Veränderung und wesentliches Wachstum entstehen nur, wenn ich bereit bin, mich selbst zu öffnen. Solange wir unbewusst vor dem fliehen, was die Lösung ist, versuchen wir vergeblich im Falschen das Richtige zu finden. Echte Stärke kann nur in Substanz entstehen und wesentliches Leben nur im Wesen an sich.

So hat auch jeder therapeutische Prozess, der durch den äußeren Dialog nichts anderes verkörpern sollte als das Spiegelbild des inneren Dialogs des Klienten, nur dann eine Chance auf Erfolg, wenn der Betroffene »sich nackter als nackt« den Fragen des Therapeuten stellt und sich selbst gegenüber bis auf den Grund öffnet.

Doch obwohl der Wunsch, zu sich zu finden, groß ist – ebenso groß ist meist auch die Angst, sich selbst gegenüber offen zu werden.

Nicht nur viele Therapien scheitern, weil die Betroffenen vermeiden »in alle Winkel ihres Selbst zu leuchten«, sondern auch viele Lebensjahre gehen verloren, weil aus falscher Angst oder Scham das Eigentliche im Verborgenen gehalten wurde.

»Es hat einige Zeit gebraucht«, berichtete ein Mann, »bis ich bereit war, mich selbst überhaupt zuzulassen. Ich hatte große Angst, mich zu fühlen und möglicherweise etwas herauszufinden, was ich nicht herausfinden wollte. Ich hatte große Angst davor, dass dies mein Leben verändern würde. Was, wenn ich ein Versager wäre? Was, wenn ich in meinem Beruf falsch wäre? Was, wenn ich mich in mir selbst geirrt hätte? Ich hatte damals nicht das Vertrauen, dass das, was ist, sowieso ist – gleichgültig ob ich hinschaue oder wegschaue – und dass meine einzige Chance ist hinzuschauen, um richtig handeln zu können. Ich erkannte nicht, dass jede Veränderung, die ich erkennen würde, nur gesund und richtig wäre. Ich war so weit entfernt von mir selbst, dass ich kein Vertrauen mehr in mich selbst hatte und meinen Wert in Besitz und Erfolg suchte. Ich hielt mit aller Macht an einem Bild von mir und meinem Leben fest, das mir vermeintliche Sicherheit gab.«

Doch so groß die Angst vor der Wahrheit ist, so groß ist am Ende auch die Erleichterung, wenn der Schritt gewagt und sich dem geöffnet wird, was »sowieso die ganze Zeit über war, ist und sein wird«.

»Am Ende zählte nicht mehr, was die anderen sagen, ob ich mich vielleicht finanziell einschränken muss und was sonst noch alles in meinen Ängsten enthalten war«, berichtete die Frau, die sich nach 20 Jahren aus einer Partnerschaft gelöst hatte. »Endlich ich selbst sein zu können und das zu tun, was mir entsprach, machte all die anderen Einschränkungen wieder wett. Rückblickend hätte es nie eine andere Alternative für mich gegeben. Es war meine fehlende Offenheit für mich selbst, die mir die ganzen Jahre den Weg nach draußen – in meine Freiheit und in mein Leben – versperrte und unmöglich erscheinen ließ.«

Die Offenheit ist der Weg zum anderen – und auch zu mir selbst. Sie ist Grundlage dafür, dass ich überhaupt zu dem werden kann, der ich bin.

»Ich hätte nie gedacht, dass ich das einmal fühlen würde«, sagte ein Mann, »dass ich einmal fühlen würde, wie sehr mich meine ganze Kontrolle krank gemacht hat. Es war so tief erleichternd, einfach zuzulassen, wer ich innerlich bin – und ich hätte nie gedacht, dass ich mich dabei so stark fühlen könnte.«

ÜBUNG

Offenheit den eigenen Gefühlen gegenüber

Das zweite Element auf dem Weg zu sich selbst ist die Bereitschaft zur Offenheit. Machen Sie dazu eine erste Bestandsaufnahme:

Schritt 1: Sind Sie offen sich selbst gegenüber? Beantworten Sie die Frage intuitiv und ohne darüber nachzudenken. Was ist die erste Antwort, die Sie in sich spüren?

Schritt 2: Notieren Sie nun bitte, wo Sie innere Widerstände spüren. Worüber wollen Sie nicht sprechen, was wollen Sie sich nicht eingestehen? Welche Vorstellungen über sich selbst, Ihr Umfeld, Ihr Leben dürfen nicht sein? Spüren Sie in sich selbst Tabus zu bestimmten Themen einschließlich Ihrer Person?

Machen Sie eine Liste, auf der Sie all die Punkte notieren, die Sie in sich verschlossen haben.

Schritt 3: Betrachten Sie die Liste und fragen Sie sich, ob und wie sich diese Punkte auf Ihre Beziehungen auswirken. Hinterfragen Sie Ihre Tabus und überprüfen Sie diese auf Augenhöhe. Inwieweit führt Ihre fehlende Offenheit sich selbst gegenüber auch zu einer fehlenden Offenheit Ihrer Umwelt und dem Leben gegenüber?

Schritt 4: Machen Sie sich bewusst, dass alles, was Sie verdrängen, in Ihnen unaufgelöst bleibt. Treffen Sie nun die Entscheidung: Wollen Sie sich kompromisslos dem öffnen, was Sie in sich verschlossen haben? Sind Sie bereit, sich dem ohne Wenn und Aber zuzuwenden?

Hilfe: Wenn Sie Schwierigkeiten haben, zwischen Offenheit und Verschlossenheit zu unterscheiden, dann können Sie sich auch hier daran orientieren, dass sich die Offenheit dadurch äußert, dass Sie all das, was Sie rational wissen, auch fühlen. Überall dort, wo Sie nicht fühlen, fehlt Ihnen die Offenheit.

Empathie

»Ich kann es mir nicht verzeihen«, sagte ein Mann, »dass ich die Frau, die ich so geliebt habe, sitzen gelassen habe. Ich komme nicht in Frieden, weil ich es mir bis heute, nach all den Jahren, nicht vergeben kann.«

»Ich kann nicht verstehen, wie ich mich so habe ausnutzen lassen«, weinte eine Frau während einer Sitzung. »Warum war ich nur so naiv?«

»Mich macht es ganz verrückt«, sagte ein anderer Mann, »in mir ist ein ewiges Hin und Her. Ich kann mich nicht entscheiden. Ich habe mir Listen gemacht, ich habe mit allen Freunden gesprochen, ich habe alle Argumente logisch abgewogen – aber ich kann mich nicht entscheiden. Ich finde keine Antwort darauf, wer ich bin.«

»Ich verstehe, was Sie meinen«, sagte ein anderer Klient, »aber nur hier«, und er zeigte auf seinen Kopf. »Und das ist mein Problem. Ich bin stark im Kopf und treffe schnell Entscheidungen, die am Ende häufig für mich gar nicht richtig sind.«

Zu wissen, wer ich bin, kann ich nur, wenn ich bereit bin, mich in mich selbst einzufühlen. Selbsterkenntnis ist kein rationaler Akt, sondern ein intuitiver Prozess – und zeigt sich im Ergebnis durch das Gleichgewicht zwischen Gefühl und Verstand. Erst wenn ich fühle, was ich rational erkannt habe, weiß ich tatsächlich, wer ich bin. Gleichzeitig finde ich erst durch die Ebene des Einfühlens die emotionale Heimat und Geborgenheit in mir selbst. So wie die Empathie das Bindeglied zwischen Ich und Du ist, so ist sie auch das Bindeglied zwischen mir und meiner Seele. Der Moment des Einfühlens ist der Moment des Sich-Näherkommens. Während Interesse und die Offenheit den Weg zu uns

Mich selbst zu verstehen, ist zentraler Ausdruck von gesunder Beziehung zu mir selbst. Erst wenn ich mich in allem, was ich denke, fühle und tue, verstehe, kann ich mir selbst nah sein und erst dann kann ich auch anderen Menschen nah sein.

selbst bahnen, schlägt die Empathie die Brücke, über die wir zu uns selbst gehen können.

Die Empathie ist das erkennende Verstehen meiner selbst. Sie wird getragen von einem »Warum« – nicht im Sinne eines Vorwurfs, sondern im Sinne eines Sich-selbst-auf-den-Beweggrund-Kommens. Warum habe ich so gehandelt? Warum denke ich dies? Warum fühle ich jenes? Weitere Fragen sind aber auch: Wer bin ich in dieser Situation gewesen? Wer bin ich in meinem Wesen? In meinen Stärken und Schwächen? Wer bin ich in meinen hellen Seiten und wer in meinen Schattenseiten? Weder dieses »Wer« noch das »Warum« können wir auf rationaler Ebene beantworten, sondern wir brauchen dafür immer die emotionale Ebene. Erst wenn wir fühlen, was wir rational verstehen, verstehen wir wirklich. Erst wenn wir uns im Erkennen auch fühlen, werden wir uns unserer selbst vollumfänglich bewusst. Gelingt es uns zu fühlen, was wir wissen, beginnen wir, uns dem Leben zu öffnen – dem Leben in uns und um uns herum.

> *Das Wissen um mich selbst ist das Gleichgewicht aus rationalem und emotionalem Erkennen.*

So schwer es einigen fällt, sich in andere einzufühlen, so groß ist häufig auch die Angst vor sich selbst. »Sich in sich einzufühlen, würde bedeuten, dass ich mich überhaupt fühle«, sagte eine Frau, »und damit habe ich lange aufgehört.«

»Ich habe Angst, mich in den Gefühlen zu verlieren.« Oder: »Ich habe Angst, nicht mit den Gefühlen umgehen zu können.« Solche Aussagen lassen die Empathie als eine unüberwindbare Hürde erscheinen, was dazu führt, dass die Betroffenen sich selbst nur auf der intellektuellen und rationalen Ebene betrachten können – und sich selbst wie ihren Beziehungspartnern fernbleiben. So ist für viele das Lernen der Empathie sich selbst gegenüber nicht nur der Schlüssel zu sich selbst, sondern auch der Schlüssel zu echter Nähe in ihren Beziehungen. Denn wie will ich sichere und erfüllte Beziehung mit anderen führen, solange ich mir selbst ein Rätsel bin?

»Für mich war einer der zentralsten Schritte des inneren Dialogs zu lernen, mich zu erfühlen«, sagte ein Mann. »Je mehr ich dies konnte, je mehr Antworten ich in mir erfühlen konnte, umso freier und offener wurde ich meiner Frau gegenüber. Ich konnte ihr nicht nur meine Gefühle zeigen, sondern konnte plötzlich auch ihre Gefühle verstehen. Es macht mir keine Angst mehr und es bedeutet für mich auch keinen Druck.«

Die Frage nach mir selbst wird immer auch durch das Mitgefühl beantwortet – wie auch durch die Liebe, dessen Ausdruck das Mitgefühl ist.

»Es ist eine ganz andere Sicherheit, die ich in mir spüre«, sagte eine Frau, »seitdem ich fühle, was ich vom Kopf her weiß. Ich bin ruhig, entspannt, klar – und ich muss nicht mehr kämpfen.«

Vom Einfühlen zum Mitfühlen

Wie bei dem äußeren Dialog bleibt es auch beim inneren Dialog nicht dabei, sich einzufühlen, sondern der nächste Schritt ist, mit sich selbst *mit*zufühlen. Das Mitgefühl sich selbst gegenüber trägt die Erkenntnis dessen, wer ich bin bzw. (noch) nicht bin, und hilft mir, dies anzuerkennen. Es gibt mir die Kraft, mir selbst zur Seite zu stehen, dort, wo ich den Dialog und mich selbst verloren habe. Als Ausdruck der Liebe hilft es mir, Schmerz, Angst und Scham zu lösen, anstatt mich darin zu verlieren. Wie die Liebe ist das Mitgefühl die Abwendung von der Destruktivität und die Hinwendung zum Heil. Es lässt mich zu mir selbst zurückkehren und bei mir selbst bleiben.

Wie erleichternd und auch heilsam die Empathie sich selbst gegenüber sein kann, erlebte ein Mann, der sich in einem schweren inneren Konflikt befand. Dieser Konflikt bestand darin, dass er sich Vorwürfe machte, seiner damaligen Partnerin nicht die Wahrheit gesagt zu haben, woraus am Ende die Trennung resultierte. Nach langem Hadern, verbunden mit Selbstvorwürfen, gelang es ihm nicht nur, die Augenhöhe sich selbst gegenüber einzunehmen (»Ja, ich habe gelogen und einen Fehler gemacht«), sondern auch, sich in sich einzufühlen und sich selbst auf den Grund zu gehen. Warum habe ich die Frau belogen, die ich doch geliebt habe? Nach Antwort suchend, fühlte er sich mit dieser Frage in sich ein. Irgendwann begann er, die Angst zu spüren, die er lange Zeit verdrängt hatte und die ihn grundsätzlich vor Konflikten wie ein Kind fliehen ließ. Er fühlte sich weiter in sich selbst ein – wovor bestand die Angst? Wie sah sie aus? Worin bestand sie genau? Je mehr er sich auf den Grund ging, umso näher kam er sich. Am Ende erkannte er seine tiefe kindliche Angst vor Konflikten, die aus unzähligen Eskalationen mit dem Vater entstanden war. Er fühlte das Ausmaß der Angst in sich, die so übermächtig war, dass er nicht anders konnte als zu lügen und wegzulaufen. Plötzlich empfand er tiefes Mitgefühl für sich selbst als das Kind, das vom Vater so erniedrigt wurde, und er begann sich in seinem Handeln, das er so lange verachtet hatte, zu verstehen. Das Aufdecken des kindlichen Musters, das ihn daran hinderte, als erwachsener Mann zu handeln, brachte den Durchbruch. Zu verstehen, was so lange »unerklärlich« erschien, ließ ihn das Unverständliche erkennen und auf die erwachsene Ebene übertragen. Er konnte Verantwortung für das übernehmen, was gewesen war, ohne sich weiter kleinzumachen – und damit in Frieden kommen. Gleichzeitig verspürte er den wachsenden Impuls, lernen zu wollen, sich Konflikten zu stellen. Sich in der kindlichen Überforderung so nah zu kommen, gab ihm die Möglichkeit, die kindliche Schwäche zu heilen, ihn auf dieser Ebene erwachsen werden und auf dieser Grundlage zukünftige Konflikte austragen zu lassen.

Am Ende ist es auch nicht die Frage, ob das andere nicht ist – es ist einfach die Entscheidung, auf welcher Seite im Leben wir leben wollen.

SELBSTREFLEXION

Der nächste Schritt zu sich selbst ist, dass Sie lernen, sich zu verstehen – in allem, wer Sie sind und wer Sie nicht sind. Beginnen Sie damit, sich »in sich selbst einzufühlen« – in das, was Sie denken und fühlen, in Ihr Handeln, Ihr Tun, Ihre Entscheidungen. Ergründen Sie sich nicht nur rational, sondern auch emotional.

Schritt 1: Nehmen Sie sich immer wieder einen Moment, in dem Sie in sich hineinfühlen. Wie geht es mir in dieser Situation, Position – was fühle ich, wo sind meine Grenzen, was brauche ich?

Schritt 2: Reflektieren Sie eine Situation, ein Ereignis oder eine Handlung, wo Sie sich bisher nicht verstanden haben. Fühlen Sie sich auch hier in sich hinein. Lernen Sie die Frage nach dem Warum nicht im Sinne einer Anklage zu stellen, sondern einem einfühlsamen Sich-auf-den-Grund-Kommen. Notieren Sie, was Sie spüren.

Schritt 3: Wenn Sie spüren, dass Sie beginnen, sich zu verstehen, nutzen Sie dieses emotionale Verstehen, sich selbst zur Seite zu stehen und sich anzunehmen. Bringen Sie sich selbst gegenüber in Ihrer Situation und Handlung aktiv Mitgefühl auf. Nehmen Sie sich vollumfänglich an in dem, was Sie getan oder nicht getan haben.

Schritt 4: Beantworten Sie nun für sich folgende zwei Fragen: Welche Konsequenz wollen Sie daraus ziehen? Was lernen Sie für sich aus der Situation?

Augenhöhe und Respekt

Vor einiger Zeit führte eine Frau ein beruflicher Konflikt in die Beratung. Sie berichtete, einer Projektleitung zugestimmt zu haben, obwohl sie eigentlich schon überlastet war. Das Projekt entwickelte sich darüber hinaus als unvorhergesehen kompliziert und die Frau verlor sich immer mehr in dem Modus, überall Wasserfänger aufzustellen. »Obwohl ich innerlich spürte, dass ich eigentlich nicht mehr konnte und eine Grenze ziehen musste«, berichtete sie, »schaffte ich es nicht, dies umzusetzen.«

Wenn Menschen aufgrund von Erschöpfung in die Beratung kommen, dann wird eine zentrale Ursache für ihre Situation deutlich: Die fehlende Augenhöhe und der fehlende Respekt sich selbst gegenüber.

Zu erkennen, wer ich bin und dies anzuerkennen, das zeichnet Augenhöhe und Respekt in Bezug auf sich selbst aus. Es sind die beiden zentralen Elemente, die uns davor schützen, uns in falsche Situationen zu begeben, unsere Potenziale und Möglichkeiten zu verfehlen oder über unsere Grenzen zu gehen.

»Ich schaffte es nicht auszusteigen«, berichtete ein Mann ebenfalls über seine berufliche Situation, »ich konnte es mir nicht eingestehen, eine falsche Entscheidung getroffen zu haben. Ich wollte nicht, dass mein Ruf zu leiden beginnt, und so machte ich immer weiter.«

Die Augenhöhe sich selbst gegenüber heißt, in den inneren Spiegel zu blicken, zu sehen, wer ich bin und wer ich nicht bin – und dies auch zu respektieren. Der Blick in den inneren Spiegel ist die tägliche Selbstreflexion, verbunden mit der beständigen Frage nach sich selbst. Nicht im Sinne einer Anklage, sondern auf der Suche nach erfüllter Beziehung und gelingendem Leben.

Wir können nicht der sein, der wir sind, wenn wir nicht respektieren, wer wir sind.

Während das Interesse, die Offenheit und die Empathie Sie darin unterstützen, sich zu öffnen und zu fühlen, führt die Augenhöhe Sie zu dem, der Sie sind. Was sind meine wesentlichen Bedürfnisse? Wo liegen meine wesentlichen Grenzen? Was ist meine Komfortzone? Wo beginnt meine Integrität?

Wir können nur der sein, der wir sind, wenn wir auch respektieren, wer wir sind.

»Das hört sich vielleicht ziemlich blöd an«, sagte ein Mann während einer Sitzung, »aber ich habe mich so weit selbst unterdrückt, dass ich noch nicht mal gemerkt habe, wenn ich Hunger hatte. Für mich ist der erste Schritt von Respekt mir selbst gegenüber, zu essen, wenn ich Hunger verspüre, und eine Pause zu machen, wenn ich einen Moment Ruhe brauche.«

»Als ich bereit war, meine Grenzen zu respektieren, konnte ich mit meiner Frau offen darüber sprechen. Unser Miteinander ist seitdem ganz anders. Ich muss nicht mehr erscheinen und etwas spielen, was ich nicht bin, sondern ich kann ich selbst sein.«

Sind wir bereit, die Augenhöhe uns selbst gegenüber einzunehmen, können wir unsere Beziehungen gelingend auf Augenhöhe gestalten, Beziehungen mit den richtigen Personen führen und zu echter Erfüllung finden. Gleichzeitig hilft uns die Augenhöhe, schmerzhafte Situationen abzuschließen und weiterzugehen. Anzuerkennen und zu respektieren, wer ich bin, schließt unsere hellen Seiten wie unsere Schattenseiten mit ein. Wenn wir bereit sind, zu beidem gleichermaßen zu stehen, können wir auch Licht in unsere dunklen Seiten bringen.

»Es hat lange gedauert«, berichtete eine Frau, »bis ich bereit war, mir meinen Anteil in meiner Partnerschaft anzuschauen. Ich wollte nicht wahrhaben, dass ich nicht nur das Opfer war, sondern genauso meinen Anteil an unserem Scheitern besaß. Irgendwann wurde mir plötzlich deutlich, wie ich durch meinen Wunsch nach einem Retter mich selbst habe unterwerfen und dominieren lassen. Das tat weh, denn ich hatte genau das Muster gelebt, das ich von meiner Mutter kannte und nie wollte. In dem Moment, als ich es jedoch erkannte, im selben Moment konnte ich beginnen, daran zu arbeiten – und mit meinem Mann in Frieden kommen.«

»Ich schämte mich vor mir selbst für meine Herkunft«, berichtete ein Mann. »Auch wenn ich mich hochgearbeitet habe, im tiefsten Inneren blieb dieser Stachel des Primitiven, aus dem ich kam. Ich musste immer eine Spur drüber sein, um das zu verstecken. Zu erkennen, dass ich dadurch mittendrin war, war ziemlich erschreckend. Aber auch heilsam. Heute bin ich in Frieden mit meiner Herkunft, denn sie ist ein Teil von mir. Das zu respektieren, half mir, diesen Teil abzuschließen und im Heute frei zu leben, wer ich mittlerweile aus mir selbst heraus geworden bin.«

Die innere Fehlerkultur macht die äußere Fehlerkultur

»Wie kann man das denn nicht wissen?« – »Wie kann man nur so unfähig sein?« – »Hast du gehört, was XYZ sich geleistet hat?«

Vielleicht haben Sie es bei sich auch schon erlebt, dass Sie dazu neigen, einen anderen Menschen dafür zu verachten oder sich sogar über ihn lustig zu machen, wenn er einen Fehler macht. Woher kommt dieser Impuls, jemanden verachten zu müssen, der schwach ist? Über die fehlende konstruktive Fehlerkultur in vielen Unternehmen habe ich bereits geschrieben – doch was verbirgt sich hinter der fehlenden Augenhöhe anderen gegenüber?

Vor einiger Zeit kam ein Paar in die Beratung. Während einer Sitzung sagte die Frau zu ihrem Mann: »Ich weiß nicht, ob ich stark genug bin, deine Schwächen auszuhalten.« Werden wir mit Fehlern oder Schwächen konfrontiert, werden wir automatisch vor die Frage der eigenen Stärke und Schwäche gestellt. Sind wir stark genug, stehen zu bleiben und dem, was ist, zu begegnen – oder »zwingt uns die Schwäche des anderen in die Knie, sodass wir ihn in die Knie zwingen müssen«?

> *Fehlende Augenhöhe zeigt sich in Idealisierung oder Verachtung*

Die Mehrzahl der Menschen verliert die Augenhöhe sich selbst gegenüber, wenn es um eigene Schwächen und Fehler gibt. So wie in Unternehmen eine konstruktive Fehlerkultur fehlt, so fehlt vielen von uns eine konstruktive innere Fehlerkultur. Dies kann sich darin äußern, dass eigene Schwächen und Fehler verleugnet werden, indem sich der Betroffene für unantastbar erklärt (»Jemand wie ich kann diese Schwäche nicht haben, deswegen existiert sie auch nicht«), sich kleinmacht und selbst »geißelt« (»Ich kann nichts wert sein, wenn ich so fehlerbehaftet und schwach bin«) oder den Fehler herunterspielt und den Spieß umdreht (»Jeder hat Fehler, so schlimm ist es nicht – und du bist ja auch nicht unbeteiligt an der Situation«). Von Verleugnung, Weglaufen bis hin zur Verkehrung ins Gegenteil – alles ist möglich.

Wenn wir in unseren Beziehungen die Augenhöhe verlieren, so haben wir zuvor immer die Augenhöhe uns selbst gegenüber verloren.

Je nachdem, wie wir uns selbst gegenübertreten, treten wir anderen gegenüber. Solange ich mir selbst und den Realitäten ins Gesicht blicken und diese geradlinig annehmen kann, so lange gibt es für mich keinen Grund, mich einer Person oder Situation zu unterwerfen oder mich über sie zu stellen. Im Gegenteil: Die Augenhöhe und der damit verbundene Respekt mir selbst gegenüber sind meine innere Gewissheit und meine Standhaftigkeit im Außen.

Verlieren wir die Augenhöhe fremden Schwächen gegenüber, ist dies nur ein Ausdruck dafür, mit den eigenen ebenso wenig umgehen zu können.

Ich kann, wenn nötig, klare Grenzen ziehen und mich auf Augenhöhe distanzieren – solange ich die Augenhöhe innerlich bewahre, gibt es keinen Grund, sie im Äußeren zu verlieren.

SELBSTREFLEXION

Bitte reflektieren Sie sich in Bezug auf Ihre Augenhöhe sich selbst gegenüber:

1. Begegnen Sie sich grundsätzlich auf Augenhöhe? Wenn nein, wo verlieren Sie diese? Warum?
2. Üben Sie den klaren und geradlinigen Blick auf sich selbst: Was sind Ihre hellen und was sind Ihre Schattenseiten? Was sind Ihre wesentlichen Bedürfnisse? Wo liegen Ihre wesentlichen Grenzen? Was ist Ihre Komfortzone? Wo beginnt Ihre Integrität?
3. Reflektieren Sie im nächsten Schritt, ob Sie sich in Ihren Bedürfnissen und Grenzen respektieren.
4. Üben Sie aktiv den Respekt sich selbst gegenüber. Respektieren Sie, wer Sie sind, und entscheiden im nächsten Schritt auf Augenhöhe, was veränderbar ist und was nicht. Tragen Sie dem, was ist, aktiv Rechnung.

Augenhöhe als Grundlage für therapeutische Beziehung und Heilung

»Endlich darf ich auch mal ich sagen!«, sagte eine Frau in der Beratung. »Ich erlaube mir seit Kurzem, auch mal Nein zu sagen.«

Ich hörte mir die Schilderungen an und fragte dann nach einer Weile, wie sie eigentlich dazu käme, sich all das zu erlauben.

»Ganz einfach«, war die Antwort, »weil ich das als Kind nie durfte. Mir wurde das als einzigem Mädchen immer verboten.«

Ein zentrales Problem in Therapien ist, dass die Betroffenen trotz vieler Bemühungen ihre kindlichen Verletzungen nicht heilen, weil sie unbewusst auf der Ebene des Kindes bleiben. Dies äußert sich unter anderem in Haltungen wie »Ich darf da sein«, »Ich darf wütend sein«, »Ich darf ich sein«.

Da die Augenhöhe sich selbst gegenüber ein entscheidender Faktor für erfolgreiche therapeutische Prozesse ist, möchte ich diesen Punkt zumindest kurz erwähnen und darin vor allem zeigen, was innere Augenhöhe konkret in der Aufarbeitung von kindlichen Verletzungen bedeutet.

Im ersten Schritt bedeutet sie, dass ich als Betroffener *alle* Realitäten anerkenne – die inneren aus der Vergangenheit und die jetzigen in der Gegenwart. Die entstandenen Wunden sind nur dann zu heilen, wenn die Gegenwart als das anerkannt wird, was sie ist: die jetzige Realität. Dies ist mit der Einsicht verbunden, dass ich ein erwachsener Mensch bin. Als erwachsener Mensch muss ich nicht um Erlaubnis für mein Tun fragen, denn ich selbst trage die Verantwortung. Es ist selbstverständlich, dass ich wütend bin, wenn ich wütend bin; es ist selbstverständlich, dass ich da bin; es ist selbstverständlich, dass ich bin, wer ich bin. Solange ich mich auf der Ebene des »Dürfens« bewege, bleibe ich das verletzte Kind, das damals »nicht durfte« – und bleibe heute weiter »klein«.

Die fehlende Augenhöhe in vielen therapeutischen Prozessen führt nicht nur zu endlosen Therapien, sondern auch zu einer Lähmung der Betroffenen. Häufig ist die Verschmelzung mit der kindlichen Verwundung so stark, dass auch die grundsätzliche Augenhöhe fehlt – und damit der notwendige Blick für wesentliche menschliche Realitäten. Gerade dort, wo die eigene Existenz von Beginn an nicht anerkannt wurde, ist diese schmerzliche Wunde nur dann zu heilen, wenn die Betroffenen auch das Gesunde (an)erkennen: In diesem Fall wäre dies, dass es auch für ein Kind keine Frage des Dürfens ist, »da zu sein« oder »es selbst zu sein«, sondern dass dies sein Grundrecht ist. So sollte sich jeder, der sich in der Aufarbeitung seiner Herkunft befindet, drei Punkte bewusst machen:

1. Solange ich, der erwachsene Mensch, mich als Kind sehe, werde ich das Kind bleiben.
2. Wer sich Erlaubnis holt, wo es nicht um Erlaubnis geht, beseitigt nicht die Störung, sondern erkennt sie im vollen Maße an.
3. Die Unterdrückung und das erlittene Unrecht werden durch die fehlende Augenhöhe weiter fortgesetzt und manifestiert.

Wertschätzung und Liebe

Jede Augenhöhe kann nur bleiben, wenn sie von Wertschätzung und Liebe getragen wird.

Augenhöhe ist das Bekennen dessen, was ist – einschließlich uns selbst. Dies können wir am Ende nur, wenn wir die Stärke dafür aus der Liebe und der Wertschätzung für das menschliche Leben nehmen.

Wenn der eigene Wert fehlt

Eine Frau kam in einem Partnerschaftskonflikt in die Beratung. Sie beschrieb, mit einem Mann zusammen zu sein, der ihr nicht auf Augenhöhe begegnen, über sie bestimmen und sie immer wieder vor vollendete Tatsachen stellen würde. Sie habe immer wieder versucht, dagegen anzukämpfen; es gab viel Streit, aber gebracht hätte es – bis auf eine emotionale Erschöpfung ihrerseits – nichts. Im Laufe der Behandlung stellte sie fest, dass sie in der Beziehung ihr Ich immer mehr aufgegeben hatte – und dies vor allem darin begründet lag, dass ihr die eigene Wertschätzung sich selbst gegenüber fehlte. Anstatt zu sehen, dass sie mit jedem Kampf ein Stück mehr von ihrem Ich aufgab, kämpfte sie weiter dort um Respekt und Augenhöhe, wo es keine Bereitschaft dazu gab. Ihr gelang es nicht, den Wert in sich selbst zu finden, sondern sie suchte ihn weiterhin in ihrem Gegenüber. Ihr Anspruch »Ich will von dem respektiert werden, der mich nicht respektiert« und die fehlende Liebe sich selbst gegenüber führten sie immer weiter in die Erschöpfung.

Ob es das Verharren in schädlichen Situationen oder Beziehungen ist, wir etwas tun, das uns schadet, oder nicht das tun, was gut für uns wäre, darin begründet ist immer der fehlende eigene Wert, der Ausdruck von fehlender Liebe und die vergebliche Suche nach beidem.

Der Weg zu sich selbst und die damit verbundene Erkenntnis des eigenen Wesens führt immer zu der Erfahrung, dass der Ursprung des eigenen Wesens die Liebe ist.

Für die meisten von uns ist es selbstverständlich, die Liebe im Außen zu suchen, sei es durch eine andere Person, durch das, was wir tun, oder durch unseren Besitz.

Der Weg zu sich selbst führt immer über die Erkenntnis, dass wir die Liebe nur in uns selbst finden können – und auch erst dann im Außen leben können.

ÜBUNG

So, wie ich bin, bin ich gut – es ist nicht alles gut, was ich tue, aber ich, ich bin gut!

Die Liebe zu sich selbst und in sich selbst zu finden, ist ein schrittweise stattfindender Prozess, der mit Interesse beginnt. Liebe kann nur dort entstehen, wo Verhärtungen aufgelöst werden. Ich kann nur lieben, wenn ich mich öffne und mich zulasse. Die Offenheit sich selbst gegenüber ist ein weiterer Schritt zur Selbstliebe. Zu lernen, sich zu fühlen und mit sich mitzufühlen, ist die nächste Zuwendung hin zu sich selbst. Die Bereitschaft zu Wahrhaftigkeit und Respekt bereiten den weiteren Boden. Entwickeln und finden Sie auf dieser Grundlage die Liebe. Bringen Sie sich diese ohne Bedingung entgegen und lernen Sie sich so Schritt für Schritt zu lieben. Werden Sie sich darüber bewusst: Die Liebe sich selbst gegenüber ist bedingungslos, sie erfährt ihren Grund in sich selbst.

Je mehr Sie den inneren Dialog praktizieren und sich aktiv Wertschätzung und Liebe entgegenbringen, umso mehr werden Sie feststellen, dass Sie längst begonnen haben, aus sich selbst heraus zu schöpfen. Jeder von uns trägt in seinem Wesenskern die Liebe; der Weg des inneren Dialogs ist, sich dieser bewusst zu werden.

Wie finde ich meinen eigenen Wert?

»Ich habe eine Kollegin«, berichtete eine Frau, »die sich permanent über andere beschwert und lästert. Irgendwann merkte ich, dass ich plötzlich auf derselben Ebene zu denken begann und ich selbst immer vergifteter und negativer wurde. Mich für meinen Wert zu entscheiden, war für mich, dieser Kollegin eine Grenze zu setzen. ›Sei mir nicht böse‹, sagte ich zu ihr, als sie wieder zu mir kam und sich beschweren wollte, ›ich möchte mich auf dieser Ebene nicht mehr mit dir unterhalten. Kläre du für dich die Dinge mit denen, die sie betreffen. Ich bin die falsche Ansprechpartnerin dafür.‹«

»Die Entscheidung, das Unternehmen zu verlassen, war für mich der erste Schritt zurück zu meinem Wert«, berichtete ein Mann. »Es bedeutete, mich nicht mehr zu unterdrücken, sondern mir Rechnung zu tragen.«

»Mich noch mal für eine Ausbildung zu entscheiden«, sagte eine Frau, »das war für mich der erste Ausdruck von Wertschätzung nach vielen Jahren. Es bedeutete, eine wesentliche Seite in mir anzuerkennen.«

Wertschätzung sich selbst gegenüber ist ein täglicher aktiver Prozess. Er bedeutet, den eigenen Bedürfnissen und Grenzen bewusst Rechnung zu tragen, in den Beziehungen das dialogische Gleichgewicht zu halten und für eine wesentliche Atmosphäre zu sorgen. Jeder von uns ist das, was er denkt, fühlt, sagt und tut. Der eigene Selbstwert steht und fällt mit unseren Gedanken, Worten und Taten. Je mehr Sie Augenhöhe und Respekt leben und für ein wesentliches Geben und Nehmen sorgen, umso mehr schätzen und anerkennen Sie aktiv Ihren eigenen Wert.

Dies gilt sowohl für die Beziehungen, die Sie führen, wie auch für die Gestaltung und Pflege der drei wesentlichen »menschlichen Häute«: der Wohnungshaut, der Kleidungshaut und der eigenen Verkörperung. Sich auf diesen Ebenen so zu pflegen und diese so zu gestalten, dass Sie sich zu Hause fühlen, ist Ausdruck von eigener Wertschätzung.

»Ich habe mir nie wirklich Zeit für mich genommen«, sagte eine erschöpfte Frau. »Mich nach dem Duschen einzucremen, auf diese Idee bin ich nie gekommen. Ich habe in mir und meinem Körper die reine Funktion gesehen. Seitdem ich dies geändert habe, beginne ich langsam zu spüren, was es bedeutet, sich wohl in seiner Haut zu fühlen.«

»Frühstück war für mich eine Angelegenheit, die ich auf dem Weg zur Bahn erledigt habe«, sagte ein Mann. »Jetzt, wo ich mir Zeit nehme, den Tag in Ruhe bei mir zu Hause zu beginnen, bin ich viel bewusster und ruhiger bei mir und starte ganz anders in den Tag.«

Den eigenen Körper selbstverständlich zu pflegen, gesund und fit zu halten, für eine angemessene Kleidung zu sorgen und die Wohnung oder das Haus nicht als Unterkunft zu halten, sondern ein persönliches Zuhause zu gestalten – all dies ist Ausdruck von aktiver Wertschätzung sich selbst gegenüber.

Schutz durch Liebe

Mich erreicht immer wieder die Frage: Was mache ich, wenn mein Beziehungspartner oder das System, in dem ich mich befinde, nicht dialogfähig ist? Was, wenn ich nicht gehen will? Welche Möglichkeit gibt es, mich zu schützen?

Sie können sich in destruktiven Beziehungen nur durch die Liebe zu sich selbst schützen. Nur auf dieser Grundlage kann es Ihnen gelingen, wesentliche Grenzen zu ziehen und einzuhalten. Je stärker Ihre Liebe zu sich selbst ist, je mehr Sie um sich selbst und um Ihren Wert wissen, umso so sicherer sind Sie darin, Wertlosigkeit gegenüberzutreten und sich davon abzugrenzen. Das Gleiche gilt für das Gegenteil. Je unsicherer Sie in Ihrem eigenen Wert sind, umso mehr wird Sie wertloses Handeln Ihnen gegenüber und um Sie herum beeinflussen.

Machen Sie sich also bewusst: Sobald Sie sich in destruktiven Beziehungen befinden oder in einer Umgebung, wo der Dialog fehlt, besteht die Gefahr, sich in der äußeren Situation und Atmosphäre zu verlieren.

Um dies zu verhindern, richten Sie Ihre Konzentration gezielt auf das dialogische Gleichgewicht. In dieser Situation bedeutet das: Vergessen Sie nicht sich selbst, sondern fragen Sie sich bewusst, was Sie in diesem Moment brauchen, um auf der Ebene der Dialogs zu bleiben. Wenden Sie sich selbst zu und sorgen Sie mit der Liebe zu sich selbst dafür, bei sich zu bleiben. Nutzen Sie aktiv den inneren Dialog, um sich selbst zu schützen und zu stärken – und hierin gezielt die Liebe zu sich selbst. Sie wird Ihnen die Kraft und Geborgenheit geben, stürmische Zeiten zu überstehen, ohne sich selbst zu verlieren.

Je mehr Sie feststellen, dass Sie unter fehlendem oder sogar negativem Selbstwert leiden, umso mehr haben Sie Ihren Beziehungserfahrungen auf den Grund zu gehen, Ihre aktuellen Beziehungen zu überprüfen und sich das Umfeld anzuschauen, in dem Sie sich befinden. Selbstwert entsteht durch wertvolles Handeln und durch wesentliche Beziehung. Das Gleiche gilt für das Gegenteil.

ÜBUNG

Wertschätzung mir selbst gegenüber

Sich selbst wertzuschätzen bedeutet, ich beginne mich »um mich zu kümmern« und meinem Wert Rechnung zu tragen.

Sorgen Sie aktiv für das Wohlfühlen der »drei Häute«. Wodurch können Sie hier Ihrem Wert aktiv Rechnung tragen und ihn zum Ausdruck bringen? Wie wollen Sie ihm Ausdruck verleihen?

Eigener Selbstwert entsteht durch wertvolles Handeln. Sorgen Sie in Ihren Beziehungen ganz bewusst dafür.

Entfalten Sie sich in Ihrem Wert, in dem Sie zum/zur Gebenden werden. Geben Sie bewusst ein Stück Wesentliches in Ihre Beziehungen – sei es das bewusste Praktizieren der einzelnen Dialogelemente, das bewusste Geben von Unterstützung und Hilfe, von Mitgefühl und Wertschätzung und damit das Mittragen einer wesentlichen Atmosphäre.

Stärken Sie zusätzlich Ihren Wert, indem Sie annehmen, was Ihnen gegeben wird, und dafür dankbar sind. Die bewusste Dankbarkeit führt Sie zu Ihrem Wert zurück.

Im Dialog mit unseren Gefühlen

»Ich bin so unendlich wütend«, sagte ein Mann, »ich komme nicht aus dieser Wut über meinen Chef raus. Sie nimmt mittlerweile so viel Raum im Alltag ein, dass ich mich immer weniger auf meine Arbeit konzentrieren kann. Abends kann ich nicht abschalten, mich nicht entspannen und auf meine Familie konzentrieren.«

Wenn Menschen sich erschöpfen, dann ist eine zentrale Ursache in einem fehlenden Dialog mit den eigenen Gefühlen zu finden. Jeder Burnout entsteht unter anderem durch emotionale Kämpfe und ist Ausdruck einer emotionalen Erschöpfung.

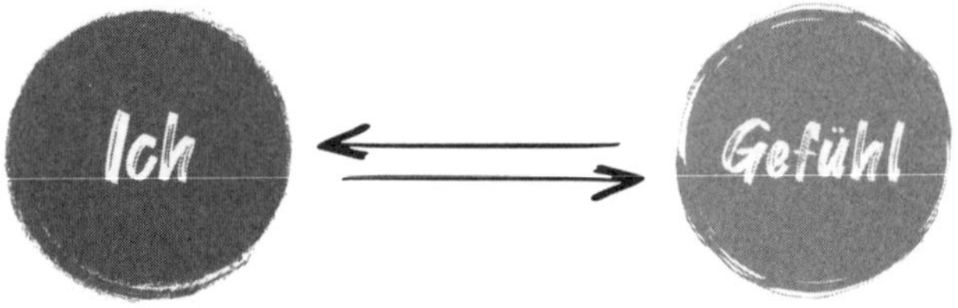

Abb. 4: Der Dialog mit dem Gefühl beschreibt das Ich als fühlendes Gegenüber.

Zu einer gelingenden Beziehung zu mir selbst gehört immer auch die Fähigkeit, den eigenen Gefühlen zu begegnen. Gelingt uns dies nicht, so finden meist zwei Extreme statt: Verdrängung oder emotionale Überschwemmung. Die einen unterdrücken ihre Gefühle, während sich die anderen von ihnen überfluten und bestimmen lassen. Typische Aussagen sind hier: »Ich bin Kopfmensch«, oder: »Ich bin Bauchmensch.« Haben wir den Dialog zu unseren Gefühlen verloren, laufen wir Gefahr, in unseren Beziehungen die Augenhöhe zu verlieren genauso wie den Respekt, die Empathie und die Offenheit. Entweder sind wir emotional verschlossen und für unseren Beziehungspartner nicht zu erreichen. Wir sind nicht mehr in der Lage, unser Gegenüber zu fühlen, das Leben, das wir führen, oder die Sache, die wir tun. Oder aber wir sind so überschwemmt von unseren Gefühlen, dass wir unsere Beziehungen damit ebenfalls überfluten. Ob mit Wut oder Ärger, Trauer oder Angst: Je weniger unsere Emotionen durch den Dialog an unser eigenes Ich gebunden sind – wenn wir sie also verdrängen oder ihnen freien Lauf lassen –, umso mehr breiten sich diese ungehemmt auf unser Umfeld aus.

Kinder sind das beste Beispiel dafür. Je jünger sie sind – und in ihrem Ich noch nicht ausgebildet –, umso ausgelieferter sind sie ihren Emotionen. Sie sind das Gefühl, wenn das Gefühl kommt. Durch den Dialog mit ihren Bezugspersonen lernen sie, ihr Ich zu entwickeln und mit ihren Gefühlen umzugehen.

Mit den eigenen Emotionen in den Dialog zu treten, bedeutet nicht, sie abzuflachen, sie zu unterdrücken oder eine emotionsregulierende »Maschine« zu werden – es bedeutet, ihnen eine Gestalt zu geben.

SELBSTREFLEXION

Überprüfen Sie bitte, wie Sie sich im Umgang mit Ihren Gefühlen erleben. Halten Sie das dialogische Gleichgewicht? Oder werden Sie zu Ihrem Gefühl? Neigen Sie dazu, Ihre Gefühle zu verdrängen?

Machen Sie sich bewusst, welche Gefühle für Sie besonders herausfordernd sind.

ÜBUNG

Im Dialog mit den Gefühlen

Im Folgenden finden Sie eine Anleitung für den Dialog mit den eigenen Gefühlen:

1. Schritt: Den eigenen Gefühlen zu begegnen, setzt voraus, dass Sie in Ihrem Bewusstsein stets bei sich bleiben und sich selbst spüren. Machen Sie sich bewusst, dass Sie der/die sind, der/die fühlt, und nicht umgekehrt. Das heißt, Sie fühlen, dass Sie immer mehr als das Gefühl sind.

2. Schritt: Treten Sie dann mit Ihrem jeweiligen Gefühl auf der Ihnen bekannten Grundlage in den Dialog. Sie sind interessiert und offen für Ihr Gefühl, Sie fühlen sich in das Gefühl ein und begegnen ihm auf Augenhöhe. Die Augenhöhe und der Respekt helfen Ihnen, sich nicht in dem Gefühl zu verlieren. Die Augenhöhe äußert sich darin, das Gefühl zu betrachten, und drückt sich darüber aus, dass Sie das Gefühl in sich spüren, ohne dadurch Ihren Stand und Ihre Größe zu verlieren.

Der Respekt sorgt für die notwendige Grenze und verhindert, dass Sie gegen das Gefühl ankämpfen und sich so emotional

erschöpfen. Respektieren Sie also aktiv jedes Gefühl, das Sie haben, und erkennen seine Berechtigung an. Kein Gefühl entsteht aus dem Nichts, sondern ist immer eine Reaktion auf ein Erlebtes. Deswegen besteht der Dialog mit den Gefühlen immer auch aus dem Verstehen: Gehen Sie Ihrem Gefühl auf den Grund und verstehen Sie es. Entscheiden Sie dann im nächsten Schritt, das Gefühl wieder loszulassen.
Denken Sie daran, der Dialog ist auf allen Ebenen eine Entscheidung für eine Haltung – auch den eigenen Gefühlen gegenüber.
3. Schritt: Üben Sie sich regelmäßig im Dialog zu Ihren Gefühlen und werden Sie so emotional stark. Machen Sie sich dafür das Gefühl bewusst, dem Sie am wenigsten begegnen können.

Üben Sie, mit diesem Gefühl regelmäßig in den Dialog zu treten, und werden Sie dort sicher, wo Ihre emotionalen Unsicherheiten sind.

Im Dialog mit unseren Gedanken

Vor einiger Zeit kam ein Mann in meine Praxis und berichtete, immer wieder von einer Art von Gedanken heimgesucht zu werden, deren er nicht Herr werden könne. Er könne nichts machen, sagte er, diese Gedanken kämen und gingen, wie sie wollten. »Es gibt Tage, in denen alles gut ist, und dann plötzlich, wie aus heiterem Himmel, überfallen sie mich.« Auf meine Frage, was der Inhalt der Gedanken sei, erwiderte er, dass er sich kaum trauen würde, es zu erzählen; er wüsste selbst, dass sie völlig verrückt seien. Er könne aber nichts dagegen tun. Der Mann, sowohl privat wie beruflich mitten im Leben stehend, erzählte von aggressiven Gedanken und dem Impuls, denjenigen, die ihm nahestanden, etwas antun zu müssen. Er wisse, dass dies völlig verrückt sei, und er hätte auch nicht wirklich das Bedürfnis, aber diese Gedanken hätte er dennoch.

»Ich bekomme diese Frau einfach nicht aus meinem Kopf«, berichtete ein anderer Mann. »Obwohl ich alles tue, immer wieder überfallen mich die Gedanken an sie und dann falle ich in sie hinein und grüble und grüble und komme nicht mehr raus. Irgendwann bin ich dann wieder klar, aber diese Zustände sind unerträglich.«

»Morgens um vier Uhr wache ich auf und bin hellwach«, erzählte eine Anwältin, »und dann fangen die Gedanken an. Immer wieder muss ich nachdenken über meinen Job, über das neue Projekt, ob ich das alles schaffe – es gelingt mir nicht, die Gedanken loszulassen und weiterzuschlafen, obwohl ich den Schlaf dringend nötig hätte.«

Das sind nur drei Beispiele von vielen aus meiner Beratung, bei denen Menschen den Dialog zu sich selbst und zu ihrem Umfeld verloren haben und sich das in Form »nicht mehr zu beherrschender Gedanken« äußert.

»Im Dialog zu sein«, gilt natürlich auch für unsere Gedanken. Auch hier ist der Dialog die Basis für das gesunde gedankliche Gleichgewicht und die Voraussetzung für mentale Kraft.

Sobald wir den Dialog zu unseren Gedanken verlieren, geraten wir aus dem gedanklichen Gleichgewicht. Dies versuchen wir dann damit zu kompensieren, dass wir die Gedanken, die uns nicht gefallen, bekämpfen, sie zu verdrängen oder zu beherrschen versuchen. Alle drei Möglichkeiten kosten uns Energie und Zeit und führen auch nicht zur Lösung. Oder waren Sie schon einmal langfristig damit erfolgreich, Ihre Gedanken beherrschen zu wollen?

Gedanken können niemals beherrscht werden – wenn wir das versuchen, werden sie uns früher oder später beherrschen. Wir können unsere Gedanken auch nicht bekämpfen – das würde sie nur stärker machen und uns immer mehr auf sie fixieren.

Früher oder später kommt das Bekämpfte und Verdrängte mit umso größerer Kraft zurück.

Erst wenn es uns gelingt, unseren Gedanken im Dialog zu begegnen, wird Ruhe einkehren und wir bleiben frei.

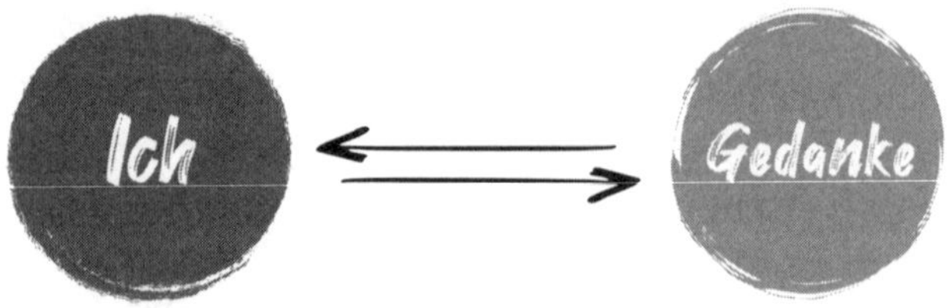

Abb. 5: Der Dialog mit dem Gedanken beschreibt das Ich als denkendes Gegenüber.

Wie das konkret aussieht und wie die einzelnen Schritte sind, möchte ich Ihnen im Folgenden beschreiben:

1. Damit Sie in Ihrem Denken frei bleiben, gilt es zuallererst, eine Voraussetzung anzuerkennen: Sie sind derjenige, der denkt. Machen Sie sich bewusst, dass Ihre Gedanken Sie nur im Griff haben können, wenn Sie diese Position aufgeben. Sobald Sie das tun, *werden Sie gedacht*, und das ist ein großer Unterschied.
2. Bei jeder Beziehung müssen wir uns die Frage stellen, auf welcher Ebene wir sie führen; das Gleiche gilt auch für unser Denken. Auf welcher Ebene denken wir? Denken wir aus unserem Selbst heraus? Befinden wir uns im inneren Dialog? Oder ist es unsere Neurose, die denkt (wir, die zur Neurose geworden sind) – dann denken wir auf der neurotischen Ebene.

So wie jede Beziehung innerhalb von inneren Realitäten (siehe das Kapitel »Innere Realitäten«) zum Scheitern verurteilt ist, gilt dies auch für das »neurotische Denken«. Hier wird auf Grundlage von Defizit und Unmöglichkeiten gedacht – kurzum, es gibt keine Lösung in diesem System. Vor diesem Hintergrund entsteht dann das bekannte Grübeln.

Damit Sie in Ihrem Denken frei werden, müssen Sie sich also die Frage nach der Ebene stellen, auf der Sie denken, und dafür sorgen, dass Sie auf die Ebene des Dialogs wechseln. Der innere Dialog ist die Voraussetzung dafür, dass Sie frei das denken, was Sie wollen, und nicht das, was Sie müssen.

Gehen Sie auf die Position des eigenen Ichs und begegnen Sie dem Gedanken auf Grundlage des Dialogs:

Interesse: Was ist das für ein Gedanke? Worin liegt er begründet?
Offenheit: Ich schaue ihn mir genau an.
Empathie: Mit welchem Gefühl ist er verbunden? Ich begegne dem Gefühl und meinem Gedanken mit Verständnis und Mitgefühl.
Augenhöhe und Respekt: Ich betrachte ihn, indem ich ihn direkt anblicke – ich mache ihn weder kleiner noch größer. Ich respektiere ihn, wie er ist.
Wertschätzung und Liebe: Ich nehme den Gedanken an und begegne ihm mit Liebe.

Wenn Sie in den Dialog mit Ihren Gedanken treten, dann nehmen Sie automatisch die Betrachterrolle ein. Sie werden spüren, dass Sie damit den notwendigen Abstand bekommen, den Sie brauchen, um entscheiden zu können, wie Sie mit dem Gedanken umgehen möchten. Jeden neurotischen Gedanken gilt es loszulassen. Das gelingt Ihnen, indem Sie die innere Realität lösen, mit der der Gedanke verhaftet ist. Dies geht nicht von heute auf morgen, sondern erfordert Auseinandersetzung und Verarbeitung. Für den Umgang mit dem Gedanken bedeutet dies, dass Sie ihm nicht mehr nachgehen, sondern ihn »davonziehen« lassen und dem begegnen, was hinter dem Gedanken steht. Der Verletzung.

Für die Anwältin, die morgens um vier Uhr regelmäßig aufwachte, bedeutete das: Nachdem sie erkannt hatte, dass hinter ihrem Grübeln die neurotische Ohnmacht ihrem Vater gegenüber stand, der stets Bestleistungen von ihr erwartet hatte, konnte sie das System verlassen und das Grübeln hörte auf. Sie wandte sich dem Konflikt mit dem Vater zu, den sie bis dahin verdrängt hatte, begann ihn aufzuarbeiten und sich aus ihrer kindlichen Ohnmacht zu befreien.

Im Dialog zu sein, bedeutet annehmen und loslassen – das gilt auch für den Gedanken: betrachten – erkennen – entscheiden – und wieder loslassen.

Die innere Atmosphäre verändern

Kinder haben ein untrügliches Gespür für das, was ist. Doch auch Erwachsene nehmen Atmosphären wahr, wenn auch häufig unbewusst. Das Phänomen des »Elefanten im Raum« habe ich bereits beschrieben. Doch wir nehmen nicht nur die Atmosphäre um uns herum und zwischen Menschen wahr, sondern auch die Atmosphäre, die *in* einem Menschen herrscht.

> *Jeder von uns, der Beziehung lebt, wirkt durch seine innere und äußere Haltung auf die Atmosphäre ein und an ihr mit – und ist dafür verantwortlich, sie wesentlich zu gestalten. Wir wirken nicht nur durch unsere Worte und unser Handeln, sondern auch durch unsere unausgesprochenen Gedanken und Gefühle. Je eindeutiger und geklärter die eigene Identität ist, umso klarer ist die Atmosphäre, die jeder verkörpert, und umso weniger »verschmutzen« wir die Luft.*

Ich erinnere mich an eine Führungskraft, die von der ersten Begegnung mit einem neuen Vorstand berichtete, der sich der ersten Führungsebene vorstellte. Die Führungskraft berichtete, dass eine merkwürdige Stimmung im Raum war und sich Angst auszubreiten begann. Obwohl der neue Vorstand freundlich war, entstand Unsicherheit und Angst. Erst viel später erkannte der Mann, dass er und seine Kollegen damals schon etwas wahrgenommen hatten, das sich später in Brutalität und Rücksichtslosigkeit, verbunden mit Cholerik zeigen sollte. Wir spüren, wie es in einem Menschen aussieht – denn jeder von uns trägt die Welt, die er in sich hat, »um sich herum und vor sich her«. Wir werden nicht nur in unseren Beziehungen sichtbar, sondern auch durch die von uns verkörperte Atmosphäre. Sie kennen sicherlich die Aussage, die Person »hat Charisma« oder »füllt den Raum, wenn sie ihn betritt«. Versuchen Sie einmal, sich in Ihrer Ausstrahlung zu beschreiben – und überprüfen Sie dann, ob diese Ausstrahlung die Ausstrahlung Ihres Wesens ist. Sind Sie das, was Sie ausstrahlen? Oder sind es möglicherweise unterdrückte Emotionen aus negativen, unverarbeiteten Beziehungserfahrungen? Wenn wir für eine andere Atmosphäre sorgen wollen, müssen wir uns dem in uns zuzuwenden, was Leben und Begegnung ausmacht, und das, was in uns Begegnung und Leben verneint, auflösen. Das sind meist unverarbeitete, vom Bewusstsein abgespaltene Negativerfahrungen, die sich in Form von inneren Realitäten in uns »festgesetzt« haben. Je unbewusster sie sind, umso mehr beeinflussen sie die Atmosphäre, die uns umgibt.

ÜBUNG
Beziehungshaltungen
Zur Veranschaulichung sehen Sie im Folgenden eine kurze Auflistung von lebensbejahenden und lebensverneinenden Haltungen, welche die Beziehungsatmosphäre prägen – Ihre Aufgabe ist, intuitiv zu entscheiden, welcher Haltung Sie nah sein wollen:

Interesse – Gleichgültigkeit
Offenheit – Verschlossenheit
Empathie – Kälte
Augenhöhe und Respekt – Dominanz, Unterwerfung
Liebe und Wertschätzung – Gier, Sucht, Hass, Angst, Wut

Machen Sie sich im nächsten Schritt bewusst: Sie können die Atmosphäre selbst bestimmen, die Sie umgibt, indem Sie beginnen, den Dialog aktiv zu verkörpern – sich selbst gegenüber wie in Ihren Beziehungen. Im Außen schön zu werden, heißt, die innere Schönheit wiederherzustellen – und die Werte, die Gesundheit und Leben symbolisieren, aktiv zu leben beginnen.

Es ist auch für mich immer wieder eindrücklich, in der Arbeit mit Menschen zu sehen, wie sehr das Aussehen durch die Ausstrahlung bestimmt wird und wie sehr die Ausstrahlung von unseren inneren Bewusstseinszuständen abhängt. So kann es sein, dass ein Mensch innerhalb von einem Moment zu »einer ganz anderen Person« werden kann, wenn er die Bewusstseinsebene wechselt. Unser Aussehen nimmt den Zustand im Außen an, in dem wir uns innerlich befinden. So können zum Beispiel von den Lebensjahren her alte Menschen noch sehr jugendlich wirken, während junge Menschen, die sich in inneren Einbahnstraßen oder Kämpfen befinden, greisenhaft und verschlissen aussehen können.

Wenn wir die Dialogvoraussetzungen uns selbst gegenüber anwenden, dann nehmen wir Kontakt zu uns auf. Um die Verbindung zu uns selbst nicht zu verlieren, sollten wir uns immer wieder Zeit für uns selbst nehmen und die fünf Dialogvoraussetzungen uns selbst gegenüber regelmäßig und bewusst leben.

Projektive Identifizierung

»Du bist heute aber wieder ganz schön wütend«, sagte ein Mann während einer Autofahrt zu seiner Frau. »Was ist bloß los mit dir?«

»Mensch, siehst du heute schlecht aus, geht es dir nicht gut?«, fragte eine Frau ihre Kollegin morgens am Kaffeeautomaten.

In den beiden Beispielen waren weder die erste Frau wütend noch fühlte sich die zweite schlecht – im Gegenteil: Beiden ging es gut und sie fühlten sich entspannt.

Kennen Sie solche Situationen auch? In denen Ihr Gegenüber versucht, Ihnen etwas unterzuschieben, was nichts mit Ihnen zu tun hat? Dann bemerken sie dies hoffentlich rechtzeitig, denn sonst kann Ihnen das passieren, was den beiden Frauen geschah. Nach dem Gespräch ging die eine in die Waschräume, betrachtete sich im Spiegel und fühlte sich irgendwie unwohl, während die andere am Ende des Gesprächs mit einer Wut aus dem Auto stieg.

Im folgenden Kapitel möchte ich auf ein Phänomen eingehen, das immer dann auftaucht, wenn die Beziehung zu sich selbst nicht gelingt und echte Identität nicht vorhanden ist. Je mehr der innere Dialog gestört ist oder gar fehlt, umso stärker beeinträchtigt ist der äußere Dialog, der geführt wird.

Projektive Identifizierung beschreibt das Phänomen, das entsteht, wenn die beiden Beziehungspartner nicht zu ihrer wesentlichen Identität gefunden haben und vor diesem Hintergrund eigene Anteile auf das Gegenüber projizieren und dessen Anteile übernehmen. Dies kann beidseitig stattfinden, häufig jedoch handelt es sich um eine Rollenverteilung, in der einer der Beziehungspartner projiziert, während der andere sich damit identifiziert. Projektive Identifizierung ist ein Ausdruck fehlender Augenhöhe sich selbst wie dem anderen gegenüber, sie kann in allen zwischenmenschlichen Beziehungen stattfinden, privat, beruflich, gesellschaftlich.

Vor einiger Zeit kam eine Frau in die Praxis und erzählte Folgendes: »Ich befinde mich am Ende einer langen Beziehung, in der ich mich selbst völlig erschöpft habe. Zu Beginn dieser Beziehung war ich voller Elan, voller positiver Stimmung und ich war zufrieden in meinem Leben. Dann traf ich diesen Mann. Nun stehe ich dort, wo er damals stand: kurz vor einem Burnout, voller Negativität und ohne eigenes Selbstwertgefühl. Es ist, als wäre all das, was er war, in mich ›reingegangen‹.«

»Zu Beginn«, so berichtete ein Mann, »konnte ich mich von den Entwertungen meiner Frau abgrenzen, aber irgendwann fing ich an zu glauben, was sie sagte. Das fiel mir gar nicht auf. Erst als ich während eines Meetings plötzlich an mir selbst zweifelte und mich auf eine Art und Weise in Frage stellte, die der Realität nicht angemessen war, dachte ich plötzlich: Ich fühle mich wie der Versager, den meine Frau mir immer wieder vorgehalten hat.«

Ein anderer Mann kam aufgrund tiefer Ängste und eines Burnouts in die Beratung. Er berichtete von einer zweijährigen Restrukturierung, in der er sich und selbst die erste Führungsebene immer mehr erschöpften. Obwohl er sich eigentlich nie als ängstlichen Menschen bezeichnet hätte, stünde er nach diesen beiden Jahren jetzt vor dem krassen Gegenteil: »Diese Zeit hat mich mürbe gemacht«, berichtete er. »Es waren gar nicht so sehr die Anforderungen, sondern die Atmosphäre, die bei uns geherrscht hat. Ich war am Ende nur noch Angst. Meine eigene Angst hätte ich vielleicht noch bewältigen können«, sagte er, »aber die Ängste meiner Mitarbeiter und der Erfolgsdruck des Vorstands – das war zu viel für mich.«

Damit der äußere Dialog gelingt, braucht es zwei selbstbewusste Gegenüber, die in sich und aus sich selbst heraus stehen. Ist sich ein Mensch seiner selbst nicht voll bewusst, dann fehlen ihm eigene Identität und Orientierung. Er kann nicht zwischen »fremd« und »eigen« unterscheiden und hat nicht die Möglichkeit, richtige und notwendige Grenzen zu ziehen. Dies gilt nicht nur für die eigenen inneren Realitäten, sondern auch für das, was ihm das Gegenüber entgegenbringt. Projektive Identifizierung wirkt atmosphärisch – meist unbewusst – und auf dieser Grundlage wie automatisch. Nach dem Prinzip »Das Unbewusste sucht und findet stets das Unbewusste« wird projiziert und identifiziert. Beides auf der Grundlage fehlender Augenhöhe. Nach dem Schloss-Schlüssel-Prinzip wird das Gegenüber als Lösung für die eigenen Schwächen gesucht. Der eine projiziert, der andere identifiziert (sich). Dies kann in Form eines Retters oder eines Sündenbocks sein.

Der Mann, der nicht mit seiner Wut umgehen konnte, suchte die Entlastung in seiner Frau und versuchte, seine Wut auf sie zu verlagern, um sie selbst loszuwerden. Die Kollegin befand sich selbst in einer Krise, die sie nicht zu lösen vermochte, und fand es leichter, »all das Schlechte« im Gesicht ihrer Kollegin zu sehen. Das Gleiche galt für den Vorstand, der seinen eigenen Versagensängsten hilflos gegenüberstand und sich nicht anders zu helfen wusste, als diese an seine erste Führungsebene weiterzureichen.

Nach dem Motto »Kannst du mal kurz halten?« werden unverarbeitete eigene innere Zustände dem anderen »in die Hand gedrückt«. All das, was mir selbst zu schwer erscheint, gebe ich ab. Abhängig davon, wie schwer die eigenen Unbequemlichkeiten und Unerträglichkeiten sind und wie kräftig der andere ist, geht dieses Spiel aus. Nicht selten hat die eine Seite so schwer zu tragen, dass sie unter der Last des anderen begraben wird, manchmal zusammenbricht, sich zumindest aber in der Welt des anderen wiederfindet.

Wie jede andere Wechselwirkung, so kann auch Projektion nur dann »wirken«, wenn es jemanden gibt, der bereit ist, sie anzunehmen und bei diesem »Spiel« mitzumachen. Die Ursache liegt immer in der eigenen Ich-Schwäche und inneren Übereinstimmungen mit dem projizierten Inhalt begründet. So konnte sich die Führungskraft (wie seine Kollegen) nur deswegen mit der Versagensangst des Chefs identifizieren, weil der Mann selbst ungelöste Versagensängste in sich trug und seinen eigenen Selbstwert von dessen Anerkennung und Lob abhängig machte. Die Frau, die am Ende ihrer langjährigen Beziehung dort stand, wo ihr Partner zu Beginn war, hatte vermieden, ihre eigene Bedürftigkeit zu lösen, und schob diese lieber ihrem Partner zu, der sie dankbar entgegennahm und sich versorgen ließ, um die eigenen Brennpunkte seiner Partnerin unterzuschieben.

Der Mann nahm die Erniedrigungen seiner Frau in Kauf, weil diese seine eigenen – tief verdrängten – Selbstzweifel trafen, und obwohl die beiden Frauen in meinem Beispiel zu Beginn des Kapitels in dem jeweiligen Moment zufrieden waren, gab es bei beiden eine innere Angriffsfläche, wo die Negativität der Kollegin wie die Wut des Ehepartners einhaken konnte: Bei der Ehefrau war es die fehlende Augenhöhe ihrem Mann gegenüber, bedingt durch eine innere Realität – »Der Mann hat das letzte Wort« –, während es bei der anderen Frau die Angst war, nicht gut genug auszusehen, die zu einer Identifikation mit der Bemerkung der Kollegin führte. Zwar übernahmen beide Frauen jeweils die Welt des Gegenübers, aber nur deswegen, weil diese in die eigene neurotische Welt passte.

Projektive Identifizierung kann niemals ohne gegenseitige Übereinstimmung entstehen. Außerdem folgt sie dem Prinzip des Nehmens und Gebens – allerdings nicht auf der Ebene wesentlicher

Begegnung, sondern in Form eines neurotischen Tauschgeschäfts. Je länger die projektive Identifizierung andauert, umso zersetzender wirkt sie sich auf das Wesentliche aus.

Ein Alltagsphänomen in Beziehungen

Zahllose Menschen erschöpfen sich in und an ihren Beziehungen, weil sie unbewusst versuchen, dem Partner seine Ungelöstheiten abzunehmen – manchmal automatisch, manchmal aufgrund von fehlender Selbstverantwortung und manchmal in der falschen Annahme, diesen »retten« zu können. So werden unbewusste und unausgesprochene Beziehungsverträge geschlossen, ob beruflich oder privat. Selbst in gesellschaftlichen Systemen wird neurotisch »hin und her geschachert«, projiziert, identifiziert und vergeblich nach Lösung gesucht – manchmal über eine kurze Zeit, manchmal über Jahrzehnte, immer so lange, bis jeder bereit ist, zurück zum Wesentlichen zu kehren. Zu sich selbst, zu seiner wesentlichen Verantwortung und zur wesentlichen Wahrheit der Beziehung an sich. So kann es durchaus sein, dass Beziehungen, Gruppen oder Institutionen mit der Lösung der projektiven Identifikation automatisch aufgelöst werden, während andere erst zu ihrer eigentlichen Aufgabe und Bedeutung finden. Solange jedoch projektive Identifikationen stattfinden, kann nicht zu einem wesentlichen Wir und Wachstum gefunden werden.

Im Dialog zu sein, bedeutet, zur wesentlichen Wahrheit zu finden. Es bedeutet, die Ebene der Abwehr zu verlassen und die Ebene der Begegnung einzunehmen.

Es ist also von entscheidender Bedeutung für unsere eigene Gesundheit wie für die Gesundheit unserer Beziehungen, dass wir täglich darauf achten, »bei uns selbst« zu bleiben und unsere Identität in uns selbst suchen und finden. Nur so gelingt es uns, dem anderen auf Augenhöhe zu begegnen, unsere Beziehung auf wesentlicher Ebene zu

Der innere Dialog schützt vor Projektion wie Identifikation.

führen und dort Grenzen zu ziehen, wo sie notwendig sind. Dies gilt für »beide Richtungen« – sowohl für das, was ich gebe, als auch für das, was ich aufnehme. Vor diesem Hintergrund können folgende Punkte und die anschließende Selbstreflexion helfen, projektive Identifikation gezielt zu vermeiden.

1. Sorgen Sie für die richtige Identifikation

Grundvoraussetzung für seelische Gesundheit ist die Fähigkeit zum wesentlichen Nehmen. Stehen Sie mit sich selbst im Dialog, stehen Sie in wesentlicher Verbindung zu sich selbst. Sie wissen, wer Sie sind und was Sie brauchen.

Dieses Wissen hilft Ihnen, zwischen »fremd« und »eigen« zu unterscheiden und schützt Sie davor, das Falsche aufzunehmen und sich mit »Fremdem« zu identifizieren – ob in Form von Atmosphäre, Haltungen, Meinungen, Gedanken oder Emotionen.

Machen Sie sich immer wieder bewusst, wie stark Atmosphäre wirkt, und seien Sie sich über die Art der Atmosphäre bewusst, die Sie umgibt. Wesentliches Nehmen setzt voraus, sich nur dort zu öffnen und atmosphärisch aufzunehmen, wo Gesundheit stattfindet.

2. Richtiges Geben statt Projektion

Der innere Dialog schützt Sie nicht nur vor falscher Identifikation, sondern auch vor Projektion. Je mehr Sie sich selbst in Ihren Gedanken und Gefühlen begegnen können und Sie sich Ihrer negativen, beziehungs-, lebens- und menschenverneinenden Überzeugungen bewusst werden, umso weniger können diese Sie in Ihren Beziehungen bestimmen. Sie können Ihre Konzentration darauf lenken, die Überzeugungen aufzulösen, und Ihre Beziehungen auf wesentlicher Ebene führen.

Auch gilt, dass Projektionen in ihren Inhalten nicht »negativ« sein müssen. So können auch positive Anteile oder Wünsche auf das Gegenüber projiziert werden. Doch auch hier gilt, dass Projektion nicht zur Begegnung führt, sondern in diesem Fall dann zu Enttäuschung, Erschöpfung und nicht selten zu einem Selbstverlust.

SELBSTREFLEXION

Wie ich für gesunde Beziehung sorge

1. Achten Sie darauf, das dialogische Gleichgewicht zwischen Ich, Du und Wir zu halten. Machen Sie sich immer wieder bewusst: Ich bleibe bei mir selbst und halte die Augenhöhe.
2. Halten Sie das wesentliche Gleichgewicht zwischen Nehmen und Geben ein. Fragen Sie sich regelmäßig in Ihren Beziehungen: Was gibt der andere mir? Was nehme ich? Befindet sich dies auf wesentlicher Ebene?
3. Praktizieren Sie bewusst den inneren Dialog! Dazu gehört der tägliche Umgang mit all meinen Gefühlen und Gedanken. Üben Sie täglich, diesen auf Augenhöhe zu begegnen. Je besser Ihnen das gelingt, umso selbstverständlicher können Sie jeglicher Emotion Ihres Gegenübers auf Augenhöhe begegnen, anstatt sich mit ihr zu identifizieren. Machen Sie sich dabei bewusst, was Ihre »am meisten gefürchtete Emotion« ist und üben Sie, gerade mit diesem Gefühl im Dialog zu bleiben.
4. Erinnern Sie sich: Der Dialog ist eine Entscheidung für das Wesentliche und Wahrhaftige. Dazu gehört Verantwortung für das zu übernehmen, was ist – Stichwort: neurotische Ungelöstheiten, eigene Identität und Selbstaufgabe. Lösen Sie, was Sie zu lösen haben – und ermöglichen Sie dies Ihrem Gegenüber ebenfalls.
5. Achten Sie immer wieder bewusst auf das, was Sie in Ihren Beziehungen »aufnehmen«. Je länger Sie sich in einer Welt aufhalten, die nicht mit Ihrem Wesen übereinstimmt, umso »schlechter« wird es Ihnen gehen, umso mehr werden Sie sich von sich selbst entfernen und umso schwerer werden Sie zu sich selbst zurückfinden.
6. Denken Sie daran, dass Beziehungen atmosphärisch wirken und darin natürlich auch das Phänomen der projekti-

ven Identifizierung zum Tragen kommt. Rollen, Verhaltensweisen und Merkmale werden nicht nur im direkten Kontakt zugeschrieben, sondern durchaus auch auf Distanz. Auch das geschriebene Wort kann zu einer projektiven Identifizierung führen, genauso wie das Phänomen nicht nur einzelne Personen, sondern Menschgruppen betreffen kann.

7. Grundsätzlich gilt: Sorgen Sie für eine wesentliche Atmosphäre in Ihren Beziehungen. Halten Sie das dialogische Gleichgewicht aufrecht und achten Sie auch atmosphärisch auf die Balance zwischen wesentlichem Nehmen und Geben. Damit Ihnen dies gelingt, machen Sie sich situativ immer wieder bewusst: Ich nehme die Atmosphäre an und lasse sie wieder los. Ich nehme das gesagte Wort auf und lasse es wieder los. Ich nehme die Gefühle des anderen an und lasse sie wieder los. Annehmen und Loslassen ist die Grundlage, die Beziehung »im Fluss« zu halten und selbst stabil zu bleiben.

4. Kapitel

Innere Realitäten

Warum Beziehung scheitert

»Wir können erst zu erfüllter Begegnung finden, wenn wir negative Beziehungserfahrungen in uns heilen.«

Sicherlich kennen Sie die Situation, in der Ihnen ein Dialog nicht gelingt, es vielleicht zu einem Streit oder einer Eskalation kommt, und im Nachhinein ärgern Sie sich, dass Sie überreagiert haben. Oder es gelingt Ihnen bestimmten Menschen gegenüber nicht, die Augenhöhe zu halten, Sie fühlen sich hilflos und haben vielleicht sogar Angst. Obwohl Sie rational und logisch wissen, dass es eigentlich keinen Grund dafür gibt, gelingt es Ihnen nicht, emotional entsprechend zu reagieren. Dies kann so weit gehen, dass es Ihnen nicht gelingt, das Richtige und Notwendige zu tun. Wenn wir uns als erwachsene Menschen fragen, warum unsere Beziehungen nicht so gelingen, wie wir es uns wünschen, und viele sogar gegen unseren Willen und trotz hoher Bemühungen scheitern, dann müssen wir uns mit einem weiteren Aspekt auseinandersetzen, um diese Frage zu beantworten.

> *Beziehung findet in den meisten Momenten intuitiv und unbewusst statt. Wir leben das, was wir gelernt haben.*

Um unserem Gegenüber zu begegnen und zu einem Wir zu finden, müssen wir diesen überhaupt als das erkennen, was er ist. Stress entsteht niemals durch die Situation oder Person an sich, sondern immer durch das, was wir daraus machen. Es ist unsere subjektive Bewertung über uns selbst, die Situation und über den anderen, die darüber entscheidet, wie wir Beziehung gestalten.

So wird in privaten wie beruflichen Konfliktmoderationen deutlich, dass mindestens die Hälfte der Annahmen, die wir über die andere Person

> *Dialogfähigkeit setzt eine Bewusstseinsebene voraus, auf der wir klar zwischen innerer und äußerer Realität unterscheiden können.*

oder Situation getroffen haben, viel mehr mit uns selbst und unseren inneren Überzeugungen zu tun hat als mit der tatsächlichen Realität. Je negativer unsere Beziehungserfahrungen und je schwächer wir in unserem Ich, je leerer und sprachloser die Beziehung zu uns selbst, umso größer ist der Anteil der Projektionen, die wir in die Beziehung mit einbringen und nicht als unseren Anteil erkennen, sondern dem anderen »zuschieben«.

Ob Teams, Paare, Einzelpersonen – wenn es um ein gelingendes Miteinander geht, dann ist dieses Wissen die Aufforderung an alle Beteiligten, gerade für das offen zu sein, was *nicht* ist, aber so erscheint. Um Beziehung gelingend gestalten zu können, gilt es für die meisten von uns, erst einmal in sich selbst aufzuräumen und Klarheit über die eigenen Beziehungsannahmen und Wahrheiten zu gewinnen, die wir in uns tragen.

Stress entsteht niemals durch die Situation oder Person an sich, sondern immer durch das, was wir aus der Situation oder Person machen. Wir bewerten aufgrund unserer Erfahrung – je bewusster wir über uns selbst und unser bisheriges Leben sind, je mehr wir verarbeitet und gelernt haben, umso freier sind wir im Hier und Jetzt. Umgekehrt gilt das Gegenteil.

ÜBUNG

Die Aufräumarbeit beginnt

Für eine erste Bestandsaufnahme Ihrer ersten Beziehungserfahrungen ergänzen Sie bitte ganz intuitiv folgende Sätze:

- Partnerschaft bedeutet für mich …
- Ich finde mich selbst …
- Ich vertraue eher schlecht, weil …
- Es fällt mir leicht, mich auseinanderzusetzen, weil …
- Ich vermeide es, Störung anzusprechen, weil …
- Es fällt mir leicht, mich auf jemanden einzulassen, weil …
- Meine größte Angst in Beziehung ist …
- Ich lasse mich nur schwer auf andere Menschen ein, weil …

Wie sich Beziehungsmuster entwickeln

Wenn wir uns also fragen, warum Beziehung im Erwachsenenalter so häufig nicht gelingt, warum ein selbstverständliches Miteinander auf Augenhöhe unmöglich erscheint, dann müssen wir uns immer auch fragen, wo und vor allem *wie* wir Beziehung gelernt haben.

Die Fähigkeit zur gelingenden Beziehung wird im Elternhaus gelegt. Die ersten Lebensjahre, in denen das eigene Ich ausgebildet wird, sind dabei entscheidend. Prägend sind dabei nicht einzelne Erlebnisse, sondern die tägliche Atmosphäre des Miteinanders. So, wie die Eltern mit sich selbst, untereinander und mit mir als Kind in Beziehung getreten sind, so lerne ich als Kind, mit mir selbst und meiner Umwelt in Beziehung zu treten. Diese »Beziehungssprache« beginne ich als Kind von Beginn an zu lernen und am Ende fließend zu sprechen.

Wir alle kennen das Gefühl, wie wohltuend die Atmosphäre des Dialogs ist. Wie stärkend Augenhöhe, wie befreiend Offenheit, wie inspirierend Interesse, wie unterstützend Empathie, wie anerkennend Respekt und wie tief beheimatend und lebensbejahend Liebe sind. Die Atmosphäre des Dialogs ist die Atmosphäre des Lebens. Als Erwachsene haben wir die Freiheit, diese Atmosphäre selbst herzustellen. Wir können uns die Beziehungen suchen, in denen diese Atmosphäre gegeben ist, und wir können solche beenden, in denen der Dialog nicht möglich ist. Als Kind haben wir diese Möglichkeit nicht. Wir sind unserer Umwelt ausgeliefert und gleichzeitig existenziell auf den Dialog angewiesen. Wir brauchen die Begegnung, damit wir zu unserem Ich finden und beziehungsfähig werden können.

> *Die Erfahrung der Begegnung ist existenziell für die Identitätsbildung und Beziehungsentwicklung des Kindes.*

SELBSTREFLEXION

Wenn wir als Erwachsene feststellen, dass wir in beruflichen oder privaten Situationen »nicht miteinander sprechen können«, dann sollten im ersten Schritt immer folgende Fragen berücksichtigt werden: Welche individuelle Sprache wird von den beiden Beziehungspartnern gesprochen? Spricht mein Chef oder Kollege dieselbe Sprache wie ich? Spreche ich dieselbe Sprache wie mein Partner? Welche Beziehungssprache habe ich persönlich gelernt? Ist der Dialog für mich ein Selbstverständnis oder besteht meine Sprache zum Beispiel aus fehlendem Respekt und fehlender Augenhöhe?

Gelingende Beziehung ist häufig auch damit verbunden, dass wir eine neue Sprache lernen und unsere »Muttersprache« aufgeben müssen.

Der Weg zur gesunden Beziehung

Im folgenden Abschnitt möchte ich nun anhand des Dialogdreiecks auf die einzelnen Entwicklungsstufen und Aspekte eingehen, die uns für unsere spätere Beziehungs- und Dialogfähigkeit prägen.

So entsteht das Ich des Kindes

Wenn Klienten in die Beratung kommen und sich auf der Suche nach sich selbst und ihrer Beziehungsfähigkeit mit der eigenen Biografie auseinandersetzen, übersehen viele, dass ihre Beziehungserfahrung nicht erst mit der Geburt beginnt, sondern bereits davor. Wir lernen und erfahren Beziehung von Beginn unseres Lebens an. Und der Beginn unseres Lebens ist der Moment unserer Zeugung.

Beziehungsfähigkeit entsteht durch gesunde Beziehungserfahrung – von Anfang an.

So ist es ein Unterschied, ob ich als Kind ein Unfall bin, in einem »Kriegsgebiet« gezeugt wurde, meine Mutter mich von meinem Vater »geholt« hat, weil sie unbedingt ein Kind, nicht aber meinen Vater wollte – oder ob ich aus Liebe gezeugt wurde. Ich als Kind bin das Ergebnis der Atmosphäre zwischen Vater und Mutter und trage diese Atmosphäre als Ursprung in mir. Ich bin das Wir meiner Eltern.

Habe ich Mutter und Vater, die mit sich selbst in guter Beziehung standen, für die Interesse, Offenheit, Augenhöhe, Mitgefühl und Respekt sich selbst gegenüber und zueinander selbstverständlich waren und sich auf dieser Grundlage aus Liebe füreinander entschieden haben, dann bin ich auf diesem doppelten Boden gezeugt worden. Ich bin aus dem Dialog entstanden und trage den Dialog als meinen Ursprung in mir.

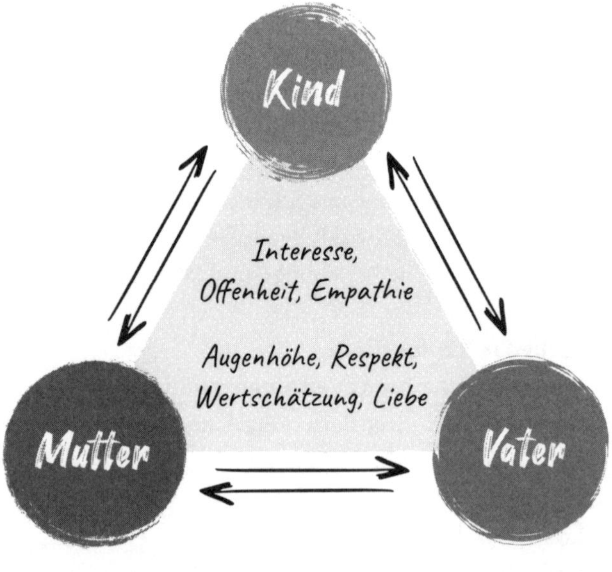

Abb. 6: Das Kind ist das Wir der Eltern. Das Wir der Eltern bestimmt das Selbstbild des Kindes.

Schwangerschaft

So wie die Atmosphäre der Zeugung mein Ursprung ist, wirkt die Atmosphäre der Beziehungen, die meine Mutter führt, auf mich als Kind während der Schwangerschaft ein. Hier beginnt die erste personale Beziehungserfahrung für mich als Kind – die Erfahrung zwischen mir und meiner Mutter. Darüber hinaus bin ich von der grundsätzlichen Atmosphäre umgeben, die meine Mutter in sich aus den Beziehungen zu sich selbst, zu meinem Vater und grundsätzlich trägt – sowie der Atmosphäre, die meine Mutter umgibt.

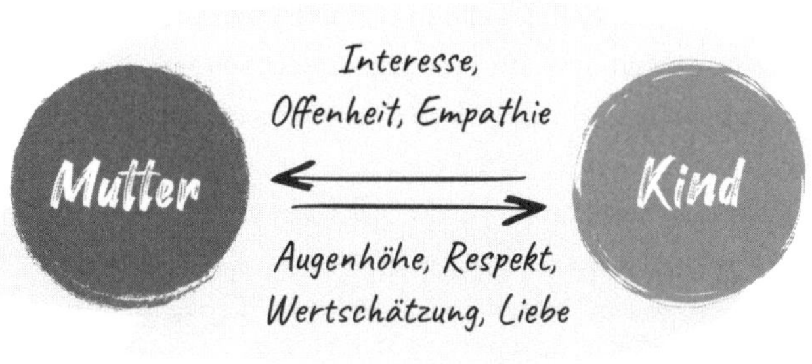

Abb. 7: Der Dialog zwischen Mutter und Kind ist von Beginn an entscheidend für die gesunde Entwicklung des Kindes.

Wie die Mutter für eine gesunde Ernährung sorgt und auf Giftstoffe verzichtet, um das Kind zu schützen und für seine gesunde Entwicklung zu sorgen, so ist ihre innere Haltung, die emotionale und mentale Einstellung ihrem Kind gegenüber genauso entscheidend. Wende ich mich meinem Kind in mir zu? Nehme ich Kontakt auf? Begegne ich ihm mit Interesse, Offenheit, Mitgefühl, Respekt und Liebe? Gibt es von Beginn an ein Wir zwischen meinem Kind und mir? Oder ist die Schwangerschaft zu meinem Kind von Ablehnung, Angst, Zweifel

Der Dialog zwischen Mutter und Kind in den ersten neun Monaten legt den Grundstein für den Eintritt in das Leben.

und Sorge geprägt? In der Mutter und unmittelbar mit ihr verbunden, wirkt sich all dies atmosphärisch auf das Kind aus und legt den Grundstein für den späteren Eintritt in das Leben.

Geburt und die ersten Lebensjahre

Wenn ich als Kind auf die Welt komme, bin ich in meinem Wesen schon da, besitze jedoch noch kein Bewusstsein darüber, wer ich bin. Um dies zu entwickeln und zu dem zu werden, der ich bin, brauche ich existenziell die Begegnung mit dem »Du« meiner Eltern. Ich brauche die Erfahrung von Mutter und Vater, die sich fernab eigener Erwartungen für mich in meinem Wesen interessieren und sich dafür öffnen, wer ich bin. Eltern, die sich von Beginn an in mich einfühlen und mitfühlen, mir genügend Freiraum und die notwendigen Grenzen geben und mir auf Augenhöhe begegnen. Mich weder in den Himmel loben noch abwerten, sondern mir mit Wertschätzung, Respekt und Liebe begegnen, getragen von der Einstellung: »So wie du bist, bist du gut; es ist nicht alles gut, was du tust, aber du, du bist gut!«

In dieser Dialog-Atmosphäre lerne ich, mich für mich selbst zu interessieren und offen für mich selbst zu werden. Die Empathie meiner Eltern lehrt mich, mich in mein Selbst einzufühlen und mit mir mitzufühlen. Die Augenhöhe meiner Eltern mir gegenüber führt mich zur Geradlinigkeit und Augenhöhe mir selbst gegenüber. Ihr Respekt sichert den Respekt für mich selbst, ihre Wertschätzung und Liebe führen mich zu meinem Wert und zu der Liebe zu mir selbst.

Der Dialog meiner Eltern mit mir ist der Impuls für meine Menschwerdung. Durch ihn lerne ich den inneren Dialog. Durch ihren Blick entwickle ich den Blick für mich selbst.

Fähig zum Du und zum Wir

Wie die Eltern mit sich selbst, untereinander und mit mir als Kind in Beziehung treten, daraus lerne ich nicht nur mit mir selbst, sondern auch mit der Welt in Beziehung zu treten.

Interesse, Offenheit, Augenhöhe, Empathie, Respekt und Liebe – die Sprache der Begegnung lernen wir durch das tägliche Sprechen. Unsere Eltern zeigen uns, wie Beziehung gelingt.

Erfahren wir Interesse, ist es für uns selbstverständlich, Interesse zu leben; wird uns Mitgefühl vorgelebt und entgegengebracht, ist es selbstverständlich für uns, uns in andere ein- und mit ihnen mitzufühlen. Erfahren wir Liebe, sind wir liebesfähig und können Liebe annehmen und geben. Ist uns auf Augenhöhe begegnet worden und erleben wir grundsätzliche Augenhöhe, können wir die Dinge und Menschen sehen, wie sie sind, ihnen geradlinig und den Realitäten angemessen begegnen.

Von Beginn an die richtige Nähe und Distanz

Zu einer gesunden Beziehungserfahrung gehört auch die Erfahrung von Grenzen und die Erfahrung von richtiger Nähe und von richtiger Distanz. Die Nähe und die Distanz, die mir entgegengebracht worden sind, werden die Nähe und Distanz in der Beziehung zu mir selbst und zu anderen bestimmen.

Damit wir später Grenzen erkennen und einhalten können, damit wir Nähe geben und zulassen können, brauchen wir die Erfahrung, dass unsere Eltern uns von Beginn an als eigenständigen Menschen, als ein eigenständiges Ich mit unseren Bedürfnissen und Grenzen erkennen und respektieren. Erst wenn dies gegeben ist, kann ich als Kind die Erfahrung von Liebe machen – ohne vereinnahmt zu werden.

> *Wir brauchen Eltern, die uns dazu verhelfen, die Beziehung zu uns selbst aufzunehmen, Eltern, die uns helfen, uns kennenzulernen und einen Halt in uns selbst zu entwickeln. Die uns von Anfang an den Zugang zu unserer inneren Stimme vermitteln.*

Grenzen bestehen von Beginn an; die Aufgabe der Eltern ist es, sich in das Kind einzufühlen und dessen wesentliche Grenzen zu erkennen und im Außen dementsprechend zu setzen. Das Kind weder zu überfordern noch zu unterfordern, sondern das richtige Maß zwischen Grenzen und Freiraum zu finden – dies erfordert den täglichen Dialog zwischen Eltern und Kind.

Auch die elterliche Beziehung ist für das Kind prägend: Werden hier die jeweiligen Grenzen respektiert? Findet dort ein Gleichgewicht zwischen Nähe und Distanz in der Begegnung zwischen zwei selbstständigen Menschen statt? Erfährt das Kind eine liebevolle Partnerschaft, eine abhängige Symbiose oder eine funktionale Distanz? Sind meine Eltern Menschen, die die eigenen Grenzen spüren und respektieren? Oder erfahre ich bei Mutter und/oder Vater eine Grenzenlosigkeit im Handeln? All dies wirkt sich auf die spätere Beziehungsgestaltung des Kindes aus.

Nicht nur der direkte Umgang der Eltern mit dem Kind prägt das Kind in der eigenen Beziehungsgestaltung, sondern auch die Beziehung der Eltern zu sich selbst. Das Gleiche gilt für die Beziehung der Elternteile untereinander: Sie wirkt sich sowohl auf die spätere Beziehungsgestaltung des Kindes mit anderen aus als auch auf die Beziehung des Kindes zu sich selbst.

Je mehr die Grenzen in unserer Beziehung zu den Eltern, zwischen ihnen und auch sich selbst gegenüber aufgelöst sind bzw. nicht eingehalten werden, umso schwerer werden wir als Erwachsene später eigene und fremde Grenzen erkennen und einhalten können. Uns fehlt das Empfinden für eine gesunde Nähe und Distanz – sowohl in der personalen Beziehung als auch in dem, was wir tun.

Das Gleichgewicht zwischen Ich, Du und Wir

Um später selbst zum dialogischen Gleichgewicht zu finden, müssen wir dieses von Beginn an täglich erfahren. Kommt jeder der Familienmitglieder gleichermaßen und ausreichend in der familiären Beziehung vor? Wird jeder in seinem wesentlichen Ich respektiert, ist jeder offen und interessiert an dem Du und sind alle bereit, an dem Wir mitzuwirken? Gibt es eine »Ich-Zeit«, eine »Du-Zeit« und eine »Wir-Zeit«? Je mehr wir dieses Gleichgewicht in der Beziehung zu unseren Eltern, mit unseren Eltern und in deren

Beziehung erleben, umso sicherer sind wir darin, dieses Gleichgewicht später in unseren eigenen Beziehungen zu leben. Es ist für uns selbstverständlich, »Ich« zu sagen, ohne das »Du« zu übersehen oder das »Wir« zu ignorieren. Wir können für uns selbst sorgen, unser Gegenüber in seinen Bedürfnissen annehmen und uns für das Wir einsetzen.

Fehlende Begegnung führt zur Egozentrik

Wir sollten uns immer wieder bewusst machen, dass das Lernen von Beziehung ein täglicher Prozess ist und im alltäglichen Miteinander stattfindet. Das Kind übernimmt nicht das, was gesagt wird, sondern das, was die Eltern selbstverständlich auf den jeweiligen Beziehungsebenen vorleben. Je weniger wir als Kind den Dialog erfahren, umso begegnungsferner wird die gelernte Beziehungsgestaltung. Dies wirkt sich auf unterschiedliche Ebenen aus.

Fehlt zum Beispiel die beständige Erfahrung von einem begegnenden Du, dann kann ein Kind die Beziehung zu sich selbst nicht entwickeln und den inneren Dialog ausbilden. Das Kind lernt nicht, den Blick auf sich selbst zu richten, ein Bewusstsein für sich selbst, seine Gedanken und Gefühle zu entwickeln und den Halt in sich zu finden, sondern bleibt auf die Bezugspersonen konzentriert. Das Gleiche gilt bei Erfahrung von Verlust oder Ablehnung des Du. Auch die Vereinnahmung des Kindes durch ein Elternteil, sei es als emotionaler Partnerersatz oder als unbewusste Projektionsfläche eigener unerfüllter Wünsche bis hin zu einer grenzenlosen Idealisierung des Kindes, verhindert die Entwicklung eines eigenständigen Ichs auf Augenhöhe.

Die daraus häufig entstehende Konsequenz habe ich bereits in Form von symbiotischer Beziehungsgestaltung beschrieben, in der das Du der Halt für das eigene Ich wird. So wird die Grundlage für spätere abhängige bis süchtige Beziehungsgestaltungen und daraus resultierende Erschöpfung immer in den ersten Jahren gelegt. Dies gilt auch für den fehlenden Umgang mit den eigenen Gefühlen.

Begegnen meine Eltern meinen und ihren eigenen Gefühlen auf Augenhöhe, mit Interesse und Empathie, dann lerne ich daraus einen souveränen Umgang für mich zu entwickeln und bin mit meinen Gefühlen im Dialog. Je mehr der Dialog jedoch auch auf diesen Ebenen fehlt, umso überforderter werde ich als Erwachsener später meinen eigenen Emotionen gegenüber sein. Ich werde negative Gefühle in dem Maß verdrängen und fliehen müssen oder mich von ihnen überwältigen lassen, wie ich es bei meinen Eltern erfahren habe. Die beständige Annahme des Kindes ist zentral, damit es sich später selbst in allem, was es ist, annehmen und einen Umgang finden kann.

Die Atmosphäre »So wie du bist, bist du gut; es ist nicht alles gut, was du tust, aber du, du bist gut!« ist hierbei die Orientierung, auf allen Ebenen zu einem wesentlichen und sozialen Ich zu werden.

Innere Realitäten – falsche Beziehungswahrheiten

Unsere erste Beziehungserfahrung ist nicht nur deswegen so entscheidend, weil sie unsere Beziehungssprache und unsere Beziehungsgestaltung prägt, sondern weil sie uns darüber hinaus noch Beziehungswahrheiten über das Ich, das Du und das Wir vermittelt.

Auch hier wirkt jede der drei Ebenen: Die Eltern leben im direkten Kontakt mit dem Kind, im Kontakt untereinander und mit sich selbst vor, was es heißt, »ich selbst zu sein« – oder eben auch nicht. Sie leben vor, was es heißt, Paar zu sein, und sie leben vor, ob ein Wir möglich ist. Die Mutter lebt als Frau das »Frausein« vor und der Vater das »Mannsein«. Fernab von Worten in der alltäglichen Verkörperung. Auf dieser Grundlage bildet sich das Kind die Wahrheit über das eigene Ich, das Du und das Wir. Ist es (als Frau oder Mann) möglich, ich selbst zu sein? Was bedeutet Partnerschaft? Gibt es ein Wir zwischen Mann und Frau? Kann ich dem Du, Mann wie Frau, trauen? Ist es mir freundlich gesinnt, gleichgültig oder feindselig? Bin ich so, wie ich bin, gut – oder ist mein Wert an Bedingungen geknüpft?

Aus diesen täglich erfahrenen äußeren Realitäten entwickelt das Kind Schritt für Schritt innere Beziehungswahrheiten, auf deren Grundlage es beginnt, Beziehung zu gestalten.

Je nachdem, wie sehr der Dialog in den ersten Jahren gefehlt hat, je nachdem, was wir auf den verschiedenen Ebenen an Nicht-Begegnung erfahren haben, tragen wir entsprechende negative Beziehungswahrheiten und Verletzungen in uns, die wir als innere Realitäten in unsere zukünftigen Beziehungen mitnehmen und auf deren Grundlage wir Beziehung gestalten.

Wir lernen in den ersten Jahren also nicht nur die selbstverständlichen Elemente von Begegnung – oder auch nicht –, sondern wir lernen vor allem auch, ob Begegnung überhaupt möglich ist.

ÜBUNG

Analyse meiner ersten Beziehungen

Wir nehmen unsere Beziehungserfahrung in jede Beziehung mit. Deswegen ist es nicht nur für unsere private Erfüllung, sondern auch für unseren beruflichen Erfolg wichtig, unsere biografischen Beziehungsmuster zu erkennen und die Blockaden zu lösen, die uns am Dialog hindern.

Bitte machen Sie nun eine zweite, diesmal konkretere Bestandsaufnahme Ihrer ersten Beziehungserfahrungen.

Dazu gehört sowohl die Analyse der eigenen Beziehungssprache – welche Sprache ist bei uns zu Hause gesprochen worden, welche »Vokabeln« des Dialogs haben gefehlt? – als auch das Erkennen der inneren Realitäten, die wir aus unseren Beziehungserfahrungen entwickelt haben.

Nehmen Sie sich das Dialogdreieck und die einzelnen Elemente zu Hilfe und beantworten Sie folgende Fragen:

Wie hat meine Mutter Beziehung zu sich selbst, zu meinem Vater, zu mir gelebt?

Wie hat mein Vater Beziehung zu sich selbst, zu meiner Mutter, zu mir gelebt?

Gab es ein Gleichgewicht zwischen Ich/Du/Wir?
Wie sah die Gestaltung von Nähe und Distanz aus?
Charakterisieren Sie im nächsten Schritt bitte Ihre eigenen Dialogvoraussetzungen. Notieren Sie sich, was Ihnen leicht- und was Ihnen schwerfällt.
Interesse:
Offenheit:
Empathie:
Augenhöhe/Respekt:
Wertschätzung/Liebe:

Gehen Sie nun in die Selbstanalyse – wie leben Sie Beziehung in Bezug auf alle Dialogaspekte?
Beziehung mir selbst gegenüber:
Beziehung in Partnerschaft:
Beziehung zu meinem Kind:
Beziehung zu meinen Mitarbeitern bzw. meinen Vorgesetzten:
Beziehung zu dem, was ich tue:

Der Dialog gelingt – auf der richtigen Beziehungsebene

Vor einiger Zeit kam eine Anwältin zu mir in die Beratung. Sie beschrieb, sich in einer für sie unlösbaren Konfliktsituation mit ihrem Partner-Kollegen zu befinden. »Mit diesem Mann ist einfach kein Dialog möglich.« In unseren Sitzungen berichtet sie von einem cholerischen Vater, der sie und ihre Mutter immer wieder zusammengeschrien hätte – egal, was sie taten. »Ich habe mit meinem Vater nicht sprechen können«, erzählte sie. »Bei uns zu Hause gab es keinen Dialog zwischen Mann und Frau.« Aus dieser Erfahrung entwickelte die Klientin folgende inneren Realitäten: »Männer und Frauen können nicht miteinander reden« sowie »Gegen laute Männer komme ich nicht an«. Diese inneren Realitäten führten dazu, dass sie bei ihrem Partner, sobald dessen Stimme etwas lauter wurde, den Rückzug antrat und auch später das Gespräch nicht wieder aufnahm. Sie fühlte sich innerlich hilflos und ohnmächtig und war der Überzeugung, »sowieso zu verlieren«.

Ein Mann berichtete von seiner Mutter, die ihn immer wieder tagelang mit Schweigen strafte. »Wenn ich etwas nicht richtig gemacht hatte«, erzählte er, »dann hörte meine Mutter auf zu sprechen. Häufig wusste ich noch nicht einmal, was los war.« Die daraus entstandene innere Realität »Wenn die Frau schweigt, dann wirst du von ihr bestraft« sowie »Du kannst es der Frau nie recht machen« führte in seiner Partnerschaft zu einer wachsenden gegenseitigen Frustration. Der Grund war, dass er sich von seiner Frau abgelehnt und bestraft fühlte, sobald diese etwas schweigsamer wurde. Er reagierte mit hilfloser Angst und Wut, was zu regelmäßigen unnötigen Konflikten führte.

Alles, was wir von Beginn an atmosphärisch an Beziehung erfahren, nehmen wir in uns auf. Je wesensnaher die Erfahrung in den ersten Jahren ist, umso gesünder können wir später Beziehung gestalten. Je wesensferner oder verachtender sie ist, umso eingebrannter ist sie in uns als eine innere Realität, die Beziehung blockiert oder auch verunmöglicht.

Dies betrifft nicht nur den Umgang mit anderen Menschen, sondern auch das, was wir tun und wie wir mit uns selbst umgehen.

So erklärte ein anderer erschöpfter Mann, in einem Elternhaus aufgewachsen zu sein, in dem der Vater den eigenen Erfolgsdruck selbstverständlich an seinen Sohn weitergab. »Aus dir muss etwas Großes werden«, erfuhr der kleine Junge von Beginn an sowohl im unmittelbaren Kontakt mit dem Vater als auch in der Beobachtung, wie dieser grenzenlos ein eigenes Unternehmen aus dem Boden stampfte und als Getriebener die Familie vor sich hertrieb.

»Ich kann nicht aufhören«, berichtete der Mann, nachdem er sich selbst im eigenen Unternehmen völlig verausgabt hatte. »Es ist wie ein innerer Wahnsinn. Ich kann keine Grenzen ziehen. Ich habe in unserer Zielsetzung die Augenhöhe verloren, wie mir selbst gegenüber. Ich bin kurz davor, auch das Unternehmen an die Wand zu fahren.«

Innere Realitäten sind unbewusste Bewusstseinszustände, die uns in unseren Gedanken, Gefühlen und unserem Handeln häufig gegen unseren Willen bestimmen und das reproduzieren, was sie in sich tragen. Es sind Wahrheiten über uns selbst, über die Welt und über unser Gegenüber, die jeden Dialog verhindern und uns so lange bestimmen, bis wir sie uns bewusst machen und auflösen.

Eine Frau berichtete, dass sie in einem Elternhaus aufwuchs, in dem die Augenhöhe ihr als Kind gegenüber von Beginn an fehlte. »Auf der einen Seite wurde ich in den Himmel gehoben«, erzählte sie, »und auf der anderen Seite war ich dafür zuständig, für Harmonie zu sorgen und den Ruf der Familie zu retten.« Diese äußere Realitätserfahrung wurde zur inneren Realität und damit verbundenen tiefen Selbstüberzeugung: »Ich muss die Fassade aufrechterhalten und bin dafür verantwortlich, dass es anderen gut geht.«

»Das Ganze ging so weit«, sagte die Frau, »dass ich einen Job innerhalb meines Unternehmens angeboten bekam, den ich nicht wollte. Aber ich konnte ihn nicht ablehnen. Ich war so voller Angst. Es ging einfach nicht. Ich war dazu da, dass es dem Konzern gut ging; was mit mir war, das war unerheblich.«

Sobald wir uns auf einer neurotischen Ebene befinden, haben wir, unser Gegenüber wie unsere Beziehungen keine Chance. Hier bestimmen die inneren Realitäten, die zwar individuell verschieden ausgeprägt sind, aber grundsätzlich immer die eine Wahrheit vertreten: Beziehung ist nicht möglich!

Es dominieren Kämpfe, Kränkungen und Verletzungen, Enttäuschungen und Frustrationen, tiefe Ohnmachten und Ängste, Aggressionen und Depressionen, Grenzenlosigkeit und Süchte, die die Dialogelemente je nach Intensität der eigenen verletzten Beziehungserfahrung behindern oder unterbinden.

Jede Neurose hindert uns am Dialog – je stärker sie ist, desto mehr.

Die meisten Beziehungen scheitern, weil sie sich auf der Ebene der inneren Realitäten befinden, ohne dass es den Betroffenen wirklich bewusst ist. Sie agieren in den Beziehungsmustern, die sie gelernt haben, und versuchen innerhalb dieser Schemata vergeblich, eine Lösung zu finden. Häufig sind sie sogar um den Dialog bemüht, der jedoch früher oder später einbricht, da die wesentliche Ebene fehlt.

ÜBUNG

Meine frühen Beziehungswahrheiten

Betrachten Sie bitte erneut Ihre Antworten auf die letzten Fragen der vorangegangenen Übung. Welche Elemente des Dialogs haben bei Ihnen zu Hause gefehlt und wie haben Sie die Beziehungen zu Ihrer Mutter, zu Ihrem Vater und zwischen den beiden erlebt? Wo haben Sie sich verletzt gefühlt? Wo haben Sie sich bedroht gefühlt? Was hat Ihnen Angst gemacht? Was hat Sie beschämt und wütend gemacht? Notieren Sie sich bitte im nächsten Schritt, mit welchen Wahrheiten diese Verletzungen verbunden sind und wie diese Erfahrungen Sie heute in Ihren Beziehungen beeinflussen.

Je mehr wir Verletzung und Kränkung in unseren Beziehungen erlebt und diese Erfahrungen nicht aufgearbeitet haben, umso ängstlicher, wütender, depressiver und ichbezogener leben wir Beziehung. Wir agieren als »Verteidigungsmaschinerie«, die das Du als Gegner sieht und ein Wir ohne Verletzung als nicht möglich betrachtet – gleichzeitig suchen wir nach Wiedergutmachung unserer Verletzungen. In diesem neurotischen Widerspruch wird die alte Beziehungswelt aufrechterhalten und verunmöglicht die Begegnung in der Gegenwart.

So erkannte zum Beispiel ein Mann in seiner Beratung, dass es der Betrug seiner Mutter an seinem Vater war, der es ihm verunmöglichte, sich auf eine Frau einzulassen. »Frauen sind Betrügerinnen« war für ihn innerlich mit tiefster Angst, Kränkung und Verachtung gesetzt und verhinderte sowohl die Offenheit als auch die Augenhöhe von Beginn an in den Partnerschaften. Eine Frau berichtete, wie sehr sie unter dem elterlichen Streit als Kind gelitten hatte. »Ich spürte den Schmerz meiner Mutter und meines Vaters in mir – bis heute«, sagte sie. »Gleichzeitig hatte ich einen Drang, meinen Vater zu retten, damit diese Traurigkeit aufhört.« »Den Mann retten zu müssen« führte zu enttäuschenden Beziehungserfahrungen, in denen sie sich im Geben verausgabte und am Ende erschöpft zurückblieb.

Erst als beide begannen, sich aus der Vergangenheit aufarbeitend zu befreien, konnten sie beginnen, Beziehung im Dialog zu leben. Für den Mann bedeutete dies, den Schmerz über den damaligen Betrug zu verarbeiten, während die Frau sich bewusst zu machen hatte, wessen Not sie all die Jahre in sich trug und vergeblich wiedergutzumachen versuchte. Beide fanden so zur inneren und äußeren Augenhöhe und konnten auf einer wesentlichen Ebene Partnerschaft beginnen.

Wie unterscheide ich neurotische und wesentliche Beziehungsebene?

Damit unsere Beziehungen gelingen, müssen wir uns also regelmäßig auch die Frage stellen: Auf *welcher Ebene* führe ich meine Beziehungen?

Befinde ich mich in der Welt von damals und dementsprechend in einer inneren Realität? Oder bin ich auf der Ebene des Dialogs im Hier und Jetzt? Besteht das dialogische Gleichgewicht mit den fünf Voraussetzungen und bewege ich mich auf einer wesentlichen Ebene?

Wie machtvoll die ersten Beziehungserfahrungen und daraus entstandene Wahrheiten sind, habe ich ausführlich in meinem Buch *Zeit für einen Spurwechsel* beschrieben. An dieser Stelle möchte ich Ihnen zumindest eine kurze Orientierung dazu geben, woran Sie grundsätzlich erkennen können, ob Sie sich in einer neurotischen Verstrickung oder auf wesentlicher Ebene befinden.

Machen Sie sich bewusst, dass die entscheidenden Elemente des Dialogs in einer neurotischen Beziehung grundsätzlich nicht eingehalten werden: Es fehlen die Augenhöhe und das dialogische Gleichgewicht, und das Nehmen und Geben sind gestört.

Eine gesunde Beziehung ist durch diese drei Aspekte gekennzeichnet. Eine neurotische Beziehung ist dazu nicht in der Lage:

- Sobald Sie als erwachsener Mensch spüren, dass Sie die Augenhöhe verlieren (und »sich wie ein hilfloses sechsjähriges Kind« fühlen, wie eine Klientin es vor kurzem beschrieb), dann ist dies ein deutliches Signal dafür, dass Sie sich innerhalb Ihrer neurotischen Aussichtslosigkeit befinden.
- Wenn Sie feststellen, dass in Ihren Beziehungen das Gleichgewicht fehlt, dann ist dies ein weiterer Hinweis. Eine neurotische Beziehung kennt nur das Ich, nur das Du oder nur das Wir – verbunden mit der jeweiligen Unmöglichkeit der anderen Aspekte.
- Das Nehmen und Geben sind hier immer ichbezogen, d. h. alles, was ich tue, tue ich um meiner Verletzung Willen. So kommt es unweigerlich zu schnellen, tiefen Kränkungen und damit verbundenen Kämpfen, sobald das Gegenüber die eigenen Erwartungen nicht erfüllt. Stellen Sie also fest, dass Sie sich in einer (aussichtslosen) kämpfenden Beziehung befinden, dann ist dies ein weiterer Hinweis für Sie, innezuhalten.

Überprüfen Sie insbesondere diese Aspekte in Ihren Beziehungen und denken Sie daran, dass die Neurose vor keinem Lebensbereich, vor keiner Beziehung Halt macht – insofern gilt diese Überprüfung für alle Beziehungen, die Sie führen, seien sie privater, beruflicher oder gesellschaftlicher Art.

> *Eine zentraler Punkt für gelingende Beziehung ist, die Beziehungsebene zu hinterfragen, auf der Sie (und der andere) sich befinden: Bin ich und ist mein Gegenüber auf der Ebene des Dialogs oder auf der neurotischen Ebene?*

SELBSTREFLEXION

Auf welcher Grundlage beginne ich – und lebe ich – Beziehung? Bin ich auf der Dialogebene? Ist mein Gegenüber auf der Dialogebene? Oder sind wir durch innere Realitäten miteinander verstrickt?

Wenn Sie und Ihre Beziehungspartner während eines Gesprächs solch eine gemeinsame oder individuelle Verstrickung feststellen, unterbrechen Sie das Gespräch. Führen Sie einen Dialog darüber, dass der Dialog nicht möglich ist. Erst wenn Sie die Störung auflösen und zur wesentlichen Ebene zurückkehren, kann das Gespräch fortgesetzt werden. Denn erst dann ist ein Dialog möglich. Solange sich einer von Ihnen in einer inneren Realität befindet, ist Begegnung unmöglich – so sehr Sie sich auch bemühen. Das betrifft Sie selbst, aber auch Ihr Gegenüber.

SELBSTREFLEXION

Befinde ich mich in einer lebendigen Beziehung oder in einer toten Beziehung?

Merkmale einer »toten« Beziehung

Jede Beziehung, die wir außerhalb des Dialogs führen, ist eine tote Beziehung. Ich bezeichne sie deswegen als tot, weil in ihr nichts anderes stattfindet als das, was bereits ist. Hier gibt es keine Weiterentwicklung und kein Wachstum – nur Stillstand. Diese Beziehungen äußern sich auf verschiedene Weise.

Ein Merkmal ist Langeweile, Leere, fehlende Kreativität – der Stillstand wird unmittelbar gefühlt und gelebt. Tote Beziehungen können jedoch auch hochemotional sein. Dabei handelt es sich allerdings um alte Emotionen, die in dieser Beziehung permanent neu durchlebt werden. Die Beziehungspartner sind sich häufig fremd und führen eine alte Beziehung mit neuer Besetzung – oft zu finden in Partnerschaften, in denen kindliche Verstrickungen die Verbindung zwischen den beiden Partnern darstellen.

Auch im beruflichen Bereich gibt es tote Beziehungen. Statt Dialog findet bestenfalls eine Kommunikation auf Grundlage von Kränkungen und Verletzung statt. Häufig sind es Wunden, die innerhalb der Beziehung gerissen wurden – oft aber auch Verletzungen, die die Betroffenen in die Beziehung mitgebracht haben, oder Kränkungen des Systems, in dem sich alle Beteiligten befinden.

Merkmale lebendiger Beziehung

Das Merkmal lebendiger Beziehung ist Begegnung. Es findet ein Austausch zwischen den Beziehungspartnern statt und es entsteht etwas Neues, sei es gedanklich, emotional oder auch in der Sache an sich. Befinden Sie sich im Dialog, verlassen Sie die Situation anders, als Sie sie begonnen haben. Sie haben das Gefühl, auf Ihre Kosten gekommen zu sein, fühlen sich zufrieden, sind erfüllt. Auch wenn Begegnung »anstrengend« sein kann, weil zum Beispiel intensiv miteinander gearbeitet wird, so ist die Erschöpfung am Ende eine natürliche – »als hätte man intensiv Sport gemacht«, wie viele das Gefühl beschreiben.

Lebendige Beziehungen werden natürlich durch die Dialogelemente getragen, die die Atmosphäre und das Miteinander prägen. Auch hier können durchaus verschiedene Meinungen bestehen, auch hier gibt es Auseinandersetzung – aber immer auf Grundlage des dialogischen Gleichgewichts: offen, interessiert, empathisch und auf Augenhöhe, den anderen als Mensch wertschätzend und in seinen Grenzen grundsätzlich respektierend.

Lebendige Beziehungen entfalten ihre Lebendigkeit auf der Grundlage von Vertrauen.
Auch in lebendigen Beziehungen können innere Realitäten eine Rolle spielen – allerdings ist die Dialogfähigkeit der Beziehungspartner ausgeprägt genug, um diese offen zu reflektieren und gemeinsam für ein Wir zu sorgen, das außerhalb der neurotischen Welt stattfindet. So können lebendige Beziehungen durchaus auch unterstützend bei der Auflösung von inneren Realitäten sein – allerdings nur, wenn die Betroffenen Verantwortung dafür übernehmen.

Wie finde ich mein wahres Selbst?

Vor einiger Zeit buchte eine Frau bei mir ein Intensivcoaching für eine Woche. Anlass war eine Erschöpfung und darüber hinaus das Gefühl, sich selbst verloren zu haben. »Ich weiß überhaupt nicht, wer ich bin«, sagte sie, »und wahrscheinlich habe ich es noch nie wirklich gewusst. Ich habe immer das gemacht, was andere von mir verlangt haben – so lange, bis ich mit einem Zusammenbruch in die Klinik eingewiesen worden bin.« Das Ziel der Klientin war, zu sich zu finden und eine Ahnung zu bekommen, wer »ich im tiefsten Inneren tatsächlich bin«.

Im Zentrum dieser Woche stand somit der innere Dialog und darin zunächst das Üben der einzelnen Elemente. Doch bereits bei den ersten Schritten begannen die Blockaden. Dies äußerte sich darin, dass die Frau sofort ungeduldig und unwirsch sich selbst gegenüber wurde und eine Abneigung fühlte, wenn es darum ging, sich für sich zu interessieren, sich in sich selbst einzufühlen und mit sich selbst mitzufühlen. »Es geht einfach nicht«, sagte die Frau genervt, »ich bekomme das einfach nicht hin mit mir.« »Haben Sie sich einmal gefragt, warum Sie ungeduldig und unwirsch reagieren, wenn es darum geht, sich mitfühlend und interessiert zu begegnen?«, fragte ich sie. Als wir gemeinsam dieser Blockade auf den Grund gingen, wurde eine innere Realität deutlich, die sie in der Beziehung zu ihrer Mutter entwickelt hatte. Die Frau hatte eine Mutter erlebt, die sich selbst wie das eigene Kind emotional ablehnte. Emotionale Härte und die Forderung von Disziplin standen im Vordergrund der Mutter-Tochter-Beziehung. Die daraus entwickelte innere Realität machte also jede emotionale Kontaktaufnahme zu sich selbst unmöglich.

»Nun verstehe ich, warum ich mir auch nie wirklich die Frage nach mir selbst gestellt habe«, sagte die Frau. »So, wie meine Mutter mich abgelehnt hat, so habe auch ich mich abgelehnt. Ich selbst war immer anstrengend und einfach negativ besetzt.« In diesem Erkennen konnte sie beginnen, ihre negativen Gefühle sich selbst gegenüber zu verstehen und diese nicht mehr als gesetzte Wahrheit, sondern als eine übernommene Realität einzuordnen. Eine Realität, mit der sie damals konfrontiert wurde, die mit ihr selbst jedoch überhaupt nichts zu tun hatte.

Dieses Verstehen half ihr, den inneren Dialog wiederaufzunehmen und sich diesem Schritt für Schritt zu öffnen. Sie begann, sich selbst intensiv Interesse, Offenheit, Mitgefühl, Augenhöhe, Respekt und Wertschätzung entgegenzubringen –, und konzentrierte sich umso mehr auf die Elemente, die ihr die Mutter versagt hatte.

Das Praktizieren der einzelnen Dialogelemente half ihr nicht nur, den Kontakt zu sich selbst herzustellen, sondern auch, die Verletzungen, die durch die Härte und Ablehnung der Mutter entstanden waren, Schritt für Schritt heilen zu können. »Ich beginne, mir das zu geben, was meine Mutter mir nicht hat geben können«, sagte sie. »Dadurch werde ich innerlich stärker und ich fühle mich ihr und der damaligen Situation gegenüber nicht mehr ausgeliefert.«

Nachdem die einzelnen Dialogelemente immer selbstverständlicher für sie wurden und sie begonnen hatte, ein Gefühl dafür zu entwickeln, »mit sich selbst in Beziehung zu treten«, konnte sie sich nun ihrem eigentlichen Ziel widmen: »Ich will wissen, wer ich tatsächlich bin«, sagte sie. »Aber wie finde ich es heraus?«

»Wie wäre es, wenn Sie sich selbst all die Fragen stellen, die Sie interessieren?«, fragte ich. »Jede Antwort in Bezug auf Sie selbst liegt in Ihnen; wollen Sie nicht beginnen zu lernen, sich selbst zuzuhören?«

So begann die Frau auf Grundlage des inneren Dialogs das Zwiegespräch mit sich selbst, in dem sie all die Fragen stellte, die sie wissen wollte: Was ist die richtige Entscheidung in Bezug auf meinen Job? Warum ging es mir in der Situation mit meiner Freundin nicht gut? Arbeite ich zu viel?

Sie begann, sich den Antworten zu öffnen, ohne sie vorwegzunehmen und zu beschränken. »Ich saß in meinem Zimmer und fragte mich all das, was ich wissen wollte«, berichtete sie am nächsten Tag. »Anfangs fand ich das schon merkwürdig und zunächst war ehrlich gesagt nichts außer innerem Schweigen in mir. Irgendwann am Abend, da wusste ich plötzlich, was mich bei meiner Freundin gestört hatte, und ich spürte, *das geht tatsächlich!* Sich selbst zu fragen und Antworten zu bekommen.«

Die Klientin setzte auf dieser Grundlage die Arbeit zu Hause fort und entwickelte durch den regelmäßigen inneren Dialog immer mehr Zugang zu ihrer Intuition. Sie machte sich auf die Suche, was ihr als Hobby entsprechen könnte, und folgte den inneren Antworten. Sie meldete sich zu einem Malkurs an und kaufte sich ein Mountainbike und setzte das im Außen um, was sie innerlich zu spüren begann. Sie suchte den Dialog mit der Freundin und führte ein klärendes Gespräch mit ihrem Abteilungsleiter. Bei alldem blieb sie mit sich selbst im Kontakt. Sie fühlte beständig in sich hinein, wo sie eine Übereinstimmung fühlte, um diese dann weiter auszubauen, und dort, wo sie ein Nein spürte, setzte sie eine Grenze. Der innere Dialog führte dazu, dass sie sich gesundheitlich erholte und ihren privaten Bereich festigte. Die Auflösung der inneren Realität: Ich bin ablehnenswert und muss mich selbst ablehnen, ließ sie sich selbst annehmen und das, was ihr gut tat, aufzunehmen.

Der Weg zu sich selbst – Zusammenfassung

Damit Sie zu einer gelingenden Beziehung zu sich selbst finden, braucht es drei Phasen:

1. Das konsequente Praktizieren der fünf Dialogelemente sich selbst gegenüber.
2. Das Auflösen der inneren Realitäten, die Sie an der Beziehung zu sich selbst hindern.
3. Schulung und Ausbau der eigenen Intuition.

5. Kapitel

Kränkung und Verletzung heilen mit dem Dialogprinzip

Gelingende Beziehung erfordert die Bereitschaft zu vergeben

»Das, was war, ist gewesen. Beziehung findet im Jetzt statt.«

Für eine langfristig beständige und erfüllte Beziehungsgestaltung ist die Aufarbeitung der eigenen Beziehungsblockaden unumgänglich. Wir können keine gelingende Beziehung führen, wenn wir uns nicht von den inneren Realitäten des verletzten Kindes befreien. Sie verhindern nicht nur die Begegnung mit unserem Umfeld, sondern Sie verhindern auch die Begegnung mit uns selbst.

Es ist ein Irrtum zu meinen, dass Verletzungen aus der Kindheit uns im Erwachsenenalter nicht beeinflussen, private Verletzungen sich nicht auf den beruflichen Bereich oder umgekehrt berufliche Verletzungserfahrungen sich nicht auch auf den privaten Bereich auswirken und alle die Beziehung zu uns selbst unbeeinflusst lassen. Jede Beziehung ist eine Erfahrung, die wir in uns tragen – von Beginn unseres Lebens an. Erst wenn wir das anerkennen und positiv für uns nutzen, können wir beginnen, auf allen Ebenen erfüllende Beziehung zu leben. Wollen wir also im Hier und Jetzt gelingende Beziehung leben, dann müssen wir dazu in der Lage sein, unseren Kränkungen wie Verletzungen zu begegnen und uns von ihnen zu verabschieden. Dies gilt für sämtliche Verletzungen, die wir erfahren haben und in uns tragen. Anders geht es nicht.

> ***Durch den inneren Dialog und durch heilende Begegnung im Außen haben wir die Möglichkeit, kindliche Wunden auch noch nach Jahrzehnten zu heilen und zu schließen.***

Was können wir nun tun, um uns wieder ins innere Gleichgewicht zu bringen und uns vom negativen Zustand der Verletzung zu befreien? Wie kann uns der Dialog in seinen Elementen dabei helfen?

Drei notwendige Schritte

Im Folgenden möchte ich Ihnen die drei Schritte des Wegs aus Verletzung und Kränkung mithilfe des Dialogs beschreiben:

1. Schritt: Grundlage von Begegnung ist die Akzeptanz des anderen in seiner Person und in seinem Raum. Verletzung und Kränkungen entstehen dort, wo Grenzen nicht mehr eingehalten werden, und Grenzen lösen sich dort auf, wo Respekt, Wertschätzung und die Augenhöhe verloren gehen. Der erste Schritt, sich von seiner Kränkung zu befreien, bedeutet anzuerkennen, dass die Macht von Kränkung nicht in der Kränkung an sich liegt, sondern darin, dass wir sie in uns aufgenommen haben und selbst zu der Kränkung geworden sind.

> *Es ist nicht der verletzende Moment an sich, der schwer wiegt, sondern dass die Verletzung verinnerlicht wird und den Betroffenen zu dem werden lässt, was ihm entgegengebracht wurde.*

»Am Ende ist es nicht die Respektlosigkeit, die mir den eigentlichen Schmerz bereitet – was mir viel mehr Schmerzen bereitet, ist meine Respektlosigkeit, die in mir darüber entstanden ist«, sagte eine Klientin, die von ihrem Mann immer wieder lächerlich gemacht wurde. Das, was so schmerzt, ist der Verlust unseres eigenen Werts. Sich von der Kränkung zu befreien bedeutet, zum eigenen Wert zurückzufinden. Jeder von Ihnen, der in seinen Beziehungen Kränkung erfahren hat, kennt diese negative und destruktive Energie. Sie kann Seele und Körper lähmen. Nicht umsonst gilt das Wort, dass Kränkung krank macht. Machen Sie sich bewusst, dass Kränkung ein innerer Bewusstseinszustand ist und nur Sie ihn überwinden können.

> *Dialog ist ein Bewusstseinszustand, genauso wie Kränkung ein Bewusstseinszustand ist. Der Bewusstseinszustand beschreibt die Realität, in der ich lebe.*

Der erste Schritt zurück in die Stärke ist, die Entscheidung zu treffen, dass ich mich *nicht* zu dem mache, was mir entgegengebracht worden ist. Das bedeutet, dass ich die Stärke in mir finde, *mich gegen die Negativität und Destruktivität und für die Ebene des Dialogs* zu entscheiden.

2. Schritt: Je gekränkter und verletzter wir sind, umso mehr suchen wir die Lösung darin, dass wir den äußeren Dialog vermeiden. Entweder ziehen wir uns ganz zurück oder wir verlieren in der Beziehung Augenhöhe, Respekt und Wertschätzung – je nachdem, wie sehr wir uns gekränkt fühlen. Auch wenn es im ersten Moment entlastend ist, sich über das Gegenüber zu beschweren, es zu verachten, sich möglicherweise sogar gegen es zu verbünden – die Verletzung wird darüber nicht weniger. Im Gegenteil, wir bleiben verwundet und klein und die Kränkung brodelt in uns weiter. Hingegen ist es ein ganz anderes Gefühl, wenn es Ihnen gelingt, Ihre Angst zu überwinden und den direkten Dialog zu suchen – genauso wie es ein anderes Gefühl ist, selbst die Augenhöhe zu halten, während Ihr Gegenüber diese verliert.

Das eigene Wertgefühl entsteht durch wertvolles Fühlen, Denken und Handeln. Machen Sie sich bewusst, dass Sie als erwachsener Mensch in jedem Moment selbst Ihren Wert bestimmen – Sie selbst gestalten die Welt, in der Sie leben.

Der 2. Schritt besteht aus der Erkenntnis, dass *keine Kränkung gelöst wird, indem wir gegen sie ankämpfen* – im Gegenteil: Solange Sie nicht wollen, dass man Sie so behandelt hat, wie man Sie behandelt hat, wird es schlimmer. Hier hilft der Dialog auf Augenhöhe und das Gleichgewicht zwischen Nehmen und Geben: Begegnen Sie der Kränkung auf Augenhöhe, das heißt, spielen Sie sie weder herunter noch machen Sie sie größer, sondern nehmen Sie sie an, wie sie ist. Allerdings ohne sie sich zu eigen zu machen. Dies gelingt Ihnen dadurch, dass Sie sich durch den inneren Dialog Ihren Wert bewusst machen und sich aktiv Liebe entgegenbringen. Die Erkenntnis, dass wir mehr als die Kränkung sind, nimmt der Kränkung die Macht über uns.

3. Schritt: Denjenigen zu lieben, der mich am meisten verletzt hat, ist ein Ausdruck von größter Stärke – es bedeutet, dass ich mich nicht auf seine Ebene herabgelassen habe und er mich in meinem inneren Gleichgewicht, in dem, wer ich bin, nicht stören kann. Jemanden zu lieben, bedeutet nicht zwangsläufig, mit ihm eine Beziehung führen zu wollen, es bedeutet nicht, mit ihm weiter in Kontakt sein zu wollen. Im Gegenteil: Manchmal kann die Liebe helfen, notwendige Distanz aufrechtzuerhalten. Jemanden zu lieben heißt, ihm auf Grundlage seines Selbst zu begegnen, ohne ihm notwendigerweise im Außen zu begegnen. Es bedeutet nicht, dass ich mich mit dem anderen mental, emotional oder unmittelbar beschäftige; es kann auch bedeuten, dass ich mit ihm – in Liebe – abgeschlossen habe. Dass ich ihn sehen kann, wie er ist, und ihn so belassen kann.

Wenn Sie spüren, dass Sie sich immer wieder in der Negativität der Kränkung verlieren und sich dies in Ihrem täglichen Tun äußert, dann nutzen Sie folgenden inneren Leitsatz, um die »Kränkung weiter zu lösen«: Ich besitze so viel Wert in mir, dass ich mich nicht auf wertloses Handeln (Gedanken und Worte) einlasse. Ich bewahre und halte meinen Wert, indem ich weiter wertvoll handle.

Verletzung heilen mit dem Dialogprinzip – ein Leitfaden

Meist erkennen wir erst dann, wie lebensnotwendig der Dialog ist, wenn wir unter den Schmerzen desfehlenden Dialogs leiden.

Je weniger der Dialog stattgefunden hat, das heißt, je weniger die Voraussetzungen eingehalten werden, umso tiefer ist die Verletzung.

Normalerweise braucht es den Dialog zwischen den beiden Beziehungspartnern, die sich verletzt haben, um das Wir zu heilen oder aber zumindest dem Verletzten die Chance zu geben, seine Kränkung zu verarbeiten. Dieser Dialog kann nur auf Grundlage von Augenhöhe stattfinden; das heißt, beide sind bereit, die Verletzung anzuerkennen und die jeweilige Verantwortung zu übernehmen – verbunden mit dem Ziel, die Verletzung zu heilen und in Frieden zu kommen.

Im folgenden finden Sie eine Anleitung für so einen heilenden Dialog. Dieser Leitfaden kann sowohl für berufliche wie für private Konfliktsituationen zur Klärung verwendet werden.

Interesse: Wie erlebst du das Ganze, was hat dich verletzt? Warum hast du so gehandelt?
Offenheit: Ich bin bereit, mich dir rational und emotional zu öffnen und dich anzuhören. Ich bin bereit, meine Welt zu verlassen und deine Welt, dein Erleben zu erfahren.
Empathie: Wie fühlst du dich? Wie hast du dich in der Situation damals gefühlt, dass du so gehandelt hast? Der Verletzte fühlt sich in den Verletzenden hinein und der Verletzende fühlt sich in die Verletzung des Verletzten hinein. Ich fühle mit dir.
Augenhöhe und Respekt: Ich sehe, wer du in der Situation gewesen bist und wer du jetzt bist, ich sehe die Verletzung, ich sehe die Umstände, ich sehe die Ursachen. Ich spiele nichts herunter und überhöhe auch nichts – weder mich selbst, die Verletzung oder den anderen. Ich bin bereit zu sehen und anzunehmen, was ist; ich respektiere den anderen (Achtung: Das heißt nicht gutheißen).
Wertschätzung und Liebe: Heilung entsteht durch Liebe und Mitgefühl. Ich erkenne dich an und schätze deinen Wert als Mensch. Ich bringe dir aktiv Liebe und Mitgefühl entgegen. Auf dieser Grundlage kann um Verzeihung gebeten und verziehen werden.
Der Blick auf das Wir: Was heißt das für das Wir? Sind wir bereit, dass es ein Wir gibt, oder wollen wir bei dem Ich und Du bleiben und die Beziehung beenden?

Was geschieht aber, wenn ein äußerer Dialog nicht möglich ist? Ist es möglich, eine Beziehung zu heilen, wenn die andere Hälfte der Beziehung den Dialog verweigert? Nein. Damit die Beziehung heilen kann, braucht es beide, die die Beziehung geführt haben. Es ist jedoch möglich, dass jeder einzelne für sich unabhängig vom anderen wieder »heil« wird und zum Frieden findet. Dieser Weg ist weitaus mühsamer und dauert länger, denn die Arbeit, die eigentlich auf zwei Paar Schultern verteilt werden müsste, muss nun einer allein übernehmen. Das heißt, ich habe zwei Dialoge für mich alleine zu führen: den Dialog mit mir selbst und den Dialog mit der anderen Person, die nicht anwesend ist.

Je nachdem, wie tief die Kränkung ist und wie stark ich in meinem Selbstwert und meinem Selbstbewusstsein bin, kann ich das alleine schaffen oder suche mir Unterstützung. Das kann ein therapeutisches Gegenüber sein oder eine Person, der ich emotional verbunden bin, die mir zur Seite steht – und die mit mir in den Dialog geht.

Heilung durch Begegnung

Ob allein oder im Gegenüber – der Weg zur Heilung ist immer der Weg der Begegnung. Im Folgenden möchte ich Ihnen den Weg einer Klientin beschreiben. Sie befand sich in einer beruflichen Konfliktsituation, die sie über den inneren Dialog mithilfe der Dialogrichtlinien für sich selbst heilen konnte.

Nachdem ihr Chef das Gespräch verweigert hatte und es keine Aussicht auf gemeinsame Klärung gab, bedeutete das für Susanne – so soll die Klientin im Beispiel heißen –, dass sie sich der stattgefundenen Kränkung alleine stellen musste.

Sie begann zunächst damit, den Dialog zu sich selbst aufzunehmen, ihrer Kränkung auf den Grund zu gehen und sich für sie zu interessieren. Anstatt gegen dieses unerträgliche Gefühl anzugehen, begann sie es zuzulassen und fing an, in sich hineinzuspüren: Was tut mir eigentlich genau weh? Womit genau hat er mich verletzt? Was hat mich so getroffen?

Anfangs fiel es ihr nicht leicht, sich den Schmerzen zu öffnen, immer wieder kam der Impuls, dagegen anzukämpfen und innerlich gegen den Chef zu wüten. Wie konnte er ihr das antun? Wie konnte er sie so behandeln? Diese Gedanken kreisten immer wieder durch ihren Kopf. Doch sie war konsequent darin, wieder zu sich zurückzukommen und sich in ihren Schmerz hineinzufühlen: Worum ging es ihr?

Und dann begann die erste Entlastung. Plötzlich war die Kränkung nicht nur irgendein Sammelsurium aus Negativität, sondern Susanne begann zu fühlen, was sie verletzt hatte. Er hatte sie nicht gesehen. Seine Härte und Kälte hatten sie vernichtet. Sie hatte sich so bemüht, für die Firma aufgeopfert, alles getan – und er hatte sie einfach ignoriert. Abserviert. Und sie war machtlos. Sie konnte nichts tun und war ihm ausgeliefert. Sie spürte eine tiefe Traurigkeit und sie begann zu weinen. Gleichzeitig wurde das Gefühl der Kränkung weniger – sie begann sich zu verstehen. Sie konnte verstehen, warum sie so reagiert hatte, warum sie sich so fühlte – und es fühlte sich gut an, sich zu verstehen, so sagte sie in einer der späteren Sitzungen. »Das Verstehen brachte mich zu mir. Ich war mir selbst nah und das half mir sehr.« Sie begann, mit sich mitzufühlen, sich in dem Schmerz anzunehmen und irgendwann zu trösten. Sie beschäftigte sich mit sich selbst, indem sie sich um ihre Kränkung kümmerte. »Mein Mich-selbst-Verstehen machte mich unabhängig. Meine Gefühl der Kränkung hatte Berechtigung und dadurch konnte ich beginnen, es anzunehmen.«

Dass sie sich nicht darin verlor, dafür sorgte die Augenhöhe. Sie fühlte den Schmerz, fühlte mit, hatte aber immer das Ziel, ihn aufzulösen. »Ich wusste, dass ich weiter wollte«, beschrieb sie ihren Prozess, »deswegen hielt ich an meinem Schmerz nicht fest, ich ließ ihn zu, fühlte mit mir mit, umarmte mich selbst – immer mit dem Ziel, ihn bei jedem Fühlen ein Stück loszulassen.« Ein wichtiger Aspekt war die Augenhöhe: »Ich rief mir die Situation ins Bewusstsein. Was genau war eigentlich geschehen? Was genau hat stattgefunden? Ich wurde von meinem Chef niedergemacht und anschließend gekündigt – das war schlimm, aber kein Weltuntergang. Warum aber reagierte ich so darauf? Wie war es möglich, dass man mich wie ein Baum fällen konnte? Und vor allem: Warum war es mir nicht möglich, in Frieden zu kommen, obwohl ich doch eigentlich wollte? Ich begann mich zu fragen, was mein Anteil an der Situation gewesen war, und ich konnte erkennen, dass ich mich viel zu sehr über die Firma identifiziert hatte. Die Firma war mein Zuhause, und je länger ich darüber nachdachte, desto mehr erkannte ich, dass ich sie zu meiner Familie gemacht hatte.

Ich selbst hatte die Augenhöhe verloren, indem ich etwas gesucht hatte, das an dieser Stelle nicht zu finden war und niemals gefunden werden konnte: die Anerkennung des Vaters. Seine Liebe und sein Respekt. Sein Sich-um-mich-Kümmern. Das hatte mein Vater nie getan. In der Firma hatte ich in dem alten Chef einen Ersatz gefunden – der neue Chef führte mich zurück in die Realität: Weder war er mein Vater noch die Firma meine Familie – und er legte noch eine weitere Realität offen, die ich bis dahin verdrängt hatte: den Schmerz über einen Vater, der nie für mich da war.

Ich konnte sogar noch einen Schritt weitergehen: Durch seine fehlende Augenhöhe spiegelte er mir meine fehlende Augenhöhe. Ja, er hatte mich abserviert. Aber wäre ich nicht das Kind gewesen, wäre es nie so weit gekommen. Ich hätte viel eher selbst die Grenze gezogen.«

Es ist nicht selten, dass wir in Beziehungen verletzt werden und die Verletzung auf alte Wunden trifft, die wir noch nicht verarbeitet und verdrängt haben. Die Heilung von aktuellen Kränkungen beinhaltet häufig noch einen weiteren notwendigen Dialog – eine weitere notwendige Begegnung, um in Frieden zu kommen: den Dialog mit der eigenen unverarbeiteten Vergangenheit und den ersten Beziehungserfahrungen, die wir in unserem Leben gemacht haben.

Für Susanne hieß es, in den Dialog mit dem Vater zu treten, auf Augenhöhe schmerzlich anzuerkennen, dass er kein Vater für sie war, und Abschied von einer Kindheit zu nehmen, die sie nie wirklich hatte, um als erwachsene Frau auf Augenhöhe ihr Leben führen zu können.

Schlusswort: Im Dialog mit dem Leben

Wir haben, sobald wir erwachsen sind, unser Leben in der Hand. Als Kind sind wir Opfer. Als Erwachsener sind wir Gestalter. Wir entscheiden, ob wir unser Leben im Dialog leben oder nicht. Das Wissen, dass alles, was ich tue und lasse, Konsequenzen hat, ist ein zentraler Leitsatz des Dialogprinzips; eine Erkenntnis, die niemandem neu ist – doch die meisten Menschen erinnern sich erst im Nachhinein an sie. So schnell dieser Satz zunächst beiseitegeschoben wird, so ausführlich wird dann über das eigene Scheitern geklagt.

> *Lebensrealitäten – alles, was wir tun und was wir nicht tun, hat Konsequenzen.*

»Können Sie mir nicht sagen, wie ich mich aus meiner Abhängigkeit befreien kann?«, fragte eine Frau, die nicht von einem Mann loskam.

»Können Sie mir nicht sagen, wie ich wieder beginnen kann zu fühlen?«, fragte ein Mann, der sich durch eine berufliche Konfliktsituation über Jahre immer weiter verhärtet hatte, wobei er seine Gefühle unterdrückte, um das Unaushaltbare auszuhalten.

»Können Sie mir nicht sagen, wie ich meine Angst loswerde; was soll ich denn jetzt machen, wenn ich pleitegehe?«, fragte ein Mann, der sich über Jahre in die Insolvenz bugsiert und es vermieden hatte, das Offensichtliche anzugehen.

»Ich bin so gekränkt – wie kann ich das jemals wieder loswerden?«, fragte eine Frau, die das Scheitern ihrer Beziehung nicht verwinden konnte, die – wie sie sagte – eigentlich von Beginn an zum Scheitern verurteilt war.

Vielleicht ist es Ihnen auch schon aufgefallen, dass niemand danach fragt, wie man sich ruinieren kann – aber wenn der Ruin da ist, dann wird gefragt: »Und wie komme ich da wieder raus?«

Im Sinne des Dialogs kann es darauf nur eine Antwort geben: »Ich bin dort reingegangen, also kann auch nur ich wieder rausgehen.«

Alles, was wir tun, hat Konsequenzen und alles, was wir nicht tun, ebenso. Wir entscheiden uns, welchen Weg wir gehen. Wir entscheiden uns, Störungen zu verschweigen, notwendigen Auseinandersetzungen aus dem Weg zu gehen, an Situationen und Personen festzuhalten, die längst verloren sind, uns auf Menschen einzulassen, bei denen wir spüren, dass sie uns nicht guttun, und wir entscheiden uns, unsere Gefühle zu unterdrücken und unsere innere Stimme zu verleugnen.

»Aber ich habe das doch nicht bewusst gemacht!«, »Das ging automatisch!«, »Wenn ich gewusst hätte, dass das Ganze so endet, hätte ich es nie gemacht!« sind dann häufige Antworten. Doch all das ändert nichts daran, dass wir als erwachsene Menschen gewählt und gehandelt haben.

Ich bin dort reingegangen, also kann auch nur ich dort wieder rausgehen.

Erst wenn wir diese Aussage nicht mehr als Vorwurf oder »Alleinlassen« erkennen, sondern als Ausdruck von Verantwortung und Rückgewinnung unserer Handlungsmacht, haben wir die Chance, uns mithilfe des Dialogs aus einem Ruin zu befreien und zukünftigen zu vermeiden. Nicht im Sinne von Ängstlichkeit, Verbitterung oder Resignation – sondern im Sinne von Klarheit und Augenhöhe. Uns selbst, unserem Umfeld und dem Leben gegenüber.

Wenn ich das Wie und Warum in mir verstehe, das mich in schmerzhafte Situationen gebracht hat, dann bin ich ein Stück gewachsen und mir selbst ein Stück nähergekommen. Dann kann ich mich aus dem befreien, was ich verursacht habe.

Ich entscheide, mit wem ich Beziehung führen will. Ich entscheide, was ich wie und wann tue. Ich entscheide, wie ich mit mir umgehe. Ich entscheide, wie ich dem Leben begegne.

Alles, was ich tue und lasse, hat Konsequenzen.

Und Sie können entscheiden, was Sie tun und was Sie lassen. Denken Sie daran.

Anhang

Auflösung

Hier erhalten Sie die Antwort auf die Frage nach der Augenhöhe zu Anfang des Unterkapitels »Augenhöhe in dem, was wir tun – die richtige Zielsetzung« auf Seite 94.

Dort hieß es: »Entweder gewinne ich oder ich lerne!«

Tatsächlich ist es so: Auch wenn ich etwas lerne, habe ich dennoch verloren. Einmal unabhängig davon, dass ich auch lerne, wenn ich gewinne. Und außerdem einmal davon abgesehen: Solange es Ihnen ums Gewinnen geht, so lange werden Sie auch verlieren. Das Verlieren dadurch zu verleugnen, indem Sie es umbenennen, ändert nichts daran, dass Sie auch verloren haben – wenn Sie innerhalb des Systems Gewinnen und Verlieren sind.

Augenhöhe wäre also kurz gesagt: Ich habe verloren und ich habe etwas gelernt!

Begriffserklärungen

Atmosphäre
Jeder Mensch verkörpert das atmosphärisch, was er (psychisch, emotional, mental) in sich trägt, und wirkt dadurch mit auf die Beziehungsatmosphäre ein. Zusätzlich entsteht die Beziehungsatmosphäre aus der Interaktion der Beziehungspartner. Je mehr innerer und äußerer Dialog fehlen, umso vergifteter die Atmosphäre. Je länger diese Atmosphäre herrscht, umso kränker werden das System und die Menschen, die sich darin befinden.

Augenhöhe

Augenhöhe beschreibt den Willen zur Wahrhaftigkeit, den klaren Blick für Realität und die Bereitschaft, dieser zu begegnen. Augenhöhe bedeutet allem, was ist, geradlinig (fernab von Geschlecht, Religion, Position, Wissen, Rolle, Besitz) ins Gesicht zu blicken, ihm zu begegnen, es anzunehmen und das Bestmögliche daraus zu machen. Dies schließt Personen wie Situationen ein. Augenhöhe ist Ausdruck von innerer Stärke – und gleichzeitig verleiht sie uns Kraft und Stärke.

äußerer Dialog

Verständigungssituation im Außen, also Dritten bzw. einer äußeren Situation gegenüber.

Begegnung – echte/wesentliche/personale Begegnung

Jeder der sich begegnenden Partner ist fähig zu geben und zu nehmen, er verfügt über eine eigene Identität und die Beziehung wird nicht funktional missbraucht. Es wird nicht um der Funktion, sondern um der anderen Person oder Sache willen gehandelt. Geben und Nehmen sind nicht an Bedingungen geknüpft und beruhen auf freier Entscheidung. Beides ist ein wesentlicher Ausdruck der Handelnden.

Beziehung

Eine gelingende Beziehung ist gekennzeichnet durch Vertrauen und das Gefühl der Geborgenheit, des Zuhauseseins. Damit unsere Beziehungen gelingen und wir uns nicht verlieren, brauchen wir das dialogische Gleichgewicht zwischen Ich, Du und Wir.

Dialog
Erkenntnis- und Annäherungsverfahren, das verbale und nonverbale Kommunikation, Interaktion und Reflexion einschließt. Mit den fünf Kriterienbereichen Interesse, Offenheit, Empathie, Augenhöhe und Respekt sowie Wertschätzung und Liebe treten die Partner in einen Dialog, der die drei Positionen Ich, Du und Wir (auch sich selbst, einem System oder einer Sache gegenüber) gleichgewichtet in einem offenen Austausch miteinschließt.

dialogisches Gleichgewicht
Das dialogische Gleichgewicht beschreibt die Voraussetzung für gelingende Beziehung. Es muss ein Gleichgewicht zwischen Ich, Du und Wir, ein wesentlicher Austausch sowie ein Gleichgewicht im Geben und Nehmen zwischen den Dialogpartnern bestehen.

Das dialogische Gleichgewicht gilt für private wie für berufliche Beziehungen, für das eigene Handeln, für die Beziehung zu dem System, in dem wir leben oder arbeiten, wie für die Beziehung zu dem Leben an sich.

falsches Selbst
Das falsche Selbst ist eine Identität, die auf Grundlage von inneren Realitäten gegründet wurde. Es entspricht nicht dem eigenen Wesen, sondern dem, was die Person erfahren und was auf sie eingewirkt hat.

Funktionalität
Übertragung der Wirkkraft des eigenen Ichs auf das Du oder Wir/die Sache. Es findet keine echte Begegnung statt, sondern Aspekte für den eigenen Zugewinn stehen im Vordergrund ohne angemessene Rücksicht auf die Bedürfnisse der anderen Dialogpartner.

Gesehenwerden/Gemeintwerden

Die Erfahrung, dass mein Gegenüber mich in meinem Wesen erkennt und mir um meiner selbst Willen begegnet, anstatt mich für seine Interessen, Gefühle, Bedürfnisse zu instrumentalisieren oder zielgerichtete Erwartungen an mich zu haben (Funktionalität). Es beschreibt das bedingungslose Berücksichtigt-, Angenommen- und Respektiert-Werden der eigenen Persönlichkeit.

Identität

Eine zentrale Voraussetzung für einen Dialog ist die Fähigkeit von allen Beteiligten, »für sich selbst stehen zu können«, das heißt, eine eigene Identität zu besitzen. Die eigene Identität ist Halt, Position und Orientierung zugleich. Ohne eigene Identität besteht die Gefahr, sich über die andere Person zu definieren, sich in ihr zu verlieren oder sie sich einzuverleiben

innerer Dialog

Auseinandersetzungssituation im Inneren, also mir selbst bzw. meinen inneren Realtäten gegenüber.

innere Realität

Negative Beziehungswahrheiten, die ein Mensch durch fehlenden Dialog und durch Ohnmachtserfahrungen in Beziehungen verinnerlicht hat. Zentral sind hierbei die Erfahrungen aus der Kindheit. Das Kind übernimmt die äußeren Realitäten als innere Wahrheiten, auf deren Grundlage es beginnt, Beziehung bis in die eigene Identität zu gestalten. Innere Realitäten sind überwiegend unbewusst.

Neurose/neurotisches Denken

Die neurotische Ebene wird durch innere Realitäten bestimmt. Diese Ebene verunmöglicht den inneren wie den äußeren Dialog, indem sie die Wahrheit vertritt, aus der sie entstanden ist: Gelingende Beziehung ist nicht möglich! Hier dominieren Kämpfe, Kränkungen und Verletzungen, Enttäuschungen und Frustrationen, tiefe Ohnmachten und Ängste, Aggressionen und Depressionen, die die Dialogelemente je nach Intensität der eigenen verletzten Beziehungserfahrung behindern oder unterbinden.

projektive Identifizierung
Das unbewusste Phänomen, das entsteht, wenn die beiden Beziehungspartner nicht zu ihrer wesentlichen Identität gefunden haben und in der Beziehung kein Gegenüber gebildet werden kann. Es werden eigene, vom Bewusstsein abgespaltene Anteile auf das Gegenüber projiziert, das sich diese wiederum unbewusst zu eigen macht und sich mit ihnen identifiziert.

Resilienz
Psychische Widerstandskraft. Fähigkeit zur Krisenbewältigung und persönlichen Weiterentwicklung, deren wichtigste Basis das dialogische Gleichgewicht darstellt. Die Reflexion über die eigene Rolle und Verantwortung, über Grenzen und Aufgaben sowie die Anforderungen und Aspekte des Lebens stehen hierbei im Mittelpunkt, außerdem die Fähigkeit anzunehmen, was ist, und das Bestmögliche daraus zu machen.

Symbiose
Aufhebung der Grenze zwischen dem Ich und dem Du. Annehmen und wieder Loslassen sind die Voraussetzungen dafür, dass wir selbst und unsere Beziehung im Gleichgewicht bleiben. Wer »die Welt des anderen« zusätzlich zu der eigenen aufnimmt, geht in die Symbiose und schafft ein verhängnisvolles Ungleichgewicht.

Die Symbiose mit den Bezugspersonen ist ein natürlicher Zustand des Kindes - sich daraus zu lösen, beschreibt die Ich-Werdung des Menschen. Werden im Erwachsenenalter Symbiosen gelebt, bedeutet das, dass bei vielen Betroffenen dieser Prozess nicht stattgefunden hat.

wahres Selbst
Das wahre Selbst beschreibt das eigene Wesen und ist ein Synonym für wesentliche Identität.

wesentliche Ebene
Der Austausch im Dialog kann auf einer funktionalen Ebene - also einseitig an den eigenen Interessen ausgerichtet - stattfinden und scheitert damit früher oder später. Begegnung und Dialog gelingen letztlich nur auf der wesentlichen Ebene. Das heißt, mir selbst in meinem Wesen, dem Wesen meines Gegenübers, dem Wesen der Sache, dem Wesen des Lebens zu begegnen. Das Wesen beschreibt die jeweilige Essenz dessen, was ist. Wesentlich zu werden und wesentlich zu handeln, ist die Entscheidung für die Wahrhaftigkeit, die nicht mit unserem Willen bestimmbar, sondern in sich selbst angelegt ist.

Leseprobe

Mirriam Prieß

Zeit für einen Spurwechsel

Wie wir aufhören uns selbst zu blockieren und dem Leben eine neue Richtung geben

Wer bist DU tatsächlich? Wie wir uns aus der Sackgasse kindlicher Prägung befreien und erfüllt leben können

Hardcover mit Schutzumschlag, 224 Seiten, 13,5 x 21,5 cm

ISBN: 978-3-517-09642-1

€ 20,00 [D] inkl. MwSt. • € 20,60 [A] | CHF 28,90 *

(*empf. VK-Preis)

Erschienen am 14. Mai 2018

Jeder hat das Recht auf ein glückliches Leben

Wer glücklich sein will, der muss sich zunächst von alldem befreien, was ihn an seinem Glück hindert.

Je länger Menschen in ungelösten Situationen verharren, umso häufiger geschieht es, dass sie den Glauben verlieren, sich daraus befreien zu können. »Ich habe das Gefühl, es einfach nicht zu schaffen«, sagte eine Frau. »Das Leben ist gegen mich«, sagte ein Mann. »Ich habe aufgehört, daran zu glauben, dass es für mich einmal gut werden wird«, offenbarte eine andere Frau. »Vielleicht gibt es für mich eben kein Glück«, so ein erschöpfter Mann. »Ich bin nun Mitte 40, mein Leben liegt in Trümmern – zehn Jahre früher, da hätte ich vielleicht noch die Kraft für Veränderung und das Vertrauen darauf gehabt. Aber jetzt?«

Vielleicht geht es Ihnen genauso. Vielleicht haben auch Sie angefangen, innerlich aufzugeben, zu resignieren, und vielleicht sogar begonnen, an Ihr Unglück zu glauben. Vielleicht sind auch Sie der Überzeugung, dass Sie es nicht verdient haben, glücklich zu sein, und es Ihnen nicht mehr besser gehen wird. Dass das Leben immer so bleibt, wie es jetzt ist.

Ich möchte Ihnen sagen, dass dies nicht der Fall sein muss. Jeder von uns hat das Recht auf ein erfülltes und zufriedenes Leben, und jeder von uns trägt die Möglichkeit für ein solches Leben in sich. Jeder von uns – auch Sie!

Wenn Sie sich im Moment in einer Sackgasse befinden und zweifeln – egal ob an sich selbst, einem befriedigenden Job, erfüllenden Beziehungen oder an einem zufriedenen Leben –, wenn Sie mitten in der Nacht oder am frühen Morgen mit klopfendem Herzen, voller Angst vor der Zukunft, aufwachen und sich vielleicht sogar manchmal wünschen, dass es besser wäre, wenn Ihr Leben vorbei wäre, dann kann ich Ihnen sagen: Das, was Sie da denken und fühlen, sind nicht Sie.

Ich weiß, dass sich dies für Sie im Moment wahrscheinlich merkwürdig anhört. Wahrscheinlich werden Sie sich sagen: Wieso sollte ich das nicht sein? Ich denke und fühle doch all das in mir – also bin ich es auch.

Nein, das sind Sie nicht.

Das Problem ist nur, dass Sie sich dafür halten.

Warum halten wir an unserem Unglück fest?

Es ist nicht die Frage, dass wir nicht gut sind, sondern vielmehr, was dazu führt, dass wir dies nicht glauben. Es ist nicht die Frage, dass das, was wir sind, nicht genügt – es ist die Frage, was uns davon abhält, das zu leben. Was hält uns davon ab, wir selbst zu sein?

Eine unglückliche Partnerschaft, eine unerfüllte oder permanente berufliche Konfliktsituation, Unzufriedenheit im privat-individuellen Bereich, körperlicher Verfall, gesundheitliche Probleme … Man sollte meinen, dass wir in dem Moment, wenn wir unglücklich sind, innehalten und uns fragen, was wir tun können, um uns daraus zu befreien. Man sollte meinen, dass wir im selben Moment, in dem wir feststellen, dass wir uns auf der falschen Spur befinden, die Spur wechseln. Dass wir alles dafür tun, um das zu leben, was uns entspricht – oder zumindest uns von dem zu befreien, was uns krank und unglücklich macht. Doch warum tun wir dies nicht? Im Gegenteil – warum verharren wir, manchmal jahrelang, manchmal jahrzehntelang, manchmal unser Leben lang, in dem, was uns nicht gefällt?

> *Wenn wir uns selbst und unsere Wahrheit leben wollen, dann müssen wir uns fragen, was uns eigentlich daran hindert, dies zu tun. Und wenn wir es herausgefunden haben, können wir diese Blockade auflösen.*

Letzten Sommer kam ein 43-jähriger Mann in die Beratung. In seinem Leben ging nichts voran – die Aufträge liefen schlecht, die kinderlose Ehe war seit Langem eingeschlafen, er hatte schon mehrere Beratungen hinter sich, doch die »Löcher«, in die er immer wieder rutschte, blieben. Er war zutiefst unzufrieden, aber er schaffte es nicht, sich aus seiner Situation zu befreien.

Die Depressionen nahmen zu und die Antriebslosigkeit wuchs. Wie viele andere Betroffene litt auch er unter einem typischen Symptom der verlorenen Beziehung zu sich selbst: Er hatte den Zugang zu seinen Gefühlen verloren.

Dies äußerte sich in seinem Leben, in dem er »einfach nur funktionierte«, und auch direkt in der Beratung. Dort wurde jede Frage, die dem Mann helfen sollte, den Blick auf sich zu richten und die Verbindung zu sich aufzunehmen, von ihm sofort auf der intellektuellen Ebene aufgegriffen, emotional jedoch abgelehnt. »Logischerweise muss das wohl so sein«, »das könnte so sein – aber ich fühle dazu leider gar nichts« waren sich stetig wiederholende Antworten, gefolgt von einer Beschreibung, wie er in seinem Leben versagen würde.

Wenn die Frage, die ich ihm stellte, so tief ging, dass der Intellekt sie nicht mehr begreifen konnte, begann der nächste Mechanismus zu greifen: Der Mann fing an, die Frage zu vergessen – und zwar direkt nachdem sie gestellt wurde. Irgendetwas in ihm schien auf Hochtouren zu arbeiten, um alles dafür zu tun, ihn in seinem Gefängnis zu halten und die Beziehung zu sich selbst zu unterbinden. Dieses Etwas hielt ihn so gefangen, dass er in seinem alltäglichen Leben jeglichen Antrieb verloren hatte, etwas für sich zu tun. Er berichtete, nur noch für seine Familie da zu sein, für jeden Mitgefühl zu haben, er selbst sei sich jedoch vollkommen egal – er würde einfach nur noch funktionieren. Er könnte sich nicht aufraffen, Dinge umzusetzen, von denen er wüsste, dass sie gelingen würden. Er berichtete ohne jegliche Emotion, dass er in der Presse verfolge, wie Kollegen die Ideen, die er selbst lange vor ihnen gehabt hatte, umsetzten und damit große Erfolge feierten. »Das Leben geht an mir vorbei«, fasste er zusammen, »aber ich kann mich einfach nicht aufraffen. Es geht einfach nicht.« Dies ging mehrere Stunden lang so. Dann entschied sich der Mann, doch noch einen Versuch zu wagen, »etwas für sich zu tun«. Er hätte aus der Beratung verstanden, dass er sich um sich kümmern müsse, und wollte dem Rat einmal folgen. Wasser sei seine Leidenschaft. »Wenn ich auf dem Wasser bin«, berichtete er, »dann fühle ich Leben in mir und bin mit mir in Verbindung.« Seit Jahren träume er davon, sich ein Boot zu kaufen. Diesen Traum wollte er sich nun erfüllen. Das Schicksal schien es gut mit ihm zu meinen. Wie durch Zufall las er eine Anzeige in einer Wochenzeitung, in der ein kleines Boot zu einem geringen Preis abzugeben war. Der Mann beschloss, das Boot zu kaufen. Doch obwohl er das Boot auch für den angesetzten Preis genommen hätte, sagte er zu dem Besitzer, dass man bei Abholung ja noch mal über den Preis sprechen könne, und vereinbarte für das folgende Wochenende einen Termin zur Übergabe. Er meldete sich bei einem Bootsverein an, sorgte für einen Bootsliegeplatz und freute sich, seit Jahren endlich etwas für sich umgesetzt zu haben. Kurz vor dem Treffen, der Mann war gerade auf dem Weg, rief der Besitzer des Bootes an und teilte ihm mit, dass er sich für einen anderen Käufer entschieden hatte – dieser hätte ihm von Anfang an den Preis zugesichert, den er haben wollte.

Mein Klient verfiel in tiefste Depression und nahm diesen Vorfall als endgültigen Beweis dafür, dass das Leben eben so sei – er hätte nun noch einmal versucht, etwas für sich zu tun, aber es offensichtlich nicht verdient, glücklich zu sein. »Ich werde jetzt alles aufgeben und als Kellner arbeiten«, beschloss er sein vermeintliches Unglück.

Ich hörte mir die Geschichte an und fragte ihn irgendwann: »Kann es sein, dass Sie Gefallen daran gefunden haben zu scheitern?«, und bat ihn, diese Frage bis zur kommenden Stunde in sich zu bewegen.

Waren die Stunden davor von Emotionslosigkeit und Resignation geprägt, so kam nun etwas zum Vorschein, was vorher nicht sichtbar gewesen war. Der sonst so höfliche und empathische Mann, der sich in jeder Stunde immer zuerst nach meinem Befinden erkundigt hatte, startete das nächste Gespräch mit folgenden Worten: »Ich bin richtig sauer nach der letzten Stunde gewesen. Ich habe mich die ganze Woche über Sie geärgert. Ich habe mich über Ihre Frage geärgert. Wie kommen Sie dazu, mir so eine Frage zu stellen? Wie kommen Sie dazu, mich zu fragen, ob ich Gefallen an meinem eigenen Scheitern gefunden habe?«

Daraufhin erwiderte ich: »Sie beschreiben mir in den unterschiedlichsten Facetten, wie Ihr Leben an Ihnen vorbeizieht, Sie besitzen hohe Kompetenzen und haben fundierte Ideen, wo Sie wiederholt erfahren, dass diese erfolgreich von anderen umgesetzt werden, Sie beschreiben immer wieder, wie sehr Sie unter Ihrem Leben leiden, aber Sie tun nichts dafür, es zu ändern. Seit Jahren verharren Sie in Ihrer Position, die Sie regelmäßig beklagen, ohne jedoch beständig für Veränderung zu sorgen. Könnte es sein, dass Sie Gefallen an Ihrem eigenen Untergang finden?«

»Ich kann die Frage auf jeden Fall mit Nein beantworten!«, rief der Mann aufgeregt. »Natürlich nicht!«

»Wie kommen Sie auf diese Antwort?«, fragte ich.

»Weil das vollkommen absurd wäre. Warum sollte ich Gefallen an meinem eigenen Untergang finden? Mir geht es doch richtig schlecht! Ich leide doch!«

»Das sehe ich«, erwiderte ich. »Und dennoch: Sie können sehr leiden und es könnte doch trotzdem sein, dass etwas in Ihnen daran Gefallen findet.«

»Aber das wäre doch vollkommen absurd – das wäre doch der totale Widerspruch«, erwiderte der Mann aufgewühlt. »Was würde das für mein Leben bedeuten?«

Innere Realitäten

Es ist nicht die Frage, ob wir so, wie wir sind, genügen – es ist vielmehr die Frage, warum wir dies nicht leben.

Zuallererst: Mir ist in meiner Beratung noch kein Mensch begegnet, der bewusst von sich sagt: *Ich will nicht glücklich sein!* Der seine Ziele nicht erreichen möchte. Der kein erfülltes Leben möchte.

Mir ist noch niemand begegnet, der eine Partnerschaft oder einen Job beginnt mit dem Ziel, zu scheitern. Niemand, der sagt: Ich bleibe jetzt in dieser leidvollen Situation, weil ich unglücklich sein möchte. Niemand, der seine Ziele bewusst verhindert, weil er sich dafür entschieden hat, in seinem Leben lieber nicht ankommen zu wollen, sondern lieber scheitern möchte. Ich habe noch nie jemanden erlebt, der, wenn er die Wahl hätte zwischen »Willst du ein glückliches und erfülltes Leben leben, das dir entspricht, oder willst du in deinem Leben fernab von dir selbst leiden?«, sich bewusst für Variante zwei entscheidet.

Und dennoch findet genau das unendlich oft statt: Wir verharren in leidvollen Situationen; uns gelingt es nicht, uns so zu vertreten, wie wir es wollen, wir blockieren uns im Job, fahren unsere Partnerschaft gegen die Wand, fallen auf »falsche« Menschen und Situationen herein oder lassen unseren Körper und unsere Gesundheit »verkommen«.

Rational wissen wir, was wir wollen, emotional sehnen wir uns nach unserem Glück – unsere äußere Realität jedoch sieht meist ganz anders aus.

Im folgenden Kapitel möchte ich auf genau diesen Widerspruch eingehen. Den Widerspruch, den unendlich viele von uns in sich tragen: Auf der einen Seite unter dem Leben zu leiden, das wir führen, es auf der anderen Seite aber nicht zu verändern. Auf der einen Seite zu wissen, was wir wollen, aber am Ende das Gegenteil davon zu tun – oder im Gegenteil zu verharren. Auf den Widerspruch, der uns nicht zu uns selbst und zu dem stehen lässt, wer wir sind.

Dieser Widerspruch ist einer der Hauptgründe für Stillstand, für Blockaden und für Schmerz. Einer der Hauptgründe für die Unmöglichkeit, glücklich zu sein. Wenn wir ihn nicht auflösen, dann können wir noch so viel tun – einschließlich Therapie –, wir werden in unserem Leben nicht ankommen.

Impressum

1. Auflage 2021

Projektleitung: Andrei-Sorin Teusianu
Redaktion: Martin Stiefenhofer
Korrektorat: Clemens Sorgenfrey
Herstellung: Timo Wenda
Satz/DTP: Uhl+Massopust, Aalen
Druck und Bindung: GGP Media GmbH, Pößneck

Printed in Germany

MIX
Papier aus verantwortungsvollen Quellen
FSC® C014496

Penguin Random House Verlagsgruppe FSC® N001967

ISBN: 978-3-517-09962-0

WEITERE TITEL DER AUTORIN

224 Seiten
Gebunden mit Schutzumschlag
ISBN 978-3-517-09642-1

192 Seiten
Gebunden mit Schutzumschlag
ISBN 978-3-517-09368-0

208 Seiten
Gebunden mit Schutzumschlag
ISBN 978-3-517-09249-2

192 Seiten
Pappband
ISBN 978-3-517-08881-5

Leseproben unter suedwest-verlag.de

südwest

WERDE, WER DU BIST!

Stehen Sie an einem Wendepunkt in Ihrem Leben? Möchten Sie sich persönlich weiterentwickeln?

- Einzelcoaching
- Seminare und Seminarreisen
- Seminare für Führungskräfte
- Vorträge
- Ausbildung

Die Autorin hält regelmäßig in ganz Deutschland, Österreich und der Schweiz Vorträge, Seminare und Workshops zu den Themen Resilienz, Burnout und Persönlichkeitsentwicklung. Sie bildet zum Burnout-Coach nach dem Dialogprinzip aus, bietet Einzelcoaching für Privatpersonen in ihrer Praxis in Hamburg an und coacht Führungskräfte und Teams in Unternehmen.

Weitere Informationen finden Sie unter **mirriampriess.de.**

UNSER ZIEL

Junge Menschen dabei zu unterstützen, sich zu dialogfähigen Persönlichkeiten zu entwickeln – das ist die Aufgabe der Stiftung.
In einer Zeit, in der psychische Erkrankungen zunehmen und wir erst reagieren, wenn Krankheit bereits da ist, möchte Dialogstark! ein rechtzeitiges Bewusstsein für die eigene mentale Gesundheit vermitteln. Wir wollen ein neues Selbstverständnis fördern, dass seelische Stärke ebenso entscheidend für die Gesundheit ist, wie die körperliche Stärke.
Dabei vertreten wir einen spezifischen Ansatz: Unsere Gesundheit wird maßgeblich durch gelingende Beziehung und ein authentisches Leben bestimmt.

dialogstark.org